미세 스트레스

미세 스트레스

당신의 일상을 갉아먹는 침묵의 파괴자

롭 크로스 · 캐런 딜론 지음
구세희 옮김
김경일 감수

THE MICRO STRESS EFFECT

21세기북스

이 책은 나에게 완전히 새로운 사실을 알려주었다. 저자 롭 크로스와 캐런 딜론은 수년에 걸친 연구 결과를 통해 우리가 시간과 행복을 다시 통제할 수 있는 실용적이고 합리적인 전략을 제시한다. 사소하게 귀찮은 일과 부담이 당신의 삶을 감염시키고 있다면 이 놀라운 책이 해독제가 될 것이다.

-다니엘 H. 핑크Daniel H. Pink, 《후회의 재발견》, 《드라이브》, 《언제 할 것인가》 저자

저자 롭 크로스와 캐런 딜론은 우리의 생각을 제대로 뒤집었다. 우리의 인식 바깥에 자리한 미세 스트레스 요인들을 찾아내는 그들의 방식은 대단히 효과적이다. 우리가 오늘날 갖추어야 하는 어마어마한 양의 인맥과 인간관계를 불필요한 협력과 연결 과부하로 치부하는 대신 회복탄력성을 만들기 위한 도구로 사용하자는 주장도 매우 설득력 있다. 팬데믹 이후의 세상에서 비즈니스 리더들이 반드시 읽어야 하는 책이다.

-데니스 볼츨리Dennis Baltzley, 컨설팅 기업 콘 페리의 글로벌 리더십 개발 총책임자

이 책을 읽는 내내 수시로 '그렇지! 그래!' 하며 감탄사를 터뜨렸다. 저자 롭 크로스와 캐런 딜론은 고성과자들의 경험을 그대로 글로 옮겼다. 미세 스트레스는 실제로 존재하며 과도한 사회적, 감정적, 신체적 위험을 유발한다. 저자의 영리한 통찰을 따라가다 보면 각자의 스트레스를 인식하고 그것을 극복하는 방법을 알게 될 것이다. 감정적으로 힘든 지금 같은 시기에 매우 의미 있는 책이다.

-데이브 울리히Dave Ulrich, 미시간대학교 로스경영대학원 경영학 교수, RBL 그룹 공동 창립자

이 책은 스트레스에 맞서고, 통제력을 찾고, 매일 더 풍요로운 삶을 살 수 있는 방법을 알려준다. 게다가 즉시 실천 가능한 조언까지 제시한다.

-도리 클라크Dorie Clark, 듀크대학교 비즈니스스쿨 교수, 《롱 게임》 저자

이 책은 작은 문제가 연이어 일어나 축적되면 대부분의 사람들이 삶을 망칠 수도 있다는 점을 설득력 있게 알려준다. 저자들은 보석과도 같은 이 책에 실용적이고 효과가 입증된 해결책을 함께 담았다. 당신은 이 책을 통해 성가신 미세 스트레스 요인들을 없애고, 일상을 지배하는 작은 문제들로 인해 받는 고통을 줄이고, 소소한 행복의 순간들을 즐기며 열정적으로 일상을 헤쳐 나갈 방법을 찾을 수 있을 것이다.

-로버트 I. 서튼Robert I. Sutton, 스탠퍼드경영대학원 조직 행동 교수,
《또라이 제로 조직》, 《굿 보스 배드 보스》 저자

강력하다! 이 책은 자신의 삶을 통제하고 업무에서 균형을 잡아 충족감을 느낄 수 있게 해주는, 당장 실행에 옮길 수 있는 단계들을 알려준다. 스트레스와 조급함의 굴레에서 벗어나지 못하고 있다고 느끼는 사람들이 반드시 읽어야 할 책이다!

-마셜 골드스미스Marshall Goldsmith, 싱커스50 선정 임원 코치 1위,
《트리거》, 《숨 쉴 때마다 새로운 내가 된다면》 저자

'왜 많은 고성과자들이 커리어와 삶에서 번아웃의 위기에 처해 있는가?'라는 이 시대의 심각한 사안에 신선한 통찰을 제시한다. 탄탄한 학문적 연구에 바탕을 둔 이 책은 미세 스트레스를 이겨내고 풍요로우면서도 보람찬 삶을 살아가기 위한 희망은 물론 실용적 방법도 함께 알려준다.

-수전 데이비드Susan David, 《감정이라는 무기》 저자

실용적인 도구로 가득한 이 책은 인간관계의 중요성을 상기시키고 매일의 선택 속에서 그것을 의미 있게 키워 나가는 방법을 보여준다.

-스튜어트 프리드먼Stewart Friedman, 와튼 비즈니스스쿨 경영학 교수, 《와튼스쿨 인생 특강》 저자

저자 롭 크로스와 캐런 딜론은 이 책에서 일상적인 상호작용과 인간관계가 우리에게 미치는 예기치 못한 영향을 조명하고, 인간관계의 본질을 명확히 설명한다. 미세 스트레스를 새로운 형태의 스트레스로 소개하는 동시에 이에 맞설 수 있는 실용적인 방법을 단계별로 안내하기도 한다. 이 책을 읽는다면 누구나 도움을 받을 수 있을 것이다.

-에이미 에드먼슨Amy Edmondson, 하버드비즈니스스쿨 리더십 교수, 《두려움 없는 조직》 저자

모두가 공감할 수 있는 이야기와 사용하기 쉬운 자기 평가표, 실용적인 코칭이 곳곳에 담겨 있는 이 책에서 저자는 우리가 스스로와 주변 사람들에게 더욱 더 행복하고 건강한 삶을 만들 수 있다는 진정한 희망을 제시한다. 기업의 리더는 물론 누구나 반드시 읽어야 할 책이다! 내가 가장 아끼는 사람들에게 곧 선물할 예정이다.

-재클린 윌리엄스-롤Jacqueline Williams-Roll, 미국 식품 기업 '제너럴 밀스'의 최고인사책임자

이 책은 대단히 높은 성과를 내는 직원들마저 본궤도에서 탈선시키는 새롭고 위험하며 눈에 보이지 않는 형태의 스트레스를 다룬다. 미세 스트레스를 인지하도록 돕는 데에 그치지 않고 해결책까지 제시한 훌륭한 이 책을 모든 조직의 리더들에게 필독서로 쥐어주어야 한다고 생각한다.

-존 보드로John Boudreau, 서던캘리포니아대학교 비즈니스스쿨 명예교수

개인의 행복에 그렇게 많은 관심이 집중되는 동안에도 우리 모두가 매일 겪고 있는 미세 스트레스에 대해서는 별로 생각한 적이 없었는데, 이 사실을 깨닫게 해준 롭 크로스와 캐런 딜론에게 너무나도 감사한다. 책에서 저자들은 보이지 않는 이 전염병을 인식하여 미세 스트레스를 없애고 더 건강하고 행복한 삶을 살 수 있도록 돕는다.

-케빈 오크스Kevin Oakes, 기업생산성연구소 CEO

시기적절하고, 실용적이며, 믿을 수 있고, 시간이 흘러도 변함없을 가치를 제공하는 책이다. 최근 몇 년간 읽은 그 어느 책보다도 나의 스트레스 수준을 낮추는 데 큰 도움이 되었다. 실질적인 요령을 제시한 이 책은 게임의 판도를 바꾸어 놓을 것이다. 앉은 자리에서 다 읽어버렸고, 내 주변 사람들도 당장 읽도록 추천했다!

-톰 래스Tom Rath, 《위대한 나의 발견 강점 혁명》 저자

이 책은 스트레스를 바라보는 나의 생각을 영원히 바꾸어 놓았다. 에너지를 되찾고, 진정으로 중요한 일에 집중하며, 자신의 핵심 가치에 맞는 삶을 살고자 하는 사람들에게 강력 추천한다.

-프레데리케 파브리티우스Friederike Fabritius, 《일터로 간 뇌과학》 저자

| 목차 |

1장   현대인의 삶을 무너뜨리는 새로운 질병

열네 가지 종류의 미세 스트레스와 그것이 우리의 삶을 망치는 방식

2장   미세 스트레스가 우리의 업무 능력을 고갈시킨다

업무와 삶을 관장하는 개인의 수행 능력을 고갈시키는
다섯 가지 미세 스트레스와 이에 맞서는 방법

5장 | 성과 내는 사람들은 어떻게 스트레스를 관리할까

사회적으로 인정받는 사람들이 직업적으로나 개인적으로
더 행복하게 살기 위해 하고 있는 일들

6장 | 미세 스트레스에 맞서는 무기 1. 회복탄력성

미세 스트레스와 그것의 부정적인 영향에 맞서는 능력을 키우는 일곱 가지 방법

당신의 삶을 더욱 단단하고 탄력적으로 만들어줄 책

모래 폭풍보다 미세 먼지가, 폐기물보다 미세 플라스틱이 실은 더 위험한 것임을 우리는 이제 잘 알고 있다. 사실 이 지구상의 모든 일이 그렇다. 작은 퇴적물이 모여 큰 산을 만들고, 작은 물줄기들이 모여 거대한 강을 만드니 말이다. 인간사도 예외가 아니다. 평소 먹는 음식의 종류, 앉는 자세, 잠을 자는 패턴 등 사소해 보이는 일상의 작은 습관들이 쌓여 예상치 못한 질병으로 이어진다. 심하게는 목숨을 잃기도 한다.

하지만 우리는 착각한다. 나쁜 결과는 무언가 크게 잘못된 행동이나 원인에서 비롯되는 것이라고 말이다. 심리학자들이 미국인들에게 이런 질문을 한 적이 있다.

"당신은 다음 중 어떤 이유로 사망할 가능성이 더 높을까요? 첫째는 총에 맞아 죽는 사고입니다. 둘째는 계단에서 굴러떨어져 죽는 사고입니다."

이 질문에 대부분의 사람이 첫 번째 이유, 즉 총격 사고에 의해 죽을 위험이 더 클 것 같다고 응답했다. 하지만 실제 통계치를 확인해보면 결과가 완전히 다르다. 총격 사고에 의한 사망보다 계단에서 굴러떨어져 목숨을 잃는 미국인의 숫자가 훨씬 더 많다. 현실이 이러한데도 대다수의 미국인은 총을 든 침입자의 위험으로부터 자신을 보호하기 위해 보안 시스템을 갖추고 유지하는 데에 상당한 금액을 지출한다.

거기까지는 괜찮다. 문제는 언제든지 자신을 위험에 빠뜨릴 수 있는 자기 집 계단의 낡아빠진 카펫을 교체하는 데에는 인색하다는 사실이다. 보안 장치를 유지하는 비용에 비하면 수십 분의 일인데도 여기에 지출하는 걸 아까워한다.

스트레스 역시 마찬가지다. 매우 강력하고 소위 빌런스러운 누군가로부터 오는 스트레스나 예기치 못한 큰 사건으로부터 오는 스트레스, 즉 거대한 스트레스를 우리는 두려워하고 이를 막아내려 발버둥 친다. 하지만 실제로는 매우 사소해 보이고 악의도 없는 것 같은 누군가로부터, 심지어는 타인이 선의를 가지고 하는 행동으로부터 오는 미세한 스트레스들이 오랜 시간 동안 조용히 우리 내부에 퇴적되어 우리를 더 크게 병들게 한다. 이 책은 이렇게 인식하지 못하는 새에 사람들의 마음속에 쌓여 야금야금 일상을 갉아먹는 불청객, '미세 스트레스'에 대해 본격적으로 다루고 있다.

매일 평범한 일상을 보내고 있는데도 어느 순간부터 의욕이 없어졌다거나, 혼란을 줄 만큼 큰 사건이 있었던 것이 아닌데도 일의 능률이 오르지 않는다거나, 회사에서도 집에서도 행복감보다는 우울과 침체를 느낀다고 고백하는 사람들이 꽤 많다. 그들의 하루하루를 복기해보면 꽤 잦은 빈도로 심리를 건드리는 미세한 스트레스가 존재한다. 하지만 너무 작고 사소하기 때문에 굳이 해결하려 하지 않고 그냥 지나쳤고, 그것들이 쌓여 어느 순간 '불행하다'는 감정을 만들어내는 것이다. 특히 시간과 공간의 경계 없이 수많은 사람을 만나고 다양한 일을 해내야 하는 현대인들은 과거보다 더 많은 미세 스트레스의 공격에 노출될 수밖에 없다.

거대한 자연재해나 복면강도를 걱정하기보다는 이러한 미세 스트레스를 조심하고 잘 관리하고 막아내야만 건강한 삶을 살 수 있다. 솔직히 말해 필자 역시 일의 우선순위를 정하지 못해 늘 허둥지둥 일에 쫓기며 '이렇게나 노력하며 바쁘게 지내는데 왜 일이 계속 쌓이기만 할까?'라는 고민으로 최근까지 고통받았다. 그러다가 저자들처럼, 멀티태스킹을 멈추고 한 번에 하나씩 일을 처리해 나가는 습관을 들이면서 삶이 완전히 바뀌었다. 갑자기 나를 도와줄 사람이 나타난 것도 아니고, 집중력을 향상시킬 값비싼 영양제를 복용한 것도 아니다. 단지 미세 스트레스를 잘 관리한 결과로 삶에 활력을 되찾은 것이다.

내 삶을 건강하게 지키는 방법은 사소해 보이지만 분명하다. 우선순위 정하기, 회복탄력성 유지하기, 다양한 사람들과 긍정적인 관계 맺기, 삶의 목적의식 찾기 등 중요하지만 소홀할 수 있는 부분을 살피고 개선하는 것이다.

이 책은 각자 삶에서 미세 스트레스를 주는 요소들을 발견할 수 있게 돕고, 어떻게 극복할 수 있는지 자세히 알려준다는 점에서 의미가 있다. 우리가 그간 간과해온 미세 스트레스가 일상을 어떻게 망가뜨릴 수 있는지 보여주고 미세 스트레스의 공격으로부터 삶을 지킬 수 있는 방법을 알려준다.

저자들은 수많은 사례 연구를 바탕으로 미세 스트레스로부터 영향을 받을 수 있는 상황을 하나하나 열거하고, 현명하게 극복할 수 있는 방법을 친절하고도 치밀하게 알려준다. 일상을 가득 채웠던 미세 스트레스를 밀어내고 자기만의 삶을 잘 꾸려나가고 있는 이들의 이야기가 다채롭게 들어 있는 점도 눈여겨볼 만하다. 책을 읽는 데에서 끝나는 것이 아니라 각자 삶에 적용할 수 있는 포인트를 구체적으로 짚고 있기에 무척 유용하다.

감수를 위해 책을 읽는 내내 저자들의 주장에 깊이 공감했다. 이런 책은 개별 연구들을 두루 망라하는 성실함과 그 적용 사례들의 효과성을 관찰할 수 있는 통찰력을 모두 겸비한 사람만이 만들어낼 수 있다. 그래서 심리학자인 나에게도 고마운 책이다.

우리 삶을 더 단단하고 탄력적으로 만들 수 있는 방법을 스스로 터득하게 돕는 이 책을 읽고 당신의 삶에도 꼭 적용해보길 바란다.

인지심리학자 **김경일**

보이지 않지만 끊임없이 닥쳐오는

지난 20년간 나(롭 크로스)는 성과 내는 조직의 기반에 깔린 인력망의 역학 관계와 고성과자들의 협력 활동을 연구했다. 또 서로 연결된 인력망을 잘 활용하여 다른 사람들보다 훨씬 더 생산적으로 일하는 능력을 갖춘 특별한 사람들에 대해 다방면에 걸친 글도 썼다. 그렇게 회사에 있어 가장 귀중한 직원들은 누구인지, 그런 사람들이 인맥을 어떻게 활용하여 결과를 내는지 밝히고 기업들이 인사에 대해 가진 잘못된 인식을 파악하려 애썼다.

고성과자들을 여러 차례 인터뷰하며 그들을 효과적인 협력자로 만들어주는 방식에 대해 연구하던 중, 나는 우연히 중요한 무언가를 발견했다. 한 생명과학 회사 중역의 사례를 통해서였다. 그는 의사로부터 심각한 경고를 들은 뒤 건강한 생활 방식을 되찾기 위해 다른 사람들과의 관계를 재조정했다고 말했다. 과거에는 매일 앉아서 일만 하는 일중독자였지만, 이제는 남편과 함께 마라톤을 달릴 수 있는 곳으로 휴가지를 고르는 사람으로 바뀌었다고 했다. 이야기를 나누는 동안 그가 내뿜는 에너지는 어마어마했고, 삶을 대단히 즐기고 있다는 인상을 받을 수 있었다.

열정적으로 자신의 라이프스타일을 이야기하던 그에게 귀를 기울이는 동안 새로운 궁금증이 생겼다. 그렇게 목표 지향적인 사람이 어째서 자신의 행복은 철저히 무시해온 걸까? 나는 그에게 왜 애초에 스스로를 돌보지 않았느냐고 물었다. 그러자 잠시 말을 멈추더니 이렇게 말했다.

"그냥, 바쁘게 살다 보면 누구나 그렇게 되는 거 아닐까요?"

그 후로 우리는 인터뷰하던 다른 고성과자들(남녀 합쳐 총 300명이었다)에게도 비슷한 질문을 던졌다. 많은 이들이 금방이라도 폭발할 것만 같은 스트레스의 화약통 같은 상태였지만 대부분 자신이 어떤 상태에 있는지도 몰랐다. 물론 인터뷰를 진행하면서 업무와 개인 생활 모두를 버겁게 느낀다고 인정하는 이들도 있었다. 심지어 인터뷰 도중 목이 메거나 왈칵 눈물을 터뜨리며, 위태롭게 현 상황을 유지하고 있는데 도저히 나아질 방법이 보이지 않는다고 한탄하는 이들도 많았다. 누구에게나 인정받는 고성과자들이 말이다.

수십 년간 연구를 거듭하면서 나는 고성과자들이 직업적 목표를 달성하기 위해 종종 견뎌야 하는, 인식 가능한 스트레스에 대해서는 잘 알고 있었다. 그런데 이것은 완전히 다른 것이었다. 스트레스인 것은 맞으나 그들도, 우리도 딱히 설명하기 힘든 형태라고나 할까.

이야기를 나누며 확실해진 것은 하나 있었다. 그들을 견딜 수 없을 정도까지 몰아간 건 커다란 한 가지 문제가 결코 아니었다. 지나치는 시간 속에 알아차리지 못할 정도로 작은 스트레스들이 끊임없이 축적되어 일견 완벽해 보이는 삶을 누리는 이 사람들의 행복에 엄청난 영향을 미치고 있었던 것이다. 우리는 이 작은 압박감을 **미세 스트레스**라 부르기로 했다.

전 세계 사람들이 유례없는 수준의 스트레스에 시달리고 있다는 사실을 지적하는 데이터는 무수히 많다. 여론조사 기관 갤럽Gallup에서 연례 조사로 실시한 '글로벌 일터 상태 보고'에서 조사 대상자의 33퍼센트만이 "발전하고 있다"고 답했고 44퍼센트는 "일상적인 하루 동안 많은 스트레스를 경험하고 있다"고 답했다. 역대 최고 수준이다.[1] 그런데 이 조사에서 제대로 인식되거나 연구되지 못한 것이 있으니, 바로 직장인들의 삶을 지배하는 자잘하고 미세한 스트레스가 가져오는 피해 규모이다. 미세 스트레스의 피해는 우리가 거의 알아차리지 못하나 그것이 축적되면 매우 높은 성과를 올리는 사람마저도 개인적으로나 직업적으로 큰 문제를 겪을 수 있다.

미세 스트레스는 어디에서 올까?

—

오늘날 우리가 하루 24시간 1년 365일 초연결 시대에 살고 있다는 건 누구나 인정할 것이다. 우리 삶의 모든 측면에서 누구나 간단한 메시지나 전화 통화, 화상 통화로 즉시 연결될 수 있다. 그래서 언제든 개인이나 직업적인 삶에서 우리를 필요로 하는 사람들의 연락을 받고 그에 응할 태세를 갖추고 있어야 한다. 그런데 고성과자나 똑똑한 사람들조차 이런 연결이 단순한 할 일 목록이나 일정으로 꽉 찬 캘린더에 그치지 않고 산사태 같은 미세 스트레스를 유발할 수 있다는 사실은 인식하지 못한다. 미세 스트레스는 우리가 개인적으로나 직업적으로 가장 가까운 사람들로부터 나오기 때문에 여러 층의 복합적인 감정적 문제들까지 얽혀 있다. 하루 일과가 끝났다고 해서 그대로 잊어버릴 수 없다는 말이다. 미세 스트레스는 우리의 생각을 파고들고, 우리의 에너지를 축내며, 집중력을 흩트린다. 조금씩, 조금씩 우리의 삶을 훔쳐가고 있는 것이다.

인터뷰를 통해 많은 사람들의 가슴 아픈 이야기를 들으며 나는 연구의 방향을 돌려 미세 스트레스라는 전염병을 탐구하기로 결심했다.

작은 스트레스들이 눈덩이처럼 불어나 결국 자신의 행복을 해치고 있다는 고성과자들의 이야기를 듣다 보니 나 역시 미세 스트레스로부터 안전하지 않다는 사실을 깨달았다. 다들 마찬가지겠지만 나 역시 약간의 의지만 있다면 아무리 힘든 일이라도 해낼 수 있다고 생각하며 너무 많은 프로젝트와 요청을 수락하는 경향이 있다. '이번 일주일만 잘 넘기면 한숨 돌릴 수 있겠다'라며 스스로를 타이른 적이 너무나도 많았다. 그런데 문제는 그 일주일이 매주 이어졌다는 사실이다. 나는 휴식시간도 없이 몇 달씩 그런 철학으로 버텼다. 그리고 그때까지도 깨닫지 못한 것이 있었으니 바로 미세 스트레스의 파급 효과가 생각보다 오래 지속된다는 것이었다. 나는 인생에서 최악의 상태에 있었고, 내 삶에서 가장 중요한 사람들과 진정으로 함께한 지도 너무 오래 되었었다. 따라서 개인적으로도, 직업적인 이유로도 나는 이 현상을 이해할 필요가 있었다.

이러한 시급성을 느끼며 나는 〈하버드 비즈니스 리뷰〉의 전 편집자이자 베스트셀러 《하버드 인생학 특강》의 공동 저자인 캐런 딜론에게 연구를 함께하지 않겠느냐고 물었다. 나는 그의 오랜 팬이었다. 그는 사람들이 목적의식이 있는 삶을 사는 방법을 이해하도록 돕는 일을 해왔고, 빠른 속도로 자기계발을 거듭하며 스스로 삶의 변화를 일으켜 자신의 삶을 다시 세운 사람이었다. 〈하버드 비즈니스 리뷰〉 편집자라는 커리어의 정점에서 물러나 몇 년간 인생의 초점을 가족에 맞추었다. 그리고 그렇게 삶의 균형을 다시 잡은 뒤에야 업무 활동을 다시 시작했다. 우리는 몇 달간 미세 스트레스 연구에 대해 이야기를 나눈 뒤, 세상 사람들이 자신에게 무슨 일이 일어나고 있는지 이해하도록 도우려면 반드시 이 책을 써야 한다고 의견을 모았다. 팬데믹 기간 동안 함께 일하면서 이 같은 목표는 더욱 명확해졌다. 미세 스트레스 때문에 삶을 망치기에는 우리의 신체적, 정신적 건강이 너무나도 소중하지 않은가.

이 책을 쓰는 동안 우리 둘 다 연구를 통해 배운 몇 가지 전술을 이용해 미세 스트레스를 줄이기 위한 의식적인 노력을 기울였다.

예전의 버릇대로 돌아가려는 걸 느끼면 잠시 멈춰야 했다. 회의를 멈춘 채 의도치 않게 서로에게 미세 스트레스를 주지 않을 방법을 고민하기도 하고, 시간에 쫓길지라도 회의 때마다 몇 분씩 할애해 서로의 안부를 묻는 원칙을 세우기도 했다. 그리고 미세 스트레스의 여파에 맞서고 심지어 그것을 없애줄 수 있도록 업무 외적으로 친구나 가족과 연결을 유지하기 위해 노력했다. 그렇게 이 프로젝트를 시작한 지 2년이 지나자 우리는 미세 스트레스를 조금은 더 잘 통제할 수 있게 되었다.

이 책은 어떻게 도움이 되는가
—

이 책에는 협력에 대한 장기 프로젝트와 수백 건의 인터뷰를 거쳐 우리가 얻은 통찰을 담았다. 우리는 연구를 통해 미세 스트레스를 줄이는 것뿐만 아니라 전반적인 행복감을 높이는 데 도움이 되도록 삶을 구성할 수 있는 비결을 알아냈다. 바로 다른 사람들과 진정한 관계를 구축하고 강화하는 것이다. 진정한 관계 맺기를 통해 미세 스트레스의 부정적인 영향으로부터 벗어나 삶을 더욱 다채롭게 꾸리고 싶은 사람이라면 이 책에서 큰 도움을 받을 수 있을 것이다.

1장에서는 미세 스트레스를 정의 내리고 그것이 무엇인지, 어떻게 우리 삶을 조용히 망치고 있는지 설명할 것이다. 그 다음에 이어질 장들에서는 삶에서 미세 스트레스의 원천을 찾아내어 문제점이 어디에 있는지 진단하고 그에 맞설 수 있는 전략을 짜도록 도울 것이다.

2장에서는 할 일을 끝내는 데 필요한 수행 능력을 고갈시키는 미세 스트레스를 파악한다. 우리의 수행 능력을 앗아가는 미세 스트레스는 일터와 가정에서 우리의 기분을 엉망으로 만들고, 마땅히 하루 동안 할 일을 마치는 것조차 버겁게 만든다. 이 장은 미세 스트레스가 주는 악영향을 최소화할 수 있도록 다른 사람들과의 상호작용에 맞서거나 이를 재구성하는 실용적인 방법을 제시한다.

3장에서는 우리가 집중하고, 우선순위를 정하고, 사랑하는 이들과 관련한 두려움과 분노, 불안, 걱정 등을 관리할 수 있게 해주는 감정적 여유와 내면의 평화, 용기, 회복탄력성을 축내는 미세 스트레스에 초점을 맞춘다. 감정적으로 힘들게 만드는 미세 스트레스는 어디에서 오는지 알아보고, 그것이 우리의 일상을 갉아먹지 않도록 예방하는 방법을 알려준다.

4장에서는 우리의 정체성을 위협하고 우리가 진정으로 원하는 사람이 되지 못했다는 그 불편한 감정을 유발하는 미세 스트레스에 대해 논할 것이다. 미세 스트레스는 우리의 동기와 목적의식을 서서히 갉아먹는다. 이 장은 이런 미세 스트레스가 삶의 어느 부분에 영향을 주고 있는지 알아낼 수 있도록 돕고, 본궤도로 돌아가는 데 즉시 실행 가능한 방법을 제시할 것이다.

5장에서는 미세 스트레스의 일차적 효과 이차적 효과 모두에 대처하기 위한 종합적인 계획을 세우는 방법을 설명한다. 이 장에 나오는 일련의 활동은 삶에서 받는 미세 스트레스를 어느 정도 통제할 수 있는 현실적인 계획을 짜는 데 도움이 될 것이다. 여기에서 제시하는 모범 사례는 우리가 '10퍼센트의 사람들'이라고 부르는 이들로부터 나온 것이다. 10퍼센트의 사람들은 온전하고도 만족스러운 개인적, 직업적 삶을 영위하는 동시에 미세 스트레스를 성공적으로 관리할 줄 안다. 다행히 약간의 노력만 기울이면 이 10퍼센트의 사람들이 보여주는 모범 사례 일부를 당신의 삶에도 적용할 수 있을 것이다.

6장에서는 회복탄력성을 활용하는 방법에 대해 알아본다. 회복탄력성은 자신의 내면 깊숙한 곳에 들어가 찾아야 한다는 편견에서 벗어나 다른 사람들과의 관계를 통해 얻을 수 있는 일곱 가지의 회복탄력성을 알게 될 것이다. 또 회복탄력성을 활용해 힘든 구간을 무사히 지나려면 어떤 식으로 타인과의 관계를 잘 구축해야 하는지 살펴본다.

7장에서는 신체적 건강을 지키기 위해서는 의지력을 기반으로 홀로 사투할 수밖에 없다는 일반적인 생각이 얼마나 잘못된 것인지 밝혀보고자 한다. 우리는 7장에서 이런 질문을 던진다. "방법을 알고 행동에 옮길 의지만 있으면 건강을 유지할 수 있을까? 그렇다면 왜 그리도 많은 사람들이 단 몇 주 만에 새해 결심을 포기할까?" 건강은 우리가 가까이 지내는 사람들과 밀접하게 연관되어 있다. 함께 운동하는 친구를 두는 차원을 넘어 다른 사람들과의 관계가 우리의 신체 건강을 유지하거나 되찾는 데 얼마나 중요한 역할을 하는지 알아볼 것이다.

마지막 8장은 목적의식에 대해 다룬다. 구체적으로 매일 삶 속에서 일어나는 상호작용에서 목적의식을 찾는 것이 몰려오는 미세 스트레스를 헤쳐나가는 데 얼마나 큰 도움이 되는지 알아볼 것이다. 10퍼센트의 사람들은 엄청난 업적을 이뤄낸 사람으로서가 아니라 매일 작은 순간들을 다른 이들과 함께 훨씬 더 풍요롭게 즐김으로써 행복한 삶을 영위하고 있었다. 8장은 우리의 삶에서 바로 그런 목적의식을 찾는 방법을 알려준다. 6개월 후도 아니고 내년도 아닌, 바로 내일 말이다.

이미 미세 스트레스가 넘칠 듯 쌓여 있는 사람들에게 시간을 내어 '지금 당신을 괴롭히는 바로 그것'에 대한 책을 읽으라고 권하는 것이 얼마나 어려운 일인지 잘 알고 있다. 하지만 이것 하나는 약속한다. 어렵더라도 이 책을 읽고 나면 현실적으로 큰 도움을 받을 수 있을 것이다.

이 책에서 미세 스트레스라는 개념을 알고 나면 당신이 이미 느끼고 있는 무언가에 대해 더 잘 설명할 수 있게 될 것이다. 그것만으로 당신은 변화를 일으킬 준비를 마친 것이다. 우리는 미세 스트레스라는 개념을 이해한 당신이 삶의 가장 중요한 부분에 집중하고, 그렇지 않은 부분은 과감히 밀어내는 변화를 일으킬 수 있도록 도울 것이다.

두세 가지의 미세 스트레스만 제거해도 일상에서 상당한 차이를 만들어낼 수 있다. 그래서 깨달은 내용을 일상에서 실행할 수 있도록 우리는 본문에 코칭과 구체적인 활동들을 최대한 많이 실었다. 책을 읽고 각자 자신에게 필요한 내용을 하나씩 실천하다 보면 어느새 과거와 달라진 모습을 발견하게 될 것이다.

　미세 스트레스는 얼마든지 해결할 수 있는 문제다. 어떤 일을 할지, 누구와 함께 그 일을 할지, 그것을 통제할 수 있는 힘은 오로지 나에게만 있다.

　연구에 참가한 한 사람은 이렇게 말했다. "난 그저 내 삶을 되찾고 싶을 뿐이에요!" 그는 결국 미세 스트레스를 밀어내고 원하는 삶을 찾을 수 있었다.

　당신이 원하는 모습으로 살고 싶은가? 그렇게 할 수 있다. 앞으로 이어질 내용에서 그 방법을 알려주겠다.

내 스트레스의 원인은 무엇일까?

— 미세 스트레스 자가 진단 테스트

본 내용에 들어가기 앞서, 나는 어디에서 미세 스트레스를 받고 있는지 알아보는 테스트를 시행해보자. 이 테스트에는 앞으로 다룰 미세 스트레스의 공통 원인 열네 가지가 포함되어 있다.

나에게 스트레스를 주는 원인이 무엇인지 알고 이 책을 읽기 시작하면 미세 스트레스에 적극적으로 대처하는 법, 스트레스를 완화하는 방법을 더욱 구체적으로 생각해볼 수 있을 것이다.

테스트를 진행하는 방법

① 지금부터 진단표를 세 번 훑어볼 것이다.

② 맨 처음 훑어볼 때는 현재 나에게 가장 큰 영향을 미치는 미세 스트레스 2~3가지를 찾아 X표시를 한다.

③ 두 번째 훑어볼 때는 내가 의도하지 않게 타인에게 유발할 수 있는 미세 스트레스를 찾아 Y표시를 한다.

④ 세 번째 훑어볼 때는 내가 초연하게 넘겨야 하는 미세 스트레스를 찾아 O표시를 한다.

⑤ X, Y, O 표시가 되어 있는, 내 삶에 과도한 영향을 미치고 있는 스트레스 요소들을 기억하자. 지금부터 당신에게 미세 스트레스를 주는 이 요소들을 슬기롭게 해결할 수 있는 방법을 알아볼 것이다.

[표 0] 미세 스트레스 자가 진단 테스트

나는 어디에서 스트레스를 받는가?	나는 누구에게서 스트레스를 받는가?					
업무 수행 능력을 고갈시키는 미세 스트레스 요소	상사	리더	동료	고객	팀	가족 등 가까운 사람
공동 작업자 간 의견 불일치						
타인을 신뢰할 수 없음						
예측 불가능한 행동						
다양한 형태의 협업 요구						
일터와 가정에서의 책임 급증						
감정을 고갈시키는 미세 스트레스 요소	상사	리더	동료	고객	팀	가족 등 가까운 사람
타인의 성공이나 안정까지 책임져야 한다는 부담						
대화의 대립						
인적 네트워크에 대한 신뢰 부족						
스트레스를 퍼뜨리는 사람들						
정치 공작						
정체성을 흔드는 미세 스트레스 요소	상사	리더	동료	고객	팀	가족 등 가까운 사람
개인적인 가치관에 맞지 않는 목표를 추구해야 한다는 압박						
자신감, 자존감에 상처를 주는 공격						
가족, 친구와의 부정적 상호작용						
인적 네트워크의 혼란						

1장

현대인의 삶을 무너뜨리는 새로운 질병

열네 가지 종류의 미세 스트레스와
그것이 우리의 삶을 망치는 방식

미세 스트레스란?
우리의 개인적 또는 직업적 삶에 함께하는 사람들에 의해 유발되는
사소한 스트레스의 순간들을 말한다. 일상적으로 일어나서 거의 알아차리지
못하지만 일단 누적되면 대단히 큰 피해를 주는 스트레스이다.

뭔가 이상했다. 가슴 통증인가? 확실치는 않았다. 스치듯 지나가는 기분이었다고 브라이언은 후에 말했다. "하지만 심장에 문제가 생긴 게 분명하다고 생각했었어요."[2] 깜짝 놀란 그는 급히 병원 응급실을 찾았다. 세계에서 가장 존경받는 투자은행의 전무이사인 그가 건강을 유지하기 위해 들이는 노력은 둘째가라면 서러웠다. 틈날 때마다 자전거 경주 대회에 참여하는 것은 물론 언제든지 자신의 평균 심박수, 속도, 근저항력, 근출력량 등을 줄줄이 댈 수 있었다. 최근에 심장마비로 멘토를 잃은 그는 가슴에서 무언가 느껴지는 것이 건강한 38세 남자에게 정상적인 일이 아니라는 사실을 너무나도 잘 알고 있었다. 연이은 검사에도 아무 진단이 나오지 않자 브라이언은 가슴에서 느껴진 압박감이 자신의 착각이라고 결론 내렸다. "솔직히 말하면 그때 좀 놀라긴 했어요."

우리가 브라이언을 만난 건 그가 그 회사에서 고성과자로 인정받고 있었기 때문이었다. 이야기를 나누기 시작하자 왜 회사에서 그를 우리 연구에 추천했는지 알 수 있었다. 언뜻 보면 브라이언은 모든 걸 다 가진 사람이었다. 행복하고 건강한 가정을 꾸리고 있었고, 대도시의 고급 지역에 살았으며, 서민층 출신으로서 상상할 수 있는 것보다 더 큰 성공의 길을 걷고 있었다. 그는 유능하고 자신감 넘치는 성공한 직장인의 표본 같았다. 하지만 일상에 대해 차근차근 묻기 시작하자 조금 다른 패턴이 드러났다. "모든 일에 실패하고 있는 기분이에요. 회사에서도 집에서도요. 어디에도 충분한 관심을 주지 못하고 있는 것 같아요." 그가 털어놓았다.

왜 그런 기분을 느끼는지 상세히 이야기를 나누어 보니 그가 공황 발작을 겪기 직전 수준까지 스스로를 밀어붙이고 있다는 사실을 알게 되었다. 어쩌면 당연한 일이었다. 그는 삶에서 매일 발생하는 미세 스트레스에 너무나도 익숙해진 나머지, 스트레스가 자신을 괴롭히고 있다는 사실조차 잊은 채 매일 조금씩 지쳐가고 있었다.

이를테면 브라이언은 마지막으로 숙면을 취한 게 언제인지 기억하지 못했다. "밤이 되어도 생각을 멈출 수가 없어요. 하지만 그것도 별 일은 아닙니다. 그저 제가 감당해야 하는 사소한 일들 중 하나죠." 그는 머릿속을 꽉 채우고 있는 할 일들을 줄줄이 말했다. 아마 자신의 할 일들을 우리한테 이야기해주고 있는 것이라고 생각했겠지만 우리가 듣고 있는 건 바로 그를 괴롭히고 있는 미세 스트레스였다.

- 브라이언은 아침에 눈을 뜨는 순간, 이틀 후면 다른 전무이사들 앞에서 프레젠테이션을 해야 하는데 팀원 두 명이 필요한 분석 보고서를 아직 끝내지 못했다는 사실부터 생각났다. 그들이 마치지 못한 일을 대신 하려면 늘어날 업무량이 걱정되기 시작했다.
- 브라이언의 회사는 시간대가 다른 해외 지역에도 진출해 있었기에 그는 아침에 일어나자마자 밤사이 쏟아져 들어온 이메일을 확인하며 해외 금융 시장이나 다른 나라에서 일어나는 일들에 대한 걱정스러운 소식을 접하기 일쑤였다.
- 브라이언의 상사는 늦은 밤에 업무 이메일을 잔뜩 보내기로 악명 높았는데 그러면 하던 일의 방향을 바꾸어야 하는 경우가 다반사였다. 주요 고객들도 종종 비슷한 내용의 이메일을 밤늦게 보내곤 했다. 상사와 고객들은 자신들의 요구가 본래의 요청과 크게 다르다는 사실을 잘 모르는 경우가 많았다. 그런데 그러한 변동 사항은 브라이언뿐만 아니라 함께 일하는 다른 동료들에게도 큰 영향을 미쳤다.

여기까지는 하루의 시작에 불과했다. 퇴근하기 전까지 그는 쏟아지는 미세 스트레스 폭격에 시달렸다. 우리가 이야기를 나눈 날, 브라이언은 팀원들이 보너스를 더 받을 수 있도록 싸울 준비를 하고 있다고 했다. 작년에는 부서별로 금액을 나누어야 하는 보너스를 두고 다른 부서장과 팽팽한 대결을 벌이다 결국 졌다고 했다. 그리고 회사 고위 임원들이 그의 팀원 중 실력이 좋은 사람들을 시급한 문제가 있는 다른 프로젝트에 배치하는 바람에 새로 온 팀원들의 면면을 파악하는 중이었다. 인터뷰가 끝나갈 무렵에는 고위 임원과의 회의에 급히 불려갔는데, 거기에서는 자본 시장에서 회사의 인지도를 높이라고 압력을 가하기만 할 뿐, 브라이언의 사업부가 직면한 근본적인 문제점에 대해서는 하나도 이해하지 못하는 사람들에게 시달려야 했다.

우리와 함께한 짧은 인터뷰 시간 동안 그의 스마트폰과 노트북에서는 끊임없이 메시지 알림 소리가 들려왔다. "이메일과 슬랙Slack 메시지, 화상 회의에 매달려 있다 보면 퇴근할 수가 없어요. 하지만 불만은 없습니다. 재정적으로 안정되어 있고, 항상 제 일을 지지해주는 멋진 아내에, 예전에는 상상도 하지 못한 좋은 집에 살고 있고, 아이들도 건강하게 잘 커주고 있으니까요. 제가 무슨 불만이 있겠습니까?"

미세 스트레스는 단순히 그날의 할 일을 일컫는 다른 이름이 아니다. 이는 우리가 짊어지고 있는, 해결하기 힘든 감정적 짐이기도 하다. 미세 스트레스의 출처가 말도 못하게 요구사항이 많은 고객이나 재수없는 상사처럼 전형적인 '빌런'인 경우는 거의 없다. 오히려 우리의 친구나 가족, 동료처럼 가장 가까운 사람들이 유발하는 경우가 대부분이다.

처음 우리를 만났을 때 브라이언은 개인적 삶에서 나오는 다른 미세 스트레스에 대해서는 생각도 하지 않았다. 그 대표적인 예가 자기 마음대로 시험 삼아 약 복용량을 늘렸다 줄였다 하는 85세 된 그의 아버지였다. 그러다 보니 약을 아예 건너뛰었다가 그 결과로 종일 낮잠을 자는 경우도 많았다. 그렇게 낮잠을 너무 많이 자니 밤에 잠을 잘 수 없었고, 어둠 속에서 집안을 돌아다니다가 넘어지는 일도 늘어나고 있었다.

브라이언과 그의 아내는 번갈아가며 부모님 댁에 들러 아버지의 안부를 확인하고 있었다. 하지만 업무가 과다해지면서 이 일마저 점점 더 힘들어졌다. 아내 역시 업무량이 많은 일을 하고 있었고 마침 올해에 파트너 자리로 승진을 노리고 있었다. 간병인을 고용할 필요가 있었지만 그럴 시간도 없었고, 과연 부모님은 간병인을 순순히 받아들일지, 그런 말을 꺼냈다가는 어떤 일이 벌어질지 상상도 하기 싫었다.

브라이언의 상황에서 알 수 있듯 우리 모두 일종의 죄책감이 마음속 깊은 곳에 앙금처럼 남아 있다. 우리가 사랑하는 가족을 실망시키고 있다는 느낌이 들거나 그들의 행복과 안전을 걱정하면서 말이다. 긍정적이든 부정적이든 인간관계에서 느끼는 감정은 스트레스 요인의 영향을 더욱 확대시킨다.

미세 스트레스는 작거나 사소할지 몰라도 매우 복잡하게 얽혀 있다. [표 1-1]은 우리가 삶의 일부로 받아들이는 일상적인 스트레스와 미세 스트레스가 어떻게 다른지 자세히 보여준다.

다음에 나오는 [표 1-2]는 이 책에서 초점을 맞추는 세 가지 분류에 따라 흔하게 발생하는 열네 가지 미세 스트레스를 요약한 것이다. 뒤에서 이런 미세 스트레스들을 각각 깊이 살펴볼 것이다.

[표 1-1] **스트레스와 미세 스트레스는 어떻게 다른가**

① **스트레스**: 매일 자기 기분에 따라 사무실 분위기를 좌지우지하는 변덕스러운 상사 대하기.

② **미세 스트레스**: 상사가 악의는 없지만 나의 우선순위를 또 바꿔 버리는 순간.

③ **이차 미세 스트레스**: 지금까지 죽도록 해온 일이 더 이상 우선순위가 아니라서 업무 방향을 바꾸기 위해 팀원들을 다시 한 번 불러 모아야 하는 순간.

---

① **스트레스**: 폐렴 진단을 받음.

② **미세 스트레스**: 매주 친구들과 치던 테니스를 이번 주에는 갈 수 없게 됨을 깨닫는 순간, 그리고 운동 습관을 망치게 될지도 모른다는 생각에 드는 실망감.

③ **이차 미세 스트레스**: 이번 주에도 테니스 약속에 갈 수 없다는 나쁜 소식을 친구들에게 전하는 순간. 친구들이 조금 기분 나빠한다는 걸 느낄 수 있음. 테니스 모임에서 쫓겨날지도 모른다는 걱정이 들고 운동을 못하게 될 뿐만 아니라 이 친구들과의 정기적인 연결도 잃게 될지도 모른다고 생각하게 됨.

---

① **스트레스**: 연로하신 부모님이 더 이상 두 분만의 힘으로 지낼 수 없게 되었다는 것을 깨닫고 두 분을 돕기 위해 내 인생을 재조정해야 할 때.

② **미세 스트레스**: 연로하신 부모님을 돌보기 위해 다른 형제들과 의논이 필요한데 그들이 서로 다른 시간대의 지역에서 살고 있을 때 연락할 시간을 정하기.

③ **이차 미세 스트레스**: 부모님에게 무엇을 어떻게 해드리면 좋을지를 두고 논의하던 중에 형제들이 적극적으로 나서지는 않으면서 내가 하는 말에 사사건건 반박하기만 했는데, 이 일에 대해 배우자에게 간단히 전달하자 그 사람이 당신 형제들은 모든 걸 당신에게 맡기기만 하고 고마운 줄 모른다고 지적하고 나서며 나의 기분을 더욱 망칠 때. 형제들과 실속 없는 말만 주고받으며 감정적으로 지친 것은 물론 아이들과 함께 보내기로 계획했던 일요일을 그냥 보내버린 것을 깨달았을 때.

---

① **스트레스**: 심각한 섭식 장애로 힘들어하는 아이 문제에 대처하기.

② **미세 스트레스**: 한창 회의 중 전화기 알림을 확인하니 "나 혼자만 리처드의 생일 파티에 초대받지 못했어요"라는 10대 자녀의 조금은 걱정스러운 문자 메시지가 와 있을 때.

③ **이차 미세 스트레스**: 일에 집중하기를 그만두고 그날 오후 내내 아이의 소셜 미디어를 남몰래 드나들며 무슨 문제라도 있는 건가 확인하려고 애쓸 때.

---

① **스트레스**: 당신이 담당하는 부서가 까다로운 영업 목표를 달성하지 못하면 해고될 것이라고 말하는 상사의 최후통첩을 받는 순간.

② **미세 스트레스**: 장기 고객들과의 표준 계약을 수정하여 앞으로 납품 후 지급 기한을 줄이게 되었다는 상사의 발표를 듣고 특정 고객이 그런 조건을 따르기 힘들어 할 것을 이미 알고 있는 상태에서 그 소식을 전해야 할 사람이 나임을 깨닫는 순간.

③ **이차 미세 스트레스**: 지금껏 힘들게 쌓아올린 관계를 무너뜨리지 않고 이 소식을 어떻게 전할지 고심하는 순간. 이러한 불안과 걱정으로 가득 차 혹시라도 실수할까 봐 고객에게 전화를 걸지 못하고 있음.

---

① **스트레스**: 당신의 부서에서 여러 자리를 없애버린 수차례의 대량 해고에서 살아남기.

② **미세 스트레스**: 두 명의 동료가 공동 프로젝트에서 제몫을 해내지 못해 당신이 그걸 끝내려면 추가로 일을 더 해야 한다는 걸 깨닫는 순간.

③ **이차 미세 스트레스**: 동료들이 하지 못하고 남겨둔 일을 마치려면 원래 기대하고 있던 자신의 성장 프로젝트를 잠시 치워둬야 한다는 사실을 깨닫는 순간. 마감 기한이 끝나고 나면 동료들의 문제점에 대해 불편한 대화를 나눠야 하는 가능성에 대해서도 걱정이 됨.

---

① **스트레스**: 가족을 갈라놓을 뿐만 아니라 경제적인 피해도 큰 이혼을 잘 마무리하기.

② **미세 스트레스**: 이미 약속해 두었지만 딸의 소프트볼 게임을 보러 집에 갈 수 없게 되었다고 배우자에게 전화해야 하는 순간.

③ **이차 미세 스트레스**: 이 나쁜 소식을 딸에게 전해달라고 배우자에게 부탁해야 하는 순간. 그래서 배우자와 딸은 그 주 내내 당신을 향해 약간의 실망감과 분노를 품게 됨.

[표 1-2] **분류별 열네 가지 흔한 미세 스트레스**

수행 능력을 고갈시키는 미세 스트레스	감정을 고갈시키는 미세 스트레스	정체성을 위협하는 미세 스트레스
① 방향이 맞지 않는 역할과 우선순위 ② 동료들의 작은 업무 실수 ③ 예측하기 어려운 윗사람 ④ 비효율적인 의사소통 관행 ⑤ 책임의 급증	⑥ 다른 사람을 관리하고 지지하기 ⑦ 적대적인 대화 ⑧ 신뢰의 부족 ⑨ 간접적 스트레스 ⑩ 정치적 대처	⑪ 개인적 가치관과의 충돌 ⑫ 자신감을 앗아가는 남과의 상호작용 ⑬ 가족이나 친구와의 부정적이거나 기운을 빼앗기는 상호작용 ⑭ 인간관계에 방해나 지장

아마 목록을 읽다 보면 현재 겪고 있는 미세 스트레스를 최소 몇 가지씩 바로 표시할 수 있을 것이다. 브라이언은 열네 개 미세 스트레스를 거의 모두 겪고 있었다. 그리고 그건 그날 하루에 모두 일어난 일이었다.

주제별로 여러 가지 형태의 변형이 있을 수 있겠지만 아마 많은 사람들이 각자의 하루를 비슷한 방식으로 표현할 수 있을 것이다. 그리고 브라이언처럼 당신도 원래 그런가보다 하고 미세 스트레스를 받아들여야 한다고 생각할 수도 있다.

미세 스트레스 칸에 적힌 항목들은 얼마든지 대처할 수 있는 것으로 보이기도 한다. 따지고 보면 모두 잠깐의 순간들이기 때문이다. 하지만 우리가 간과하는 것이 하나 있다. 미세 스트레스는 일차, 이차, 때로는 삼차 연쇄반응을 일으켜 몇 시간 또는 며칠씩 계속되며, 우리가 본래의 스트레스와 연결조차 하지 못하고 있는 동안 야금야금 우리의 삶을 앗아간다는 것이다. 미세 스트레스는 무수히 많은 문제를 야기할 수 있는데 그중 대표적인 예는 다음과 같다.

① **미세 스트레스는 우리의 시간을 고갈시킨다:** 한 가지 문제를 해결하느라 너무 많은 시간을 할애하면 다른 일을 할 시간이 줄어든다. 이런 식으로 계속 시간이 부족해지면 일이 밀리게 되고, 하지 못한 일을 언제 할 수 있을지, 시간에 쫓겨 일에 최선을 다하지 못하거나 마감 기한을 놓치면 동료들이 어떻게 생각할지 걱정이 커지게 되어 결국 스트레스가 만들어진다.

② **미세 스트레스는 본래의 목표에서 벗어나게 만든다:** 다른 방향으로 끌려가다 보면 반응하기에 급급하여 개인적으로 중요하다고 여기는 일들에 자신의 방식대로 노력을 기울이기가 힘들어진다. 그 결과 항상 바쁘지만 자신의 장기적인 커리어나 목적의식을 위한 일은 하지 못하게 된다.

③ **미세 스트레스는 개인의 희생을 초래한다:** 할 일을 끝내려 애쓰다 보면 가족과 친구, 혹은 당신이 속한 다른 집단을 위한 헌신이

줄어들게 된다. 가족 구성원과 한 약속을 어기는 것은 단순히 자녀의 축구 경기나 학교 연극을 놓치는 것만을 의미하지 않는다. 그로 인해 가족이라는 경계 밖에서 일어나는 활동이나 인간관계가 서서히 우선순위에서 멀어지게 된다는 뜻이다. 끊임없이 밀려오는 미세 스트레스의 물결에 대처하기 위해 삶을 점점 조그맣게 만들다 보면 우리의 정신적 신체적 건강은 큰 피해를 입게 될 수 있다.

④ **미세 스트레스는 사랑하는 이들을 업무 스트레스 속으로 끌어들인다:** 일터에서 우리를 괴롭히는 미세 스트레스로 인해 어쩔 수 없이 사랑하는 이들과 한 약속을 지키지 못하게 되면 업무 외의 인간관계에도 미세 스트레스를 더하는 셈이 된다. 또 우리가 겪어야 했던 불공평한 일에 대해 불평을 늘어놓다 보면 사랑하는 이들에게 우리의 미세 스트레스를 전달하게 되기도 한다.

그들이 맞장구쳐주는 걸 듣고 있으면 잠깐은 기분이 좋아질지 모르나 실제로는 그것이 다시 우리에게 돌아오면서 미세 스트레스의 초기 영향을 더욱 확대시킨다. '그래 네 말이 맞아. 그들은 날 이용하고 있어!' 이런 생각이 들면서 그 미세 스트레스 속으로 더욱 깊이 빠져든다. 그리고 사랑하는 이들도 이젠 감정적으로 연루되고 만다.

⑤ **미세 스트레스는 우리의 인맥 속 인간관계를 손상시킨다:** 미세 스트레스에 힘들어할 때 다른 사람들에게 전화를 걸어 부탁을 하는 사람들이 많다. 팀원에게 야근하며 무언가를 분석해 달라거나

다가오는 프레젠테이션에 쓸 슬라이드 일부를 만들어 달라고 하는 식으로 말이다. 아니면 동료에게 거래처에 전화를 좀 걸어 달라고 부탁하기도 한다. 그런데 고객이나 리더가 원하는 것이 갑자기 달라져 우리가 해야 할 일도 바뀌게 되면 그런 부탁을 한 것이나 그로 인해 발생한 스트레스 모두 아무 의미가 없어진 다. "그 데이터가 월요일 아침까지 필요하다더니, 아니었잖아요. 그러면 내가 주말에 일할 필요도 없었는데…" 이런 말이나 듣게 되는 것이다.

우리의 일상은 미세 스트레스 한두 개로 끝나지 않는다. 브라이언처럼 당신도 하루에 열두 개씩 미세 스트레스를 겪고 있을 수 있다. 그리고 그것은 매주, 매달 점점 쌓여만 간다. 당신은 너무나도 지치고 피곤해 번아웃된 상태이지만 도무지 그 원인을 명확히 짚어 낼 수가 없다. 거기엔 다 이유가 있다.

우리의 두뇌는 미세 스트레스에 어떻게 대응하는가

—

미세 스트레스는 우리가 전혀 경험해보지 못한 양과 강도, 속도로 우리의 일상에 파고들기 때문에 특히 더 치명적이다. 그런데다 우리의 몸은 아직 그것을 어떻게 받아들여야 할지 잘 모른다.

평상시 우리의 몸이 스트레스에 대응하는 방식을 '알로스타시스allostasis'라 부른다. 신체를 내·외부의 스트레스로부터 보호하고 내부의 항상성, 즉 내부의 균형을 유지하도록 돕는 생물학적 기제다. 우리의 두뇌는 기존의 스트레스 형태를 인식하는 방법을 알고 있다. 그리고 위협 요인을 규명하면 그 위협에 대처하기 위해 투쟁 또는 도피 반응이라는 추가적인 힘을 발동시킨다. 하지만 안타깝게도 미세 스트레스는 이런 전형적인 경계 시스템의 레이더 망 아래로 낮게 비행하면서도 그에 못지않은 피해를 입힌다.

뉴욕대학교 그로스먼 의학대학원의 행동신경학자이자 온라인 두뇌 건강 서비스를 제공하는 기업 '아이작 헬스Isaac Health'의 최고 의료책임자로, 심리사회적 요인이 두뇌 건강에 미치는 영향을 집중적으로 연구 중인 조엘 살리나스Joel Salinas는 이렇게 설명한다. "바람이 산을 침식시키는 상황을 상상해보십시오. 산 중턱에 커다란 구멍을 만드는 엄청난 폭탄하고는 다릅니다. 시간이 흐르고 바람이 절대 멈추지 않는다고 가정하면 천천히 산 전체를 깎아내 언젠가는 조그마한 돌기 정도로 만들 가능성을 갖고 있습니다."

우리가 인지하지 못하는 중에도 미세 스트레스는 우리의 혈압과 심박수를 올리거나(브라이언의 공황 발작처럼) 호르몬이나 대사상의 변화를 일으킬 수 있다. "미세 스트레스는 우리 몸에 피해를 입히고 있지만 우리 두뇌는 그것을 위협이라 완전히 인식하지 못합니다. 그래서 보다 명확한 스트레스를 받았을 때 사용하는 높은 단계의 방어 기제를 발동시키지 않는 거죠."

우리 두뇌가 미세 스트레스를 인지하지 못하는 또 다른 이유는 두뇌가 정보를 처리하는 과정에 있다. 두뇌에서 작업 기억을 담당하는 부분은 전두엽에 있다. 작업 기억이란 우리가 머릿속으로 하는 메모를 저장해두는 곳으로 살리나스의 말을 빌리면 일종의 '정신적 메모장'과 같다. 그런데 지속적으로 스트레스를 받으면 전두엽에 있는 이 작은 메모장이 수축하기 쉽고, 우리의 대응이나 관심을 필요로 하는 일들을 기억하는 데 애를 먹게 된다.

많은 사람들이 팬데믹 기간 동안 두뇌에 안개가 낀 듯한 '브레인 포그' 현상을 겪은 이유를 이것으로 설명할 수 있다. 과도한 미세 스트레스를 받아 지친 두뇌는 어떤 활동이나 문제 해결에 관심을 집중하는 평상시의 여력을 발휘하지 못한다. 엄청나게 스트레스를 받은 것처럼 느끼지만 그 이유를 기억하지 못하기도 한다. "논쟁의 여지가 있지만 이건 투쟁 또는 도피 반응을 유발하는 진짜 위협보다 더 심각할 수 있습니다. 제대로 인식되지 못하는 걸 넘어서 더 심한 결과를 가져올 수 있거든요." 살리나스의 말이다.

그래서 미세 스트레스를 우리가 대처할 수 있는 것이라 치부하기 쉽지만 우리 두뇌는 그렇지 않다. 노스이스턴대학교 심리학 종신 교수이자 《이토록 뜻밖의 뇌과학》의 저자인 신경과학자 리사 펠드먼 배럿Lisa Feldman Barrett에 따르면 사실 인간의 두뇌는 만성적인 스트레스의 여러 출처를 각각 구별하지 못한다.[3] '일시적인 스트레스 요인'이라도 스트레스의 영향은 명확하다.

배럿은 책에 이렇게 썼다. '신체의 질병, 금전적 어려움, 호르몬

수치 급등, 아니면 단순한 수면 부족이나 운동 부족 같은 삶의 여러 상황에 의해 평상시 우리 몸이 늘 지니고 있는 에너지가 소진된 경우라면 우리 두뇌는 온갖 종류의 스트레스에 더욱 더 취약해진다.'

한 연구에 따르면 두 시간 동안 식사를 하면서 사회적인 스트레스에 노출되면 우리 몸은 그 식사 동안에 섭취한 열량에 추가로 104칼로리가 더해지도록 대사를 한다고 한다.[4] '이런 일이 매일 일어난다면 1년 만에 약 5킬로그램이 찌게 된다. 뿐만 아니라 스트레스 받는 날에는 견과류처럼 건강한 불포화지방을 섭취하더라도 우리 몸은 그것이 몸에 나쁜 지방인 것처럼 대사한다.' 배럿은 이런 결론을 내렸다.

한편, 일상에 더해지는 미세 스트레스를 가상의 그릇에다 받는다고 치면 우리의 그릇이 늘 말끔히 비워져 있는 것이 아니다. 우리 대부분은 이미 전력을 다해 달리고 있으면서 직장과 개인 생활 전반에서 기본적인 여러 요구에 지쳐 있다. "우리에게 지속적으로 부담이 더해진다면, 평상시에는 금세 회복할 수 있을 정도의 일시적인 스트레스 요인마저 그 위에 고스란히 쌓이게 된다. 마치 침대 위에서 펄쩍펄쩍 뛰고 있는 아이들과 같다. 열 명의 아이들이 동시에 뛰면 침대가 버틸 수 있을지 몰라도 거기에 한 명이 더 올라가면 침대 프레임이 쩍 하고 쪼개지지 않나?"

이것이 바로 브라이언에게 일어난 일이었다. 그의 삶은 그의 침대 위에서 뛰고 있던 미세 스트레스로 채워져 있었다. 이런 스트레스들은 점점 더 쌓이면서 우리를 규모에 상관없이 어떤 형태의 스트레스에든 점점 더 취약해지게 만든다. 악순환이 아닐 수 없다.

미세 스트레스,
현대인의 새로운 질병
—

확실한 건 우리가 미세 스트레스라는 질병의 시대에 살고 있다는
것이다. 심지어 미세 스트레스는 많은 이들의 삶을 망치고 있다.

우리가 들은 이야기 중에는 무척 마음 아픈 것들도 많았다. 사회
적으로 성공한 것처럼 보이는 그들은 각자의 삶이 얼마나 행복한지
겉으로는 매우 긍정적인 태도를 보이며 인터뷰를 시작했다. 그러다
가 45분쯤 지나면 자신이 얼마나 고통받고 있는지 뼈저리게 느끼고
만다. 실제로 인터뷰를 한 많은 사람들이 한두 번씩 목이 메거나 눈
물을 훔치곤 했다.

빠른 속도로 승진을 거듭해 나가다가 원하던 목표 중 하나를 달
성하려는 찰나 모든 일에 실패했다고 느끼게 되었다는 이야기는 여
러 번 들었다. 한 사람은 이렇게 말했다. "그 모든 일터에서의 스트
레스가 가족 간의 스트레스로 한 번에 확 확대되었어요. 2년 정도
모든 게 걷잡을 수 없는 상태에 있었죠."

관계가 망가지고, 신체적 건강을 소홀히 하고, 한때 좋아했던 일
에 흥미를 잃고, 친구가 점점 줄어들고, 정체성을 잃어가는 등 다양
한 이야기를 들었다. 우리가 인터뷰한 대부분의 사람들은 이것은

현대인의 피할 수 없는 문제점이라고 그저 받아들이고 있었다.

'끓는 물 속의 개구리'라는 오래된 이야기는 미세 스트레스가 얼마나 파괴적일 수 있는지 보여준다. 끓고 있는 물에 개구리를 집어넣으면 개구리는 바로 펄쩍 뛰어 나온다. 하지만 개구리를 찬물에 넣고 천천히 열을 가하면 개구리는 그 열기에 적응하며 견디다가 결국 물이 너무 뜨거워져 더 이상 뛰어 나오지 못하게 된다. 너무나도 많은 사람들이 천천히 끓고 있는 물 속에 그대로 앉아 있다. 우리 자신에게 무슨 일이 일어나고 있는지 깨닫지 못하기 때문이다. 우리와 인터뷰한 사람들은 마치 약속이라도 한 것처럼 이렇게 말했다. **모든 게 다 잘되고 있었다고. 그러다가 갑자기 일이 터졌다고.**

이것은 피할 수 없는 숙명이 아니다. 급작스럽게 닥친 거대한 파도로 인해 경로에서 벗어나는 일 없이도 이 미세 스트레스라는 바다를 헤쳐 나갈 수 있는 방법이 있다.

- **우리는 미세 스트레스에서 벗어날 수 없다.**
  자기도 모르는 사이 우리에게 그런 스트레스를 주는 사람들이 우리의 개인적이거나 직업적 삶에 깊숙이 관여하고 있기 때문이다.

- **미세 스트레스는 별것 아닌 순간에 빠르게 우리를 찾아온다.**
  그래서 스트레스가 보다 명확하게 느껴질 때 이를 이겨내도록 돕는 전형적인 투쟁 또는 도피 반응이 일어나지 않는다. 우리의 몸은 미세 스트레스 누적으로 인한 변화를 고스란히 느낀다. 하지만 그 원인을 알아차리기는 힘들다.

- **미세 스트레스는 연쇄반응을 일으킨다.**
  일차, 이차, 때로는 삼차 반응까지 일어나 몇 시간 심지어 며칠씩 계속되기도 하지만 그것을 본래의 미세 스트레스와 연결시키기는 쉽지 않다.

- **미세 스트레스가 주는 영향은 완화시킬 수 있다.**
  무인도로 가거나 은둔하지 않는 한 미세 스트레스를 완전히 없앨 수는 없다. 하지만 미세 스트레스의 양과 깊이, 부정적 영향을 줄이고, 우리의 행복에 꼭 필요한 개인적, 직업적 인맥을 구축하기 위한 전략을 배울 수는 있다.

2장

미세 스트레스가
우리의 업무 능력을
고갈시킨다

업무와 삶을 관장하는 개인의 수행 능력을 고갈시키는
다섯 가지 미세 스트레스와 이에 맞서는 방법

마케팅 총 책임자로 부임한 앤서니의 이메일 한 통은 여러 팀을 이끌고 있는 관리자 리타를 혼란의 도가니로 몰아넣었다. 대여섯 명의 리더에게 전송되고 그들 각자의 부하 직원들에게 전달된 앤서니의 이메일에는 '다가오는 임원 프레젠테이션에 필요한 자료를 준비해달라'는 내용이 적혀 있었다. 분명 다급한 요청이었으나, 상세한 내용이 부족했기에 이메일을 받은 사람들은 모두 여러 가지 의문이 생겼다. 언제까지 해달라는 건가? 파워포인트 슬라이드를 말하는 건가, 아니면 그냥 발표할 내용을 주요 항목별로 정리해달라는 건가? 공통으로 써야 할 템플릿이 있는 건가? 그리고 무엇보다도, 그는 무엇을 발표하고 싶은 건가?

어떤 면에서 이 이메일은 단순하기 짝이 없었다. 다들 알고 있는 프레젠테이션을 위해 리더가 팀원들에게 자료를 부탁하는 평범한 요청이었다. 그런데 그 한 통의 이메일은 조직 곳곳에 몇 시간씩 스트레스를 가했다. 리타와 동료들이 행간에 숨겨진 의미를 읽으려 애를 쓰는 동안 마케팅 부서 곳곳으로 다급한 이메일이 오갔다. 이 메일을 받은 사람 중 서너 명은 지난 몇 주 동안 마케팅 이사와 프 레젠테이션에 대해 논의한 적이 있었는데 앤서니가 원하는 바에 대해 조금씩 다르게 이해하고 있었기 때문에 혼란은 더욱 커졌다.

앤서니의 이메일을 받고 90분 동안 리타는 어떻게 해야 할지 방향을 알려달라거나 시일이 너무 촉박하다고 불평하는 등의 이메일을 서른네 통이나 받고 일일이 답변해야 했다. 그 사이 이메일을 받은 사람 중 두 명이 각자의 판단에 따라 앤서니가 원하는 바라 여겨지는 작업물을 만들어 리타에게 보내왔다. 그런데 하필이면 두 사람이 서로 다른 데이터를 인용한 탓에 내용은 각자 다른 방향을 향하고 있었다. 그런데 리타는 하루 종일 급한 불을 끄고, 급하지 않은 일에 끌려 다니다가 오후 6시 반이 되어서야 두 자료에 차이가 있다는 걸 발견했다. 아니나 다를까, 두 사람은 이미 퇴근한 뒤였다. 그 프로젝트에 참여 중인 사람은 리타 말고도 몇 명이 더 있었다. 이제 두 자료의 차이점을 파악하고 최종적으로 정리하는 것이 고스란히 리타의 일이 되어버렸다.

리타는 그날 밤 아들과 함께 저녁을 먹고 싶었다. 최근 아이는 뚱한 얼굴을 하고 자기 방에 처박혀 시간을 보내는 일이 많아졌다. 오해일 수도 있었지만 어쨌거나 아들과 함께 시간을 보내며 이야기를 나누고 싶었다. 하지만 안타깝게도 최소한 동료들에게 전화를 걸어 자료와 관련된 의문을 해소하기 전까지는 퇴근을 할 수가 없을 것만 같았다. 마침내 차를 몰고 회사 주차장을 벗어났을 때는 이미 아들이 냉장고를 뒤져 뭔가를 꺼내 먹고 자기 방으로 들어갔을 시간이었다. 아들과 대화할 시간을 또 놓치고 만 것이다. 새로 온 마케팅 이사는 그저 두어 가지 방식으로 제시된 데이터를 보고 싶었을 뿐이고 이것이 간단한 요청이라고 생각했을 것이다. 하지만 이 요청은 리타의 오후와 저녁 시간을 모두 잡아먹고야 말았다. 적합한 데이터를 찾고, 맞게 계산했는지 수치를 다시 점검하고, 그것을 시각 자료로 만들기 위해 서너 명의 동료들이 하던 일을 멈추고 달려들어야 했다. 리타는 내일 아침 맑은 머리로 자료를 검토하기 위해 기상 알람을 더 일찍 맞추고 잠자리에 들었다.

안타까운 일이지만 이것은 리타에게 특별할 것 없는 하루였다. 그리고 우리 대부분의 사람들에게도 그럴 것이다. 언제든 별것 아닌 듯 보이는 작은 요청이나 우선순위 변동이 우리의 하루를 뒤집어놓고, 이미 집중하고 있던 다른 일에서 손을 놓게 만들 수 있다.

그 과정에서 근무 시간이 길어지면서 가족과 친구는 밀려나게 되어 있다. 우리의 하루는 개인적 수행 능력을 고갈시키는 미세 스트레스로 가득 차 있고, 그것은 일터와 가정에서 할 일을 해내는 힘을 감소시킨다. 이런 미세 스트레스가 닥쳐오면 우리는 그것이 우리에게 무슨 짓을 하고 있는지 길게 생각해보지 않는다. 그저 묵묵히 버티고 해낸다. 그렇지만 그렇다고 해서 그것이 우리에게 피해를 입히지 않는 건 아니다. 우리의 수행 능력을 고갈시키는 미세 스트레스는 우리가 인식하지 못하는 다른 스트레스를 연쇄적으로 만들어내 몇 시간 심지어 며칠씩 영향을 준다. 부족한 것을 보완하기 위해 더 열심히, 더 오래 일하면서 그 과정에서 개인의 인간관계에 피해를 주거나, 시간이 부족해서 평균 이하의 업무를 하고 나면 이것은 다시 우리를 믿고 있는 사람들을 실망시키며 직업적 관계에서 스트레스를 유발한다.

수행 능력을 고갈시키는 스트레스

—

지금부터는 수행 능력을 고갈시키는 다섯 가지 종류의 미세 스트레스에 대해 알아보고 그것이 우리의 일상에 어떻게 파고드는지 설명할 것이다. 어떤 사람들이 이런 미세 스트레스에 어떤 영향을 받는지 우리의 연구 자료에서 사례를 가져와 제시하고 마지막으로 이런 형태의 미세 스트레스에 맞설 수 있도록 실용적인 방법을 제안할 것이다.

리타의 이야기에서 중요한 건 그가 마케팅 관리자로부터 들어온 급한 요청을 제대로 처리하지 못한 점이 아니다. 미세 스트레스가 하나만 고립되어 작용하는 법이 없다는 것이다. 미세 스트레스는 언제나 다른 미세 스트레스를 유발한다. 리타와 그의 동료들, 그리고 그 가족들에게 작용한 피해를 모두 합쳐보면 하나의 미세 스트

[그림 2-1] **수행 능력을 고갈시키는 하나의 미세 스트레스 요인이 가져오는 파급 효과**

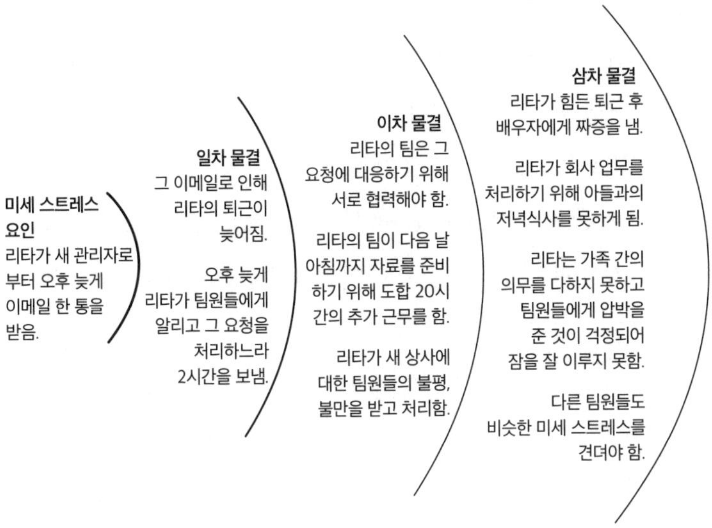

삼차 물결
리타가 힘든 퇴근 후
배우자에게 짜증을 냄.

리타가 회사 업무를
처리하기 위해 아들과의
저녁식사를 못하게 됨.

리타는 가족 간의
의무를 다하지 못하고
팀원들에게 압박을
준 것이 걱정되어
잠을 잘 이루지 못함.

다른 팀원들도
비슷한 미세 스트레스를
견뎌야 함.

이차 물결
리타의 팀은 그
요청에 대응하기 위해
서로 협력해야 함.

리타의 팀이 다음 날
아침까지 자료를 준비
하기 위해 도합 20시
간의 추가 근무를 함.

리타가 새 상사에
대한 팀원들의 불평,
불만을 받고 처리함.

일차 물결
그 이메일로 인해
리타의 퇴근이
늦어짐.

오후 늦게
리타가 팀원들에게
알리고 그 요청을
처리하느라
2시간을 보냄.

**미세 스트레스
요인**
리타가 새 관리자로
부터 오후 늦게
이메일 한 통을
받음.

레스가 마치 촉수 같은 영향력을 어디까지 뻗치는지 알 수 있다.(그림 2-1 참고)

우리의 수행 능력을 고갈시키는 미세 스트레스의 출처를 좀 더 자세히 살펴보자.

미세 스트레스 1: 방향이 맞지 않는 역할과 우선순위

—

팀원들이 서로 다른 우선순위를 추구하며, 공동의 비전 아래 단합

하거나 잘 어우러진 업무 결과를 내기 힘들어하는 팀에 들어가면 일이 얼마나 힘들어지는지 아마 대부분의 사람들이 잘 알고 있을 것이다. 업무 방식이 그때그때 대응해야 하는 식으로 바뀌고, 하나의 팀이 아닌 여러 가지 교차 직능 팀에 속하는 경우가 생기다 보니 이때의 비효율성은 곱절로 늘어난다. 우리가 인터뷰한 사람들이 겪고 있는 가장 흔한 애로점 중 하나는 어떤 프로젝트를 수행할 때 너무 늦어져서야 방향의 불일치를 인지하거나 해결하려 나서는 경우가 많다는 것이었다.

이런 오해를 일부러 만들어내는 사람은 없다. 회의를 마치고 방을 나설 때 사람들은 모두가 앞으로 할 일을 명확히 알고 있다고 생각한다. 하지만 우리는 연구를 하는 내내 중요한 프로젝트가 엄청난 골칫거리가 되었으며 그로 인해 커리어가 퇴보하거나 심지어 완전히 궤도를 벗어나게 되었다는 이야기를 수백 번은 들었다. 이런 경우, 대부분의 원인은 **제때 해결되지 못한 사소한 불일치에 있었다.**

방향의 불일치는 예측하기 힘들며, 사람들이 자신의 일이 큰 그림에 어떻게 맞아 들어가는지 명확히 확인하지 않은 채 각자의 시각에 따라 문제나 일을 해결하려 할 때 나타난다. 우선순위가 불일치하는 가장 흔한 원인 세 가지는 다음과 같다.

① **서로 다른 목표:** 이 같은 불일치는 팀원들이 각자 다른 부서별 우선순위를 갖고 있을 때 종종 생긴다. 예를 들어 프로젝트를 위한 팀이 만들어졌고 여기에 마케팅, IT, 제품 개발 부서가 있다고

치자. 제품 출시 기한에 대해서는 모두가 동의했다 하더라도 사람들은 각자의 성과 측정과 보상 방식에 따라 서로 다른 목표를 가지고 있을 수 있다. 모든 목표가 제품 출시에 꼭 필요하나 다들 조금씩 다른 시각에서 결과물을 바라보고 있는 것이다. 이론 상으로는 소속 부서가 다를지라도 한 방향을 향해 나아가야 하는데 현실에서는 각자 자신만의 사내 정치력을 발휘하며 팀이 이런 저런 방향으로 나아가도록 넌지시 밀고 있고 이것이 모두를 혼란스럽게 하고 있다.

② **서로 다른 가치관:** 사람은 각자의 전문성과 책임 또는 열정에 따라 자신의 업무 중 특정한 측면을 다른 것보다 중요하다고 여기기도 한다. 이것은 업무의 평가나 보상 방식과 관련이 없고 일을 할 때 사람이 본질적으로 옳다고 여기는 것과 더 관련이 깊다. 누군가는 기술적 우수성을 더 중시하여 모델링과 엔지니어링 문제 해결에 과도한 시간을 투자하고 고객이 매력적으로 느낄 간결한 디자인은 포기할 수 있다. 또 누군가는 고객 피드백을 중요시하여 기술적으로 가장 효율적인 엔지니어링 솔루션보다는 고객의 요구에 맞는 방향으로 프로젝트를 밀어붙일 수 있다. 이런 식의 불일치는 정기적인 프로젝트 회의 도중에도 모든 부서 사람들에게 불만과 짜증을 안길 수 있다.

③ **명확하지 않은 요건:** 프로젝트 관리가 허술하면 팀원들이 아무리 열심히 하려 해도 무엇이 원하는 결과물인지 명확히 알 수 없게 되고 이러한 명확성의 부재는 미세 스트레스를 가져온다. 확실

한 방향이 없으면 팀원들은 설명되지 않은 부분들을 알아서 채워야 하며 때로는 잘못된 목표를 좇거나 다른 사람들이 불필요하다고 여기는 일을 하느라 시간을 낭비할 수 있다. 이렇듯 집중력이 떨어지는 접근 방식은 아래로 내려갈수록 추가적인 미세 스트레스를 만들어낸다. 불필요한 부가적 대화와 토론이 필요해지고 방향성을 알기 위해 자신의 업무 방향을 자꾸만 조금씩 조정해야 하기 때문이다.

방향 불일치를 확인하는 몇 가지 간단한 방법이 있다.

첫째, 프로젝트에서 성공이란 어떤 모습인지 팀원들에게 설명해 보게 한다. 모두가 조금씩 다른 대답을 내놓는다면 미세 스트레스의 원인을 찾아낸 것일 수도 있다.

둘째, 늘 긴 회의를 하지만 모두가 찝찝한 기분으로 회의실을 나선다면 모두의 생각이 같지 않은 것일 수 있다.(사람들이 방금 동의한 내용을 빠르게 요약 정리할 시간을 갖지 않고 어서 다음 회의에 가려고 급하게 일어서는 경우라면 대체로 그렇다)

셋째, 팀이 내놓은 결과가 자랑스럽지 못한 기분이 든다면 모두가 각자 제대로 일하고 있다고 생각하지만 누구도 방향이 일치하지 않고 그것이 결과로 드러나는 상황일 수 있다.

방향의 불일치는 당연히 연쇄적인 영향을 미친다. 마크의 예를 들어 보자.

마크는 최근에 기업 서비스 조직의 운영 관리자로 승진했으나 왜 점점 더 부정적인 피드백이 늘어나고 있는지 이해하지 못하고 있었다. 승진한 이후로 두 개의 사업부 소속 두 명의 리더에게 업무 보고를 하게 되었고, 이것은 그의 책임이 늘어나는 동시에 이 조직에서 업무 가시성도 높아지는 반가운 일이었다. 그는 이제 대규모 기업 고객에게 영향을 미치는 중요한 소프트웨어 문제를 처리하는 본부를 이끌게 되었다. 팀원으로 각자 책임이 다른 세 명의 리더도 배치되었다. 새 업무는 문제 해결 능력이 좋고 맡은 일을 잘 해내는 것으로 소문이 자자한 마크에게 잘 맞는 일이었다. 이론 상으로는 말이다.

그런데 승진 이후로 마크는 그 무엇도 제대로 하지 못하는 것 같았다. 고객 불만이 접수되면 그는 마치 두더지 잡기 게임을 하는 것 같은 기분이었다. 일을 파악하고 제대로 통제하기 위해 야근과 주말 근무도 마다하지 않았다. 업무 시간을 늘려서라도 팀원들의 사기를 북돋고 리더로서 자신의 신뢰도를 높이려 했건만 새 팀원들은 그가 이 일을 할 자격이 되는지 의심하고 있었다.

더 큰 문제는 여기에서 비롯된 문제가 가정까지 이어지고 있다는 사실이었다. 오래 전부터 아내와 함께 가기로 약속했던 대학 동창회에 갈 수 없을지도 모르겠다고 털어놓자 아내가 버럭 화를 냈다. "이 일이 나한테 얼마나 중요한지 몇 달 전부터 알고 있었잖아! 왜 미리 계획을 세워 업무를 처리하지 않은 거야?"

마크는 자기 일을 제대로 해내지 못하는 것에 대해 매일 자책했다. 하지만 마크가 모르는 것이 있었다. 바로 이 모든 미세 스트레스가 '방향 불일치'에서 비롯되었다는 사실이다.

알고 보니 그의 팀 리더들은 문제의 해결책이란 무엇인지에 대해 조금씩 다른 시각을 갖고 있었다. 품질 관리팀에게 해결책이란 문제의 근본 원인을 찾는 것이었고, 엔지니어링 팀에게 해결책이란 기술적 해결을 의미했다. 그리고 제품 관리팀은 수정 사항을 고객에게 최종 배포하는 것을 해결로 여겼다. 반면 고객은 이 모든 해결책이 동시에 이루어지기를 기대했다.

성공이 어떤 모습인지 공유되지 않은 상태에서 팀들 간의 인수인계는 어설프고, 비효율적이었으며, 타이밍이 어긋났다. 마크는 자신 역시 팀원들에게 자신의 기대치를 명확히 밝힌 적이 없어 그들이 성공적인 결과란 무엇인지 각자 결론을 내리게 만들었음을 깨달았다.

그는 방향을 다시 맞추기 위해 업무 보고를 올리는 두 명의 리더와 각각 회의를 잡았다. 그리고 두 리더와 마크의 팀원 전체가 모두 모여 모두가 원하는 해결책이 무엇인지 의견을 일치시키기 위한 전체 회의 자리를 마련했다. 팀원들은 모두 자신에게 요구되는 일을 제대로 하고 있다고 믿고 있었으나 각자의 좁은 시야로 인해 팀 전체에 어떤 문제가 야기되는지 깨닫지 못하고 있었다. 회의는 마크의 상사와 팀원들 모두의 눈을 뜨게 해준 유익한 자리였다.

마크는 팀을 위한 한 가지 공통의 기대치와 함께 이런 우선순위를 처리할 사람을 더 고용할 추가 예산을 얻었다. 덤으로 업무 범위에서 벗어나는 것으로 간주되는 문제를 따로 위에 보고할 경로도 마련할 수 있었다. 그런 식으로 업무를 보기 시작한 지 몇 달 만에 마크는 자신감을 되찾고 훌륭한 프로젝트 관리자로 좋은 평판도 얻을 수 있었다.

방향이 맞지 않는 팀의 미세 스트레스 해결하기

팀원들의 방향이 일치하지 않음을 느꼈다면 모두에게 미세 스트레스가 더 생기기 전에 문제를 빠르게 바로잡아야 한다.

먼저 방향 일치를 위한 짧은 회의를 열고 팀원들을 모은다. "이 프로젝트의 목표를 서로 조금씩 다르게 해석하고 있는 것 같아요. 앞으로 이틀간 30분씩 시간을 내어 우리의 방향이 서로 일치하는지 확인해 보도록 할까요?"

회의가 시작되면 방향 불일치가 팀원들에게 어떤 영향을 주고 있는지에 초점을 맞춘다. 방향의 불일치가 얼마나 비효율적이고 모두를 힘들게 하는지 명확히 설명하면 팀원 전체가 궤도를 수정하는 데에 동의할 것이다.

팀원들의 동의를 얻었다면 다음 순서에 따라 궤도를 수정해 나가자.

1. **협력적인 토론을 통해 프로젝트의 목적과 중요성을 재확립한다:** 팀이 협업한다면 어떤 결과를 만들어낼지에 초점을 맞춘다. 새로운 소프트웨어가 고객의 업무를 누구나 쉽게 할 수 있게 만들어줄 것이라든가, 그 연구가 보다 합리적 가격의 약을 만들어낼 수 있다는 등, 모두가 공감할 수 있는 고차원적 목표에 호소한다. 일정과 과거의 실수를 거론하며 회의를 시작해서는 안 된다. 그보다는 우리가 어떤 일을 해낼 수 있는지 포부를 심어주는 말로 시작하여 참여도와 헌신을 높이고 제거해야 할 장애물을

명확히 파악하는 방향으로 나아가야 한다.

2. **개인(또는 팀)의 일이 전체 프로젝트에 어떻게 기여하고 있는지 거론한다**: 각 사람이나 팀의 업무에 필요한 자원을 파악한다. 모두에게 무엇이 요구되는지, 다른 사람들은 어떤 일을 할지 모두가 명확히 파악한다.

3. **어떤 걸림돌이 일을 방해하고 있는지 솔직히 토론한다**: 이 대화는 남은 시간과 자원을 돌아보거나 다른 업무를 우선시하라는 리더의 압력 같은 것들을 돌아보는 식으로 진행할 수 있다. 우리가 해결할 수 있는 장애물(예: 최고 리더와 대화 나누기)도 있고 할 수 없는 것(예: 자원 추가)도 있다. 하지만 우리의 일을 방해하는 요소를 파악하고 나면, 보다 현실적으로 일정을 조정하고 업무를 분담할 수 있다. 그리고 해결 범위를 벗어나는 문제는 상부에 보고할 수 있다.

4. **서로간의 상호의존성과 관계를 눈에 보이게 그려라**: 서로의 업무에 영향을 줄 상호의존성을 시각적으로 나타내라. 완벽한 흐름표가 될 필요는 없고 전체 팀을 위한 간단한 로드맵 정도면 충분하다. 회의실에 화이트보드를 마련해 팀원 전체가 함께 그리는 방식을 권한다. 이런 협력 업무를 위한 온라인 도구도 많이 나와 있다.(예: 미로Miro나 노션Notion 같은 앱을 쓰면 모두가 수정할 수 있는 포스트잇 기능이 있는 화이트보드 공유가 가능하다)

5. **각자 하고 있는 업무와 관련해 각 팀원의 약속을 받아라**: 회의가 끝나기 전 마지막 몇 분을 활용하여 구성원 각자가 자신에게 기대되는 바와 다음 회의 전까지 해야 할 일을 반복해 말하게 한다.(대면으로든 온라인으로든) 새 회의를 시작할 때마다 일을 어디까지 했는지, 어디로 나아가고 있는지 파악하고, 방향이 어긋나고 있거나 그러한 조짐이 보이는지 파악하기 위해 언제든지 화이트보드를 다시 돌아보기로 합의한다.

방향 불일치로 인한
미세 스트레스를 피하는 법

—

업무의 일정 시점이나 단계마다 잠시 멈춰 질문을 던지면 사소한 방향 불일치가 더 큰 일로 번지는 것을 막을 수 있다. 사소한 방향 불일치가 미세 스트레스로 번지는 것을 피하기 위해 취할 수 있는 실용적인 방법 몇 가지를 공유한다.

① **새로운 프로젝트를 시작하기 전에 관계가 얼마나 복잡한지 조사한다.** 미세 스트레스의 주요 원인 중 하나가 '협업'이다. 우리가 일을 하기 위해 수행할 협업의 수와 종류는 폭발적으로 늘어났지만 어떤 업무나 프로젝트를 진행하는 데 얼마나 많은 시간이 걸릴지 계산할 때는 그런 요소를 감안하지 않는 경우가 많다.

- **인간관계와 만일의 사태를 고려한다.** 새로운 프로젝트가 현재 자신이나 우리 팀에 어떻게 작용할지 생각하고, 이에 따르는 복잡한 인간관계와 만일의 사태들을 예측해 본다. 이 일을 마치려면 누구에게 의존해야 하나? 그들과 원활히 일할 수 있나? 이 일을 마치기 위해 필요한 협업의 규모는 대략 어느 정도인가?

- **목표와 우선순위, 이해관계자를 검토한다.** 프로젝트 스폰서나 리더와 상의하여 업무의 목표와 우선순위를 이해하고, 이해관계자가 누구인지 명확히 파악한다. 나는 언제나 긍정적이고 적극적인 사람이라는 것을 보여주기 위해 새로운 프로젝트를 흔쾌히

승낙하고 싶은 유혹이 들 수도 있지만, 개방적인 태도를 유지하면서도 "수락하기 전에 프로젝트에 대해 좀 더 자세히 알아보고 싶습니다"라고 신중한 자세를 보일 줄도 알아야 한다.

- **요청의 범위를 명확히 한다.** 현재 협력 중인 다른 프로젝트에 속한 사람들을 포함해 관련된 당사자 모두와 대화를 나누고 새 프로젝트에 어떤 것들이 필요한지, 다른 우선순위를 고려해 그것이 내가 할 수 있는 일인지 객관적으로 판단한다.

② **새 프로젝트를 시작할 때는 구성원 각자가 어떤 일에 전념해야 하는지 명확히 파악한다.**

- **언제까지 무엇을 해야 하는지 합의한다.** 프로젝트 초기에 팀원들과 만나 일의 범위와 일정에 대해 명확히 해야 한다. 5분 정도 시간을 내어 자기 자신과 이해관계자, 이 일에 기여하는 다른 동료들에게 필요한 세부 사항들을 명확히 정리하자.

- **자신이 무엇을 책임져야 하는지 분명히 파악한다.** 당신, 그리고 당신이 의지할 동료들이 이 일을 마치는 데 필요한 시간과 능력을 갖추고 있는지 알려면 요청의 범위를 반드시 이해해야 한다.

- **성과에 대한 기대치와 함께 뚜렷한 일정을 제시한다.** 모두가 성공하려면 초기에 공통의 목표를 명확히 해야 한다.

③ **협업할 때는 방향의 불일치를 경계한다.**

- 빠르게 개입하여 문제를 해결할 수 있도록 방향의 불일치를 찾아낼 수

있는 자기 나름대로의 감지 시스템을 개발한다. 회의가 끝나기 전 마지막 5분이나 10분을 활용해 그간 나눈 대화에서 어떤 결론을 내렸는지 각자 말하는 시간을 갖도록 하여 오해를 미연에 방지한다.

- **자신의 직감에 주의를 기울인다.** 회의가 끝난 후 스멀스멀 밀려오는 불편한 느낌은 모두가 한 방향을 향해 나아가고 있지 않음을 알려주는 징조일 수 있다.
- **팔로우업 이메일도 좋다.** 주요 내용의 요점을 항목별로 적어 보기만 해도 팀원들이 목표와 각자의 책임, 일정, 결과물에 합의하도록 보장할 수 있다. 모두 같은 생각을 하고 있을 것이라고 여기며 회의를 마치고 나서 다들 사방팔방 다른 방향으로 달려 나가는 일은 다들 겪어보지 않았는가.

미세 스트레스 2: 작은 업무 실수

—

상당한 미세 스트레스를 가져다주는 또 다른 원천은 의지하기 힘든 동료다. 하지만 그 방식은 우리가 흔히 생각하는 것과 다르다. 손이 느리고 일을 미루는 사람은 생각만큼 우리에게 큰 피해를 주지 않는다. 조직에서 성과 관리와 인재 육성 과정에 따라 종종 정리되기 때문이다.

오히려 문제가 되는 경우는 좋은 의도로 일하지만 업무상 사소한 실수나 오류가 나오면서 그것이 의도치 못한 방향으로 쌓일 때다. 대부분의 사람들이 한 번에 너무 많은 업무를 처리하며 수많은 책임에 치이다 보면 중요한 것을 잊어버리거나, 일정보다 밀리거나, "이 정도 하면 되겠지"라고 생각하게 되기 쉽다. 그러다 보면 일을 대충 끝내고 쉬운 길로 가려다가 그것이 결국 우리 자신의 업무뿐 아니라 동료들이 하는 일에까지 영향을 주는 일이 생긴다.

당신이 팀원 셋과 함께 진행하는 프로젝트에서 책임을 맡고 있다고 치자. 팀원 중 한 사람은 이 일에 얼마나 많은 노력이 필요한지 온전히 이해하지 못했고, 또 다른 사람은 우선순위에 앞서는 다른 프로젝트에 동원되어 생각만큼 여기에 시간을 투자하지 못하고 있으며, 나머지 한 사람은 영업 회의 마감 기한을 우선시하며 이 프로젝트에 잠깐 손을 놓고 있다. 이런 상황이다 보니 그 사람들 모두 이 프로젝트 목표에서 아주 조금씩, 이를테면 기대치보다 5퍼센트 정도 부족하다. 팀원들은 필요로 하는 데이터를 수집하는 것이 늦어진다거나, 보고서 초안을 교정 보지 못했다거나, 필요한 타 부서의 자원을 간과한다거나, 하는 정도의 실수를 하고 있다.

따로 떼어놓고 보면 이런 사소한 차질은 별것 아닌 것처럼 보인다. 하지만 당신이나 프로젝트 결과물에는 그렇지 않다. 당신은 이 프로젝트에 대해 책임감을 느끼고 있고 기대에 못 미치는 팀원들의 업무 수행으로 인해 평판이 떨어지는 것을 원치 않는다. 그래서 동료들이 놓친 부분을 보완하기 위해 나선다. 동료들이 하지 못하는 일을 대신 하려면 이미 꽉 차 있는 일정에 15퍼센트 정도 추가 업무를 해야 할지 모른다. 이 프로젝트 외의 본래 업무는 이미 올스톱 상태인 건 말할 필요도 없다. 우리 중 많은 사람들이 이런 점에 대해 동료들에게 불평하지도 않는다. 그저 망해가는 프로젝트를 살리기 위해 결연히 뛰어들 뿐이다.

이 미세 스트레스, 즉 동료들이 우리가 기대한 것보다 아주 조금 뒤떨어진다는 사실은 앞으로 일어날 일에도 영향을 준다. 내 업무 외에도 추가로 할 일이 늘어나는 것뿐만 아니라 동료들에게 95퍼센트의 노력만으로도 충분하다는 인식을 심어주게 된다. 아니, 다음번에는 90퍼센트만으로도 괜찮을지 모른다. 그들은 당신이 언제든 나서서 도와줄 것임을 알기 때문이다. 그리고 어쩌면 이것은 당신이 도와주겠다고 나서는 바람에 생긴 일일 수 있다! 본래 업무 외에 그들의 일까지 떠맡아 생기는 파급 효과는 당신의 다른 일과 가정생활, 관리자와의 관계 등등에도 영향을 미치게 될 것이다.

바쁜 와중에 다른 사람들의 일까지 도맡아야 한다는 생각에 낙심하고 만다면 그나마 다행이다. 최악의 경우 필요한 만큼 헌신하지 않는 동료들을 향해 분노와 억울한 감정이 점점 커질 수 있으며 이런 감정은 탄탄하던 업무 관계의 기반을 약화시킬 수 있다.

"왜 그런지 모르겠지만 동료들이 제 몫을 해내지 못할 때 그걸 감당하는 건 항상 저예요. 그들이 의도적으로 그러는 게 아니라는 건 알아요. 안 그래도 다들 바쁘니까요. 하지만 나라도 나서야겠다고 느끼는 건 항상 저뿐인 것 같아요." 한 인터뷰 참가자는 이렇게 말하기도 했다.

자동차 업계에서 일하는 고위 리더 쿠날은 팀원이 기준에 못 미치는 업무 결과물을 내놓을 때 느끼는 실망감을 털어놓았다. "마음속 깊은 곳에서 뭐가 서서히 끓어오르는 기분과 함께 스트레스가 생겨요. 제가 할 일도 아닌 것을 하고 있어야 하니까요. 그들의 업무를 대신 하다 보면 다른 일을 못하게 되고, 제 본 업무에 써야 할 에너지와 시간이 부족해집니다." 그가 말했다. 그는 관리자로서 팀원들의 업무를 최종 책임진다.

　그런데 팀원들이 기대치를 달성하지 못하면 그들의 일을 대신 처리하기 위해 분주해질 뿐만 아니라 이러한 성과 문제를 언급할 시간을 따로 내야만 한다. 이런 상황은 쿠날의 일상에 또 다른 미세 스트레스를 더한다. "그러려면 에너지가 추가로 필요하거든요. 그들의 상황을 이해하고 공감해줘야 할 뿐만 아니라 거의 소크라테스의 교수 방식대로 그들이 미리 해두었어야 할 사전 업무를 단계별로 차근차근 설명해줘야 해요."

　직원들이 업무에서 놓친 것에 대처하려면 쿠날은 계획에 없던 새로운 일을 해야 하고, 이것은 그의 하루를 뒤죽박죽으로 만들 뿐만 아니라, 본 업무의 우선순위에 집중하기 더 어렵게 만들었다. 이 것은 이 문제의 즉각적인 영향일 뿐이다. 몇 사람의 몫을 해내며 시간이 계속 흐르다 보면 분노가 쌓이고, 그렇게 해서 생겨난 분노와 짜증은 퇴근 후 가정에도 영향을 미쳤다. 그는 직장에서의 문제를 가정까지 가지고 가는 걸 알고 있으면서도 그 기분을 쉽게 떨칠 수 없다고 했다.

업무에서 작은 실수를 해결하는 방법

—

다양한 사람들과 협업을 하고, 마감 기한이 촉박하고, 각자의 업무로 분투하는 빠른 속도의 조직에서는 크고작은 실수가 나올 수밖에 없다. 하지만 이런 것들을 조기에 잡아 해결할 수 있다면 그것이 오래도록 미세 스트레스를 가하는 큰 일로 번지는 것을 방지할 수 있다. 미세 스트레스가 더 큰 피해를 입히기 전에 예방하거나 해결하는 몇 가지 방법이 있다.

① **책임을 지운다:** 할 일을 명확히 설명하여 누가 어떤 목표를 책임지는지, 결과가 어떤 형태로 나타나야 하는지 기록한다. 연구에 참여했던 한 사람은 칸반보드(과정의 여러 단계에 있는 업무를 시각적으로 설명한 카드로, 각 행은 업무 항목을 각 열은 과정의 업무 단계를 나타냄)를 이용해 의사소통하고 기대치에 대해 합의했다. 팀 회의가 끝나기 전 몇 분을 할애해 각자 진행 상황이 어디쯤인지 모두에게 물어본다. 이 행위의 목표는 사소한 놓침이나 실수에 대해 사람들을 탓하는 것이 아니라 객관적으로 상황을 논의하고 본래의 책임자에게 책임을 재차 확인하는 것이다. 이런 식으로 하면 일을 놓치는 것을 막고, 팀원들이 맡은 업무를 끝까지 수행하도록 이끌 수 있다.

② **문제를 조기에 발견한다:** 일정 체크를 통해 간과하고 넘어간 사소한 일들을 최대한 빨리 수면 위로 올려야 한다. 조기에 목표와

실행 사이의 격차를 발견할수록 좋다.

외부의 압력 등으로 인해 개인이 결과물을 낼 수 없는 상황이라면 수행 능력이 부족할 때와는 다른 대응이 필요하다. 외부의 압력이 있을 때는 리더가 이메일을 보내거나 전화를 걸어 협조를 구해야 하고, 일을 감당하지 못하는 사람이 있는 경우라면 능력 개발을 돕거나 주어진 역할을 조정해야 할 수도 있다.

③ **진행 상황을 점검한다:** 팀원들이 주어진 업무의 절반을 완료했을 때 소통할 수 있는 중간 지점의 리마인더를 설정한다. 이러한 체크인(목표를 향해 제대로 나아가고 있는지, 문제는 없는지 개인별로 점검하는 절차-옮긴이)을 활용하여 일이 얼마나 진행되었는지, 결과물의 상태는 좋은지 확인하고 올바른 방향으로 나아가도록 할 수 있다.

Coaching Break 2

작은 업무상 실수 해결하기

작은 실수는 다양한 형태를 띤다. 어떤 것들은 당사자에게만 영향을 주지만 어떤 것들은 팀 전체를 좌지우지한다. 어떤 것들은 단기적이고 제한적인 영향을 주지만 또 어떤 것들은 물결치듯 계속 여파가 퍼져나간다. 그러므로 이런 실수와 놓침을 여러 방면으로 생각해보고 적절히 수정해나가야 한다.

질문1. 팀원들에게 미치는 영향: 이 작은 실수는 나에게만 영향을 주는가 아니면 팀 전체에 영향을 주는가?

- **나에게만 영향을 미칠 경우:** 부족한 점을 직접적으로 논의한다. 이것이 작은 실수이며 이것을 거론하는 것이 쩨쩨해 보일 수 있다는 점을 인정한다. 작은 실수가 쌓였을 때 어떤 결과가 생기는지, 이런 축적이 어떻게 직업적 개인적 삶에 영향을 주는지 언급한다. 다음 세 가지 사안에 초점을 두고 협력적으로 문제를 해결한다. (1)무엇을 다르게 하면 좋을까? (2)다른 사람은 무엇을 다르게 할 수 있을까? (3)이것이 효과가 있으려면 어떤 상황이 달라져야 할까?(예: 더 많은 시간을 확보하기 위해 그 사람의 리더와 논의가 필요할까)

- **팀 전체에 영향을 미칠 경우:** 팀 회의 같은 공식적인 자리에서 각 구성원이 이 프로젝트에 들인 노력과 처음의 약속에 대해 말하고, 간략한 진행 상황을 보고하고, 무엇이 왜 잘못되었는지 요약해 설명하는 방식으로 약간의 사회적 압력을 활용한다. 이렇게 구조 잡힌 체크인으로 회의를 시작하면 책임감의 규범을 만들 수 있다. 회의를 끝낼 때는 서로간의 기대치가 일관되도록 이후 업무 진행에 대한 약속을 재확인하며, 회의 중에는 비주얼 도구를 이용해 무엇이 누구의 책임인지 명확히 드러나게 한다.(그리고 그것을 팀원들이 볼 수 있도록 게시한다)

질문2. 빈도: 이런 실수가 일어난 것이 처음인가 아니면 자꾸 재발하는 패턴이 있는가?

- **처음이라면:** 조기에 작은 놓침이나 실수를 거론하기를 두려워하지 마라. 놓친 것을 메우기 위해 사람들이 나서다 보면 점점 화가 나는 경우가 많다. 게다가 이렇게 하다 보면 온전한 노력을 들이지 않아도 괜찮다는 인식을 심어주기 쉽다. 사람들이 책임감을 무겁게 여기지 않는 건 그들이

나쁜 사람이기 때문이 아니라 우리 모두가 해야 할 일이 너무 많아서 그 중 어느 것을 잠깐 놓아도 괜찮을지 저울질을 하기 때문이다. 가벼운 대화와 돕고자 하는 진정한 열의로 처음 나타나는 실수를 조기에 잡아라. 그러면 그것이 큰 해악을 끼치는 일로 번지는 것을 막을 수 있을 것이다.

- **재발한다면:** 이러한 재발로 발생하는 영향과 결과에 대해 직접적인 대화를 나눠라. 그런 다음 어떤 도움이 필요한지 물어라. 같은 실수가 자꾸만 일어나는 것을 막기 위해 당신이 무엇을 도울 수 있는지 아니면 상황이 어떻게 바뀌어야 하는지부터 파악해야 한다. 그래야 방어적인 태도로 인해 건설적인 대화가 힘들어지는 일을 막을 수 있다. 그런 다음 같은 문제가 다시 발생하지 않도록 그 사람이 해야 하는 일로 넘어가자.

질문 3. 실수의 규모: 실수는 규모가 얼마나 큰가? 한 주면 그 여파가 사라지겠는가 아니면 더 오래 지속되거나 한동안 큰 영향을 받겠는가?

- **작거나 일시적인 여파:** 공감을 가지고 시작하고 잠시 걱정과 우려를 내려놓는 것도 좋다. 대부분의 사람들이 가정이나 직장에서의 책임으로 힘들어하고 있다. 게다가 이 프로젝트에서 저지른 실수는 그들이 원한 것이 아니고 그저 오늘날의 초연결 사회에서 너무도 많은 직업과 개인적 책임이라는 현실이 만들어낸 결과일 뿐이다. 모든 일을 잘할 수는 없다. 아니 아예 할 수 없는 일도 많다.

- **지속되거나 큰 여파:** 재발하는 실수와 같은 접근법을 취하라. 이 재발의 여파에 대해 그 사람과 직접적인 대화를 나눈다. 그런 다음 어떻게 도울지 물어라. 당신이 할 수 있는 일로 시작해 재발을 피하기 위해 현 상황에 필요한 변화를 주어라. 그런 다음 그 사람이 개선할 점으로 넘어간다.

미세 스트레스 3:
예측하기 어려운 윗사람

—

상사나 선임 리더, 고객처럼 권한을 가진 윗사람이 예측하기 어려운 행동을 하면 미세 스트레스가 발생하기 쉬운 분위기를 만들 수 있다. 남들보다 까다롭거나 불합리한 행동을 하는 사람을 말하는 것이 아니다. 그런 사람은 원래 스트레스의 원천으로 인식되었고 우리가 이미 뼈저리도록 잘 알고 있다. 문제가 있는 사람의 경우에는 그것을 비슷하게 인식하고 느끼는 동료들이 있기 때문에 이런 종류의 스트레스는 오히려 크게 상처가 되지 않는다.

지금 여기에서 이야기하는 것은 우리가 생각을 멈출 수 없는 흔한 미세 스트레스다. 상사나 고객, 이해관계자가 별다른 악의는 없는데 당신에게 요구하는 것을 끊임없이 조금씩 바꾸는 것이다.

요구사항을 바꾸거나 의사결정을 자주 번복하면 나아가던 방향이 흐트러지거나 어디에 우리의 에너지를 쏟아야 할지 불확실해진다. '이걸 먼저 해야 하나, 아니면 저걸 먼저 해야 하나? 하던 걸 모두 내려놓고 이 새 업무를 시작해야 하나, 아니면 이번에도 그냥 지나가듯 흘린 말이었나?' 그리고 상사가 어떤 기분인지 제대로 파악할 수 없다면 이것 또한 엄청난 스트레스와 우려를 자아낼 수 있다. '방금 성가시다는 표정이었나? 이 일이 잘 처리되지 않을까 봐 걱정하나? 내 팀이 일을 망치고 있는데 내가 모르는 건가?' 그러다 보면 자신이 하던 일을 과도하게 걱정하거나 모든 걸 빠짐없이 챙기느라 그 일을 하는 데 실제로 필요한 것보다 두 배의 노력을 들이는 경우도 생긴다.

문제는 상사로부터 나오는 요구에 대처하는 방법을 알아내는 데서 그치지 않는다. 그러기 위해 고생하고 고심하다 보면 함께 일하는 다른 사람과의 관계에도 문제가 생긴다. 우리는 모두 팀에 속한 사람들에 대해 기대치가 있고, 상사가 원하는 바를 내가 이해한 방식대로 결과물을 낸다(물론 못 내기도 하지만). 그리고 상사가 당신이 전달해줄 것이라고 기대하는 바를 다른 팀원들에게도 전달한다.

그런데 그 메시지를 이해하기 힘들다면 그러한 모호성은 다른 팀원 전체와의 협력 관계에도 영향을 줄 수밖에 없다. 당신이 다른 사람들에게 하는 요청, 서로 다른 프로젝트나 결과물에 따라 당신이 가하는 압박과 수립한 우선순위를 끊임없이 조금씩 바꾸거나 완전히 변경하게 될 수 있다. 복잡한 분석을 하거나 보고서 초안을 완성하기 위해 매일같이 야근을 해왔던 동료에게 그것이 더 이상 필요하지 않게 되었다는 나쁜 소식을 전해야 했을 때도 있었을 것이다. 아니면 무언가 해내야 한다고 동료들을 닦달했는데 리더나 고객 때문에 우선순위가 달라져서 그 일이 무의미해지고 결국 그들의 사기가 뚝 떨어진 적이 있었을 것이다.

리타가 새 마케팅 총책임자 앤서니로부터 받은 한 통의 이메일에서 큰 스트레스를 느낀 것은 예측 불가능하다는 점도 중요한 원인이었다. 이전 상사는 주기적으로 직원 회의를 열었고 의사 결정에 있어서 대단히 체계적이었다. 하지만 앤서니는 비공식적인 소통이 많고 우선순위를 자주 바꾸는 바람에 리타는 언제나 보조를 맞추기에 바빴다. 그래서 그가 수시로 내리는 업무 지시에 따르기 위해 다른 사람들에게 부탁을 하거나 서로 도움을 주고받아야 하는 일이 잦았다.

앤서니는 이 장 초반에 이야기했던 프레젠테이션 건과 마찬가지로 다급해 보이는 요청으로 리타에게 수시로 이메일을 보냈다. 그러면 리타는 하던 일을 모두 멈추고 자신과 의견이나 정보를 교환할 사람을 찾으려 했고, 힘들여 상사에게 답변을 보내고 나서도 좋다거나 문제가 있다거나 짧은 의견을 담은 답장 한 번 제대로 받지 못했다. 그래서 앤서니에게 보낸 자료가 그가 필요로 한 것이 맞는지 도통 알 길이 없었다. 그가 다시 마음을 바꾸거나 이전 요청에 대해 잊어버린 것 같으면 리타는 자신이 주변 동료들에게 했던 부탁이 모두 쓸모없었던 일로 느껴졌다. 그런데도 앤서니의 지시를 따르기 위해 그가 동료들에게 했던 부탁은 모두 나중에 갚아야 할 빚으로 남았다. 리타는 다른 사람들이 그가 업무를 제대로 해내지 못하고 있다고 생각할까 봐 걱정이 되었다. "저는 제 일을 잘하고 있었어요. 그런데도 그때가 제 커리어에서 가장 스트레스가 큰 기간이었죠."

누군가가 업무상 변덕을 부릴 수 있다는 사실을 알고 있는 것만으로도 불확실성이 생겨난다. 계획에 차질이 생길 것이라고 항상 여기고 있기 때문이다. 일어나지 않을 수도 있는 일을 걱정하거나, 모든 만일의 사태에 대비하기 위해 불필요한 시간을 투자하거나,

때로는 이미 시간과 노력을 들여 하던 일을 그만둬야할 때도 있다. 상사의 요구가 그 일을 불필요하게 만들어버렸기 때문이다.

예측하기 힘든 윗사람의 모든 요구에 반기를 들라는 말이 아니다. 헛되고 고된 노동을 피하려면 명확하게 의사소통을 해야 한다. 바쁜 관리자들은 한 번에 여러 가지 일을 하고 능력 이상으로 무리하다 보면 자신이 요구하는 일이 정확히 무엇인지 잘 모르는 경우가 많다. 그리고 자신의 요구가 어떤 영향을 미치는지 과소평가하기도 한다. 자신이 요청하는 일의 우선순위가 팀 전체에 어떤 영향을 미치는지 수시로 돌아보기만 해도 위에서 아래로 이어져 내려오는 미세 스트레스를 극적으로 줄일 수 있다. 하지만 그러려면 누군가 요청을 해오는 그 순간을 놓치지 않아야 한다.

우리는 연구를 하는 과정에서 요청의 우선순위를 객관적으로 전달할 수 있는 한 가지 요령을 찾아냈다. 상사가 새 요청을 할 때 **중요도를 1~10점 척도로** 매겨달라고 요청해보자. 예를 들면 다음과 같다.

- 1점은 '한 번 생각해본 건데 이건 염두에 두고 있으면 좋겠습니다'를 뜻한다.
- 5점은 '나중에 언젠가 한 번 조사해보면 좋을 것 같습니다'를 뜻한다.
- 10점은 '이것은 1순위입니다. 지금 당장 이 일을 시작해주세요. 다른 업무보다 우선해야 합니다'를 뜻한다.

다음으로 상사가 5점이나 10점을 매긴 일에 대해 그것을 수행하기가 얼마나 어려울지 자신만의 점수를 매길 수 있다. 그렇게 하면 상사도 그 일을 하기 위해 포기하거나 미뤄야 하는 다른 일들이 있음을 이해하게 된다. 점수 매기기 방식을 적극적으로 활용하면 당신과 상사는 더욱 빠르고 명확한 대화를 나눌 수 있을 것이다.

더불어 상사의 모든 요청과 각각의 점수를 잘 기록해 두길 바란다. 이렇게 하지 않으면 상사는 자신이 요청한 업무들을 각각 따로 떼어 놓고 생각하기 때문에, 별것 아닌 것처럼 인식할 수 있다. 현재 진행 중인 당신의 다른 모든 업무 위에 상사의 요청을 시각적으로 표시해 두면 그 일이 당신에게 미치는 영향을 좀 더 명확히 드러낼 수 있을뿐만 아니라 상사가 자신이 한 전체 요청의 범위를 이해하고 의사결정을 보다 전략적으로 내리도록 도울 수 있다.

예측하기 어려운 윗사람에게
맞서는 전략

—

좋은 의도라 하더라도 리더가 자신의 요구가 어떤 결과를 가져올지 미리 생각하지 않는다면 엄청난 미세 스트레스를 일으킬 수 있다. 그리고 우리도 언제나 "예, 할 수 있습니다"라고만 대답한다면 자기 자신은 물론 그 리더에게도 일을 더욱 힘들게 만들 수 있다. 수시로 새로운 요청을 하는 등 예측할 수 없는 리더는 어떻게 대하는 것이 현명할까?

① **리더의 생각과 성향을 이해한다:** 리더가 자신의 요구가 불합리하다는 사실을 깨달을 때까지 기다릴 필요가 없다. 리더가 어떤 사람인지, 그들의 성공에 있어 무엇이 중요한지 미리 시간을 들여 알아놓자. 그들의 니즈와 불편을 더 잘 이해하면 상황이 어떻게 바뀔지 예측할 수 있다.

우리 팀에 어떤 업무가 주어질 수 있는지, 리더가 당신과 당신의 팀에 대해 어떻게 생각하는지 전체적인 상황과 맥락을 미리 시간을 들여 파악하는 것도 좋다. 상사의 의사결정 방식과 맹점, 그 사람의 행동을 좌우하는 우선순위를 이해하면 리더의 의사결정을 예측하기 쉬워질 수도 있다. 이러한 이해는 리더의 의견에 반박할 때에도 유용해서 상부의 지시를 쉽게 받아들이던 상사가 당신과 당신의 팀을 방어하고 나서는 데 도움이 된다.

② **요청이 들어오면 재조정한다:** 어떤 일을 잘 해내는 데 필요한 시간과 자원을 명확히 파악하는 습관을 들이자. 이러한 평가를 해보면 새로운 요구가 들어왔을 때 비교할 수 있는 중요한 기준선을 정할 수 있다. 그런 다음 요청 사항이 달라지면 새로운 요구를 완료하는 데 시간이 얼마나 걸릴지, 그것을 수용하기 위해 어떤 우선순위에 조정이 필요할지 신중한 대화를 나눌 수 있는 위치에 서게 된다.

재조정을 할 때 이해관계자들을 참여시키면 요구사항을 줄이거나 당신에게 배분한 다른 일을 도로 가져갈 수도 있다. 또한 시간이 흐르면서 리더가 자신의 요청이 미치는 영향을 더욱 인식하고 방향을 바꾸는 횟수를 줄이도록 훈련할 수 있다.

③ **감정을 관리한다:** 예측하지 못한 변화에 대응할 때는 자신의 감정을 다스려야 한다. 자신의 말이 옳다는 데 너무 집착하지 말고, 과장된 반응을 보이지도 말고, 불필요한 분노를 참자.

리더가 문제의 원인이라고 여기는 대신 그들도 위에서 내려오는 과도한 요구사항의 패턴에 갇혀 있을 수 있다는 점을 감안해야 한다. 리더와의 관계를 중요시한다면 불합리해 보이는 일을 거론할 수 있는 긍정적인 방법을 찾도록 노력해보자.

미세 스트레스 4:
비효율적인 의사소통 관행
—

많은 사람들이 업무와 개인적인 삶에서 이메일(또는 메신저나 무수히 많은 협업 기술에서 나온 온갖 알림 등등)의 양과 빈도를 감당하기 어렵다고 토로한다. 하지만 정작 우리를 힘들게 하는 건 그런 특정 기술 플랫폼(이메일이나 문자 메시지 등)이 아니라 그것을 둘러싼 문화와 규범, 즉 우리가 그것을 언제 어떻게 사용하느냐의 문제이다.

'비효율적인 의사소통 관행'이 미세 스트레스의 원인 중 가장 큰 비중을 차지하는 것으로 나타난 이유는 그것이 단 몇 분, 아니 몇 초 만에 찾아와 몇 시간이나 며칠씩 이어지기 때문이다. 코로나19 팬데믹으로 인해 우리의 하루가 더 치열하고 미세 스트레스로 가득한 회의로 채워지면서 상황은 더욱 심각해졌다.

여러 연구에 따르면 회의에 참가 중이거나 어떤 문제를 해결하려 애쓰던 중에 단순히 문자 메시지 한 통을 읽는 것만으로도 64초간 집중력을 잃는다고 한다. 우리를 방해하는 요소가 이보다 더 크다면 생각의 실마리를 놓치게 되고, 그러면 다시 원래의 집중력을 회복하는 데 22분이나 소모된다!

그럼 여기서 잠깐 계산을 해보자. 어제 얼마나 많은 사소한 방해를 받았는가? 그리고 마케팅 관리자의 요청을 해결하기 위해 하던 일을 내려놓고 리타에게 답변을 보냈던 동료들의 경우처럼 큰 방해 요소는 몇 건이나 되었는가? 그런 시간을 모두 합치면 얼마나 되는가? 이것이 바로 별것 아닌 것처럼 보이는 미세 스트레스가 모여 우리의 하루를 망치는 방식이다.

지금부터라도 사람들과의 의사소통 규범을 의식적으로 거론하고 개선하지 않는다면 우리는(그리고 우리 동료들도) 밤늦게까지 또는 아침 일찍 일을 하거나 불필요한 미세 스트레스의 무수한 공격을 받을 수 없는 운명에서 벗어날 수 없다.

의사소통의 미세 스트레스는 문자 메시지나 메신저, 이메일에 빠르게 답변해야만 한다는 인식에서 나온다. 화상 회의처럼 우리의 삶의 편의를 위해 개발된 도구들조차 생활과 업무의 경계선을 무너뜨리고 삶을 더욱 힘들게 만들고 말았다. 결국 우리는 매일 모니터링해야 하는 평균 9개의 플랫폼 전반에서 쏟아지는 무수한 디지털 대화에 온전히 정신을 집중해야 한다는 압박에 시달리며 상당한 불안감을 느끼게 되었다.

우리가 인터뷰한 사람들 대부분이 평소 오전과 이른 오후에는 각종 회의에 참여하고 쏟아진 이메일에 답변하느라 오후 5시 혹은 그 이후나 되어서야 자기 업무를 시작할 수 있다고 대답했다. 자기 업무를 그렇게 늦게 시작한다는 건 아이들이 잠자리에 든 뒤 혹은 배우자와 그날 있었던 일에 대해 조금이라도 대화를 나누고 난 뒤에 또 다시 업무를 시작해야 한다는 뜻이기도 하다.

고성과자들 상당수는 이러한 업무 방식을 기본이라고 생각했고 그것이 자신의 선택이라고 스스로를 납득시키고 있었다. "밤늦게 일할 용의가 있어요. 그렇게 해야 가족과 함께 저녁을 먹을 수 있거든요"라든가 "저는 아침형 인간이에요. 매일 새벽 4시 반에 일어나서 본격적으로 하루를 시작하기 전에 미리 준비를 하죠"라고 말한다. 하지만 그것이 가정 생활과 사회 생활을 모두 잘 해낼 수 있는 유일한 길이 되어서는 안 된다.

작은 변화가 얼마나 큰 차이를 가져올 수 있는지 들으면 사람들은 놀라곤 한다. 우리와 인터뷰했던 한 사람은 자기 팀에 몰려드는 비효율적인 의사소통의 홍수를 극적으로 바꾸어 놓았던 단순한 절차 한 가지를 알려주었다. 그는 팀원들을 불러 모아 세 개의 열이 그려진 표를 보여주었다.

표의 첫 번째 열에는 팀이 현재 어떤 도구를 이용해 협력 중인지 적었다. 거기에는 이메일, 슬랙, 회의실 등이 포함되었다.

두 번째 열에는 팀원들에게 원하는 새로운 업무 방식을 적었다. 이메일이 적힌 칸 옆에는 세 개의 항목을 적었다. "제목에 요청과 일정을 적을 것", "가능한 곳에는 언제나 글머리 기호를 쓰고 간단히 적을 것. 긴 문단 금지", "의견의 충돌이 느껴질 때는 이메일 쓰기를 멈추고 통화나 화상 미팅을 할 것"

세 번째 열에는 팀으로서 앞으로 중단되기를 바라는 현재의 소통 관행을 적도록 했다. 이번에도 이메일 칸부터 시작했다. "즉각적인 답변을 기대하는 것처럼 보이지 않도록 오후 10시 이후에는 이메일 금지. 필요하면 예약 전송하기", "습관적으로 모든 사람을 참조로 넣지 않기" 등이었다.

팀원들은 그가 그린 표에 자기 의견을 더했다. 첫 번째 열에 화상 회의, 전화 등 그들이 협업에 사용하는 다른 여러 방법을 적은 뒤 앞으로 원하는 것과 멈췄으면 하는 것을 제안하기 시작했다.([표 2-1] 참고)

[표 2-1] **협업 방식 검토: 의사소통 과부하를 해결할 방법**

협업 방식	앞으로 원하는 관행	중단할 관행
이메일	- 제목에 요청과 일정을 적을 것 - 가능한 곳에는 언제나 글머리 기호를 쓰고 간단히 적을 것. 긴 문단 금지 - 의견의 충돌이 느껴질 때는 이메일 쓰기를 멈추고 통화나 화상 통화할 것	- 습관적으로 모든 사람을 참조로 넣지 않기 - 자기 생각을 설명하려 이메일 길게 쓰기 금지 - 요청하는 바를 뒤에 숨기지 않기 - 즉각적인 답변을 기대하는 것처럼 보이지 않도록 오후 10시 이후에는 이메일 금지. 필요하면 예약 전송하기
회의		
메신저		
팀 협업 공간		
화상 회의		

한 시간도 채 걸리지 않은 이 작업을 통해 모두가 변화를 위해 자신의 의견을 피력할 수 있다는 사실에 활력을 얻었고, '전체 답장'처럼 습관처럼 해오던 부질없는 행동에 웃음을 터뜨리기도 했다. 자신의 업무와 별 상관도 없는데 끝없는 이메일 알림 소리에 시달리다 "좋네요"라든가 "고맙습니다"라는 답장을 보내게 되는 원흉 말이다.

"이제야 모두에게 시간이 좀 생겼네요." 표의 빈칸을 모두 채운 한 리더가 말했다. 실제로 함께 계산해보니 이 간단한 행동으로 그의 시간 중 최소 8퍼센트가 되살아났다. 어떤 주에는 4~5시간이나 되는 양이었다. 무엇보다도 중요한 건 팀원 모두에게 이와 비슷한 시간이 생겼다는 것이었다.

의사소통 과부하를 해결한 팀원 중 한 명은 이렇게 고백했다. "항상 바쁜 일에 쫓기는 건 저뿐이라고 생각했어요. 그런데 제가 엄청난 고성과자에 자신감 넘치는 사람이라고 생각했던 누군가도 하루에 한두 시간 정도는 낭비하고 있어서 모두를 참조로 이메일을 보내거나 바로 바로 이메일에 답장하려 애쓰면서 밤늦게까지 일하고 있다고 털어놓더라고요."

비효율적인 의사소통 관행을
해결하는 방법

—

우리 대부분은 더 효율적으로 의사소통을 하기 위한 방법이 있을지 고민하지 않고 팀이나 조직에 존재하는 기존의 규범을 그대로 따르곤 한다. 여기에 의사소통 궤도 수정에 도움이 되는 몇 가지 전략을 공개한다.

① **협력 의무 쳐내기**: 선제적으로 협업을 관리한다. 먼저 달력이나 일정 관리 프로그램을 통해 지난 4개월을 돌아보자. 당신의 업무 중 하나가 되어 버렸지만 누군가에게 위임할 수 있는 일이 있는가? 이제 당신의 업무를 덜어줄 수 있는 사람을 떠올리고, 그를 업무 관계 속으로 끌어들이되 주기적으로 정보 교환, 의사결정 등의 상호작용만 할 수 있는 방법을 생각해본다.

앞으로 두 달을 확인해 시간을 줄이거나, 간격을 더 띄우거나, 완전히 취소할 수도 있는 반복적인 회의가 있는지도 파악한다. 업무 과부하를 가져오는 큰 일로만 한정하지 말자. 다른 담당자에게 맡기거나 업무 분장을 다듬어 그런 일에서 물러날 수 있다면 결과적으로 많은 시간을 되돌려줄 수 있는 작은 일들도 찾아보자.

② **보내는 이메일 줄이기**: 자신의 의사소통 패턴에 주목하자. 당신이

동료들을 이메일과 문자 메시지, 회의의 홍수 속으로 밀어넣고 있는 건 아닌지 확인하라. 아니면 비슷한 업무를 하고 있는 동료들에게 물어 그들은 얼마나 자주 얼마나 많은 이메일을 보내고 있는지 비교해보는 것도 좋다.

다른 사람들보다 긴 이메일을 훨씬 더 자주 보내고 있다면 상세한 요청이나 애매모호한 방향으로 인해 결국 자기 자신에게 더 많은 일을 가져올 수도 있다. 의사소통의 속도와 양을 자제하면 다른 사람과 자신의 스트레스를 줄일 수 있다.

③ 개입하려는 충동을 억제한다: 개입해서는 안 되는 때에 뛰어들려는 충동이 있으면 조심하자. 그럴 필요가 없을 때 끼어드는 바람에 문제에 엮이는 경우가 많다. 이 모두가 성취에서 오는 만족감을 얻으려는 욕심 때문이다. 전문가로서 인정받고 싶거나 다른 사람을 돕는 데서 오는 만족감 때문일 수도 있다. 아니면 성과가 낮은 사람으로 낙인찍힐 것이 두려워, 혹은 좋은 기회를 놓칠 것이 두려워 뛰어들기도 한다.

효율적으로 일하는 사람은 정체성 확보, 두려움 극복, 남을 통제하고자 하는 욕구 때문에 불필요한 협업에 뛰어들어 스스로 업무 과부하를 만들고 마는 충동을 억제하기 위해 노력한다.

미세 스트레스 5:
책임의 급증

—

큰 책임을 지는 사람일수록 더 많은 미세 스트레스를 경험한다. 미세 스트레스는 생각지도 못한 방식으로 우리 삶의 곳곳에 파고들며 영향을 미친다. 임신, 이사, 새로운 일자리에 적응하는 것, 지역 자원봉사 업무를 맡는 것 등이 모두 그렇다. 일상생활에서 경험하는 이러한 미세 스트레스는 대부분 스스로 인식하고 해결하거나 가족, 친구 등 주위 사람들의 도움을 받아 극복할 수 있다.

하지만 책임이 급증하는 시기에는 그러지 못하는 경우가 많다. 이미 우리가 짊어지고 있는 미세 스트레스 위에 새로운 미세 스트레스들을 다량으로 쌓아올리는 우를 범하기 때문이다.

직장에서 책임의 증가와 함께 더해지는 미세 스트레스는 다른 사람들과 협업하기 위해 에너지를 쓰면서 악화되는 경우가 많다. 승진을 할수록 기민하게 행동하고, 여러 업무를 한 번에 처리하고, 수많은 부서가 참여하는 프로젝트 팀의 일원이 되고, 상사와 고객들의 실시간 요구에 대응할 것이 기대된다. 동시에 업무량도 폭발적으로 늘어나는데 그 배경에는 서로의 복잡성을 감안하지 않고 마구 쏟아내는 간단한 요청들이 있다.

비슷한 난이도의 프로젝트 두 건이 있다고 치자. 하나는 평소 함께 일했던 팀원들과 진행하는 프로젝트이다. 그런데 다른 하나는 서로 다른 두 개의 시간대에 위치한 세 개의 사업부가 협업해야 하고, 두 명의 리더가 서로 사이가 안 좋으며, 서로 다른 우선순위를 지닌 다른 사업부로부터 자원을 받아야 한다. 만일 당신이 후자의 프로젝트를 맡게 된다면 이야기가 완전히 달라진다. 그런 프로젝트는 참여하는 팀원 수가 똑같더라도 훨씬 더 많은 업무 부하가 걸린다. 실제 업무량 때문이 아니라 그 일을 하는 데 필요한 협업으로 인해 훨씬 많은 미세 스트레스가 발생하는 것이다.

미세 스트레스는 가족 구성원을 위한 책임을 느낄 때도 급증한다. 연로하신 부모님을 돌봐야하는 경우, 부모님의 일상에 직접적으로 관여하지 않는 다른 구성원이 도움은 주지 않으면서 이런 저런 의견만 제시할 때도 이 스트레스가 더욱 커질 수 있다.

인터뷰를 했던 사람 중 하나는 '엄마 숙제'의 부담에 대해서도 설명했다. '엄마 숙제'란 아이가 학교에서 받아오는 과제인데 아이 혼자 힘으로 절대 해낼 수 없는 것을 말한다. 이런 과제는 계획을 세우고 준비를 해야 하며 때로는 급히 달려나가 필요한 재료를 사야 하는 경우도 생긴다.(밤 8시에 포스터 보드를 사려고 애써 본 적이 있는가?) 게다가 그런 숙제는 항상 예고도 없이 다가와 사람을 놀라게 한다. 예를 들어 아이가 금요일 밤이나 되어서야 월요일까지 내야 하는 큰 숙제가 있다고 말하는 식이다. 그런데 당신의 주말은 이미 온갖 계획으로 꽉 차 있다. 이미 줄줄이 적힌 할 일 목록에 그런 숙제를 하나 더하기만 해도 가족 전체에 물결처럼 스트레스가 퍼질 수 있다. 아이는 당신이 숙제를 도우며 조바심을 내거나 짜증을 낼 때 스트레스를 느낀다. 당신의 배우자는 당신이 숙제를 마치느라 애쓰는 것을 보며 또는 당신이 함께 도우라고 말할 때 스트레스를 느낀다. 이렇게 갑자기 던져지는 엄마 숙제 때문에 집중력을 잃거나 불만이 생기면 일터에서 일을 대충하게 될 수도 있다. 이렇게 스트레스는 계속해서 우리 삶 속에서 물결을 만들어낸다.

책임의 급증이 가져오는 이차적인 영향은 피해가 더 크다. 업무량이 늘어나는 것만으로도 힘든데 그로 인해 집까지 스트레스가 이어져 고통이 배가되기 때문이다. 직장에서 받은 미세 스트레스로 괴로울 때는 집에서도 평소다운 모습을 보일 수가 없다. 퇴근이 늦어지기도 하고, 가족의 일원으로서 할 일을 하지 못해 모두를 실망시키기도 한다. 집에 있을 때 가족들에게 온전히 집중하지 못하는 것도 가족 전체의 행복감에 상당한 영향을 줄 수 있다.

한편 가정에서의 책임 급증 역시 필연적으로 일터에서 스트레스를 만들어낸다. 가정에서 해야 할 일이 늘어났기 때문일 수도 있고, 직장과 가정에서 서로 완전히 다른 요구를 받아들이고 관리해야 하기 때문일 수도 있다. 밤늦게 일하는 것도, 아주 이른 아침에 일하는 것도 우리 두뇌에는 좋지 않다. 코르티솔 수치가 오르고 피로가 심해진다. 매일 아슬아슬한 상태로 삶을 헤쳐 나가다 보면 직장에서도 가정에서도 집중력을 발휘하기가 힘들다.

이런 스트레스의 사슬은 너무나도 흔해서 많은 사람들이 줄줄이 이어지는 책임의 급증을 그저 '버티는' 상태가 되었다. 그로 인해 최대한의 능력을 발휘하는 대신 최소한의 피해를 입힐 만큼만 반응하는 경우가 다반사다.

우리와 인터뷰한 한 사람은 일요일 아침이 업무를 처리하기에 가장 좋은 시간이 되었다고 말했다. 전에는 일요일 아침에 교회를 가서 영적으로 충만해지는 동시에 다른 사람들과 어울리는 것을 즐겼지만 지금은 그럴 시간이 없다고 했다. 일요일 아침이면 일주일을 통틀어 가장 마음 편히 숙면을 취한 뒤이고, 다른 가족들이 일어나기 전까지 몇 시간 업무를 볼 수가 있다. 그의 삶에서 발생하는 미세 스트레스에 대해 이야기를 나누기 전까지 그는 자신이 일요일을 가장 좋아하는 업무일이라고 여기게 되기까지 얼마나 많은 것을 양보하고 희생했는지조차 깨닫지 못하고 있었다.

과도한 책임으로부터
멀어지는 전략

—

남들로부터 받는 요청을 우리 마음대로 통제할 수는 없지만 거기에 어떻게 대응하느냐는 통제가 가능하다. 무조건 "예"라고 대답할 필요는 없다. 책임이 급증하여 우리 삶을 삼켜버리지 않는 방식으로 얼마든지 대응할 수 있다.

① **불합리한 요구는 밀어낸다:** 사람들이 뭔가를 묻기 전에 미리 당신만의 가치를 명확히 밝혀 업무 범위를 설정하라. 그렇게 하면 사람들이 당신의 전문 분야를 벗어나는 일을 하라고 부탁하지 않

게 할 수 있다. 과도한 요청이 왔을 때는 적합한 사람을 추천해 다른 사람이 일을 맡게 하는 것도 좋다.

불합리한 요구를 할 때는 더 확실하게 밀어내자. 당신의 관점이 옳다고 뒷받침해줄 수 있는 권위 있는 의견이나 데이터, 전문가의 지원을 근거로 이야기를 풀어보자.

② **책임을 진다:** 당신이 어떤 요청이든 무조건 승낙하지 않도록 도와줄 사람들을 만들어야 한다. 남들에게 무엇을 양보할 것인지, 그럴 가치가 없는 일은 무엇인지 고민될 때 의견을 물을 사람을 찾아 곁에 두자.

배우자나 존경받는 다른 가족 구성원처럼 우리의 삶에서 중요한 사람들은 당신이 새로운 중요한 일에 뛰어들지 말지 고민할 때 일종의 균형추가 되어줄 수 있다. 그 사람들은 개인적 시간과 가족과 함께하는 시간의 중요성을 상기시켜 여가 시간을 모두 일로 채워버리는 실수를 저지르지 않게 도와줄 것이다.

③ **주어진 업무를 재조정한다:** 새로운 일을 맡아달라는 요청을 받으면 동시에 기존의 업무도 재조정해야 한다. 생각 없이 기존 업무에 무언가를 더하는 잘못을 범하지 말자. 잠시 멈춰 현재 업무 중 덜어낼 수 있는 것이 무엇인지, 새로운 요청을 수행하기 위해 다른 어떤 자원을 받을 수 있는지 합의를 얻어내야 한다.

삶에서 발생하는 책임의 급증 기록하기

책임이 늘어나면 삶에 어떤 영향을 주는지 더 잘 이해하기 위해 우리의 시간을 잡아먹는 책임의 급증을 기록해보자.

개별적으로 놓고 보면 아주 작은 일일 수 있지만 그것들을 종이 한 장에 모두 기록하면 나에게 미치는 영향이 더욱 명확히 보일 것이다. [표 2-2] 같은 간단한 형태로도 당신이 느끼는 미세 스트레스를 시각적으로 드러낼 수 있다.

1단계. 나의 시간을 빼앗는 한 개 이상의 책임 급증을 생각해본다.

업무에서 책임 급증은 협업이 많이 필요한 새 프로젝트, 승진, 조직 내 역할의 변화 등으로 인해 생긴다. 개인적으로는 친구나 가족 누군가가 어려움에 처해 당신이 리더 역할을 맡아야 할 수도 있고, 출산이나 사망 등으로 가족 구성이 변화하여 새로운 역할을 맡게 되면서 책임이 급증할 수도 있다.

2단계. 책임의 급증으로 인해 영향을 받는 인간관계 전체를 생각해본다.

늘어난 책임이 어떻게 미세 스트레스를 유발할지 생각해본다. 특히 우리가 삶에서, 업무에서, 개인적 측면에서 맺고 있는 관계에 어떤 영향을 줄지, 그리고 거기에서 어떤 스트레스가 나타날지 확인해야 한다.

3단계. 이런 식으로 영향을 받은 인간관계가 우리의 수행 능력을 고갈시켜 미세 스트레스를 만들어내는지 명확히 살펴본다.

미세 스트레스가 미치는 직접적인 영향과 그 다음부터 순차적으로 발생하는 다른 스트레스 모두를 생각해봐야 한다. 예를 들어 직장에서 예기치 못한 책임이 늘어 고생할 때 그것이 개인적 인간관계에 미치는 영향을 생각해보라. 그런 경우 가족의 삶에도 스트레스를 더하게 되고, 친구 관계를 소홀히 하게 될 수도 있다.

4단계. 도움이 되는 활동을 파악한다.

업무 조정, 책임 급증을 이겨내는 데 도움이 될 추가적인 자원을 확보, 나에게 미세 스트레스를 주는 사람들과의 상호작용에 변화를 주는 것 등이 있다. 이 단계에 관련해서는 뒤에서 더 자세히 다룰 예정이다.

[표 2-2] **미세 스트레스 기록 샘플**

1단계: 직업 또는 개인적 책임 급증	인재 개발 사업의 일환으로 새로운 사업부에 전출됨	아이가 갑자기 학교 성적이 떨어짐

2단계:
책임 급증에
관련된
인간관계
	- 새 상사
	- 새 팀
	- 배우자(당신의 업무에 과부하가
	  생겨 더 많은 책임을 흡수함)
	- 자녀(당신이 자녀와 시간을 덜
	  보내게 됨)
		- 아이
		- 배우자
		- 교사
		- 아이의 다른 형제자매

3단계:
이런 접점이
어떻게
미세 스트레스를
만드는가
	- 역할을 이해하고 신뢰를 쌓기 위해
	  더 많은 시간을 투자함
	- 팀의 수행 능력과 포부를 이해하는
	  데 시간을 들임
	- 가족과의 부족한 시간을 메우기
	  위해 평소라면 나 자신을 위해 쓸
	  시간을 가족에게 돌림
		- 아이의 문제점을 이해하기
		  위해(그리고 배우자와 논의하기
		  위해) 시간을 들임
		- 문제점을 평가하고 앞으로의 계획을
		  짜기 위해 아이의 교사와 소통함
		- 아이의 다른 형제자매와 보내던
		  시간이 줄고, 긍정적인 가족 관계를
		  만들어주던 활동을 하지 못하게 됨

4단계:
완화할 방법
	- 역량과 신뢰를 높일 행동에
	  전략적으로 집중
	- 이전 리더의 전문성을 활용해 팀을
	  이해
	- 책임 급증 기간 동안 시간을
	  확보하기 위해 가정에서 추가적인
	  도움을 받음(예: 가사 도우미나
	  장보기 서비스 이용)
		- 문제를 진단하고 아이를 지원하는
		  환경을 만들기 위해 가족 전체가
		  논의에 참여
		- 교사에게 제때 피드백을 달라고
		  요청
		- 공부에 도움을 받고 이 일을
		  부모로서의 역할과 분리하기 위해
		  개인 교습 받기

* * *

미세 스트레스는 우리의 수행 능력을 고갈시킨다. 일적, 개인적 삶 구석구석에 스며든 미세 스트레스 때문에 우리는 예상한 것보다 훨씬 더 열심히 일해도 늘 부족하다고 느끼고, 결국 목표에 못 미치는 성과를 내고 만다. 불만족스러운 결과는 개인적 삶으로도 연결되어 우리 삶에 또 다른 스트레스를 가져온다.

이렇게 스트레스는 긴밀히 서로 연결되어 이차적인 스트레스를 발생시킨다. 어떻게 하면 스트레스의 악순환을 끊어낼 수 있을까? 다음 장에서는 이차 스트레스를 예방하기 위한 방법을 알아보겠다.

KEY INSIGHT 2

- **우리의 수행 능력을 고갈시키는 미세 스트레스**가 이미 과부하된 일상에 파고들어와 하루를 더 길게, 덜 보람차게 만들고, 끊임없이 집중해야 하는 대상이 바뀌게 만든다, 그 결과 생산성이 떨어지고, 그것이 개인적 삶에도 영향을 미친다. 심지어 미세 스트레스는 이 모든 부당한 결과를 당연하게 여기게 만든다.

  수행 능력을 고갈시키는 미세 스트레스는 주로 다섯 가지 전형적인 원인이 있다.

  ① 방향이 맞지 않는 역할과 우선순위

  ② 동료들의 작은 업무 실수

  ③ 예측하기 어려운 윗사람

  ④ 비효율적인 의사소통 관행

  ⑤ 책임의 급증

- 짧은 순간 발생하는 하나의 미세 스트레스가 **파급 효과를 일으켜 몇 시간, 심지어 며칠씩 지속될 수 있다.** 미세 스트레스는 우리에서 그치지 않고 동료와 가족, 친구들까지 영향을 준다.

- 우리는 **개인의 수행 능력을 고갈시키는 미세 스트레스에 저항할 수 있다.** 그 출처와 그것이 끼치는 피해를 이해하고 나면 그것이 일상에서 큰 차이를 가져올 수 있다.

3 장

미세 스트레스가
우리의 감정을
고갈시킨다

사랑하는 사람, 싫어하는 사람과의
상호작용에서 발생하는
다섯 가지 미세 스트레스와 이에 대처하는 전략

엠마는 전국 규모의 언론사에서 최고 리더 자리에 채용되어 기뻐하고 있었다. 이 일을 하려면 다른 도시로 이사를 가야 했으나 새로운 일을 시작하고 싶은 열정과 이 회사의 사명만 생각하면 이사로 인한 스트레스는 정도는 얼마든지 감당할 수 있었다.

그런데 새로운 업무를 시작하고 단 며칠 만에 동료 중 한 명이 엠마가 일하는 방식에 적응하지 못한다는 사실을 알게 되었다. 매일 아침 엠마의 받은 편지함은 이 동료로부터 온 이메일로 가득했고 그중에는 오전 8시 훨씬 전에 온 것도 있었다. 빠르게 답변을 하지 않으면 동료는 회의 시간에 수많은 질문을 해댔다. 이메일을 확인하지 않을 경우를 대비해 슬랙에서도 똑같은 질문과 요청을 반복했다.

하나씩 놓고 보면 불합리한 질문은 하나도 없었다. 하지만 이 동료는 엠마가 리더라는 사실에 적응하기 힘들어 하는 것 같았다. 주제를 정하고 회의를 시작하더라도 그 동료가 조바심을 내며 던지는 질문 때문에 회의가 다른 방향으로 흘러가기 일쑤였다. 엠마는 이 미묘한 저항을 조용히 참아내며 빠른 답변으로 그를 안심시키려 했다. 이 일을 잘 치리하여 새 팀원들에게 현명한 리더라는 인상을 심어주고 싶은 마음도 컸다.

그렇게 회사에서는 감정을 잘 다스리고 있었지만 집에만 오면 스트레스가 폭발했다. 엠마는 신나는 기분으로 가족에게 그날 있었던 일을 이야기하는 대신 동료에 대한 불만을 쏟아냈다. 남편은 공감하고 맞장구를 쳐주었지만 마음은 풀리지 않았다. 엠마는 자신이 이 공격적인 동료의 피해자가 되고 있다는 생각에 휩싸여 매일 아침 축적된 불안을 안고 출근하게 되었다. 그렇게 새 일을 성공적으로 해내겠다는 다짐은 온데간데없이 사라지고 자신이 과연 이 일을 해낼 준비가 되어 있는가마저 의심하기에 이르렀다.

베테랑 직장인이며 최고 리더 자리에 있는 엠마가 고작 동료 한 명의 끊임없는 질문 때문에 벼랑 끝에 몰린 심정이라고 말하면, 이해하는 사람이 있을까? 엠마는 아주 조금씩 자신이 이 일을 해낼 수 있을지 의문이 생겼다. 팀 전체에 대해 생각하기보다 이 동료 한 명에 대해 점점 더 오랜 시간 생각하게 되었다. 처음 몇 달 동안은 일을 그만둘까도 심각하게 고민했다.

엠마의 반응은 처음에는 과하게 느껴질지 모른다. 동료 한 명이 이메일을 많이 보낸다는 이유만으로 꿈꾸던 일을 그만둔다고? 하지만 미세 스트레스가 우리의 감정적 에너지를 얼마나 고갈시키는가를 생각해보면 이야기가 달라진다.

이런 유형의 미세 스트레스는 전염성이 강하다. 불안과 스트레스, 행복, 심지어 피로감 등은 그런 기분을 느끼는 사람들 옆에 있는 것만으로도 비슷하게 느껴질 수 있다. 그리고 이런 부정적인 신호는 반대로 우리에게 과도하게 강한 영향을 준다. 거기에는 이유가 있다.

지난 10년간 과학자들은 우리의 두뇌가 감정적인 전염, 즉 우리 주변에서 인식되는 감정에 어떻게 반응하는지 연구해왔다. 우리의 감정은 다른 사람들의 마음에 공감하고 그들이 어떤 기분을 느끼는지 이해하게 도와주는 우리 두뇌 속의 거울, '뉴런망'을 통해 남에게 전해진다. 그래서 누군가 하품하는 모습을 보면 갑자기 하품하고 싶은 기분이 드는 것이다.[5] 다른 누군가가 하품하는 모습을 보면 거울 뉴런이 발동된다. 방 반대편에 앉아있는 사람에게서 느껴지는 피로 반응을 우리 두뇌가 느끼는 것이다. 미소나 웃음도 마찬가지다. 다른 누군가가 웃는 것을 보면 우리의 거울 뉴런이 작용한다. 이 거울 뉴런은 부정적인 감정, 스트레스, 불확실성 같은 것도 흡수할 수 있다. 캘리포니아대학교 리버사이드 캠퍼스의 연구원 하워드 프리드먼Howard Friedman과 로널드 리지오Ronald Riggio에 따르면, 눈에 보이는 범위 내에서 누군가가 말이나 행동으로 불안감을 호소하거나 보여주고 있다면 우리도 이런 감정을 느낄 가능성이 높고 이것은 우리 두뇌의 작용에 부정적인 영향을 준다.[6]

우리의 감정 에너지를 고갈시키는
미세 스트레스

—

엠마처럼 우리 연구에 참여했던 다른 리더들도 적대적인 대화나 사내 정치, 성과 저하나 팀원들을 실망시킬 것에 대한 우려 같은 것으로 인해 상당한 불안을 보였다. 동료가 지나가듯 던진 말을 떨치지 못하고 하루 종일 곱씹다가 그 순간에 만족스러운 대답을 하지 못한 것을 후회하고 자책해본 적 없는 사람이 어디 있겠는가?

미세 스트레스의 원천이 모두 전면적인 사내 정치 다툼이나 우리에게 고통을 주고 싶어 안달이 난 사람들의 악의인 것은 아니다. 앞서 말했듯 미세 스트레스는 우리의 일상에서 함께하는 사람들이 유발하는 미묘한 감정이기 때문에 바로 그러한 이유로 알아차리기도 관리하기도 힘들다.

이 장에서는 우리의 감정적 에너지를 고갈시키는 다섯 가지 미세 스트레스에 대해 알아보겠다. 그것이 보통 어디에서 유발되는지 진단하고 감정적 피해를 최소화하기 위해 그에 맞서거나 우리의 상호작용을 바꾸는 실용적인 방법을 제시할 것이다.

미세 스트레스 6:
다른 사람을 관리하고 지지하기

—

관리자 직위로 승진하는 것은 기분 좋은 일이어야 한다. 그런데 다른 사람을 관리하고 그들의 성공과 행복에 대해 책임감을 느끼다 보면 그들의 성과 문제를 관리하고, 비판적인 피드백을 주고, 그룹의 마찰을 해결하면서 다른 것에서는 경험하기 힘든 독특한 감정적 에너지 소모가 발생한다.

다른 사람의 성과 평가에 낮은 점수 주기를 즐기는 관리자는 없다. 이런 평가는 아무리 잘해내더라도 시작하기 전에, 하는 도중에, 그리고 끝나고 난 뒤에 우리에게 상당한 타격을 준다. 상대가 나의 피드백을 어떻게 받아들일지, 그것이 공정하다고 느낄지, 저성과자에게 개인적으로 어떤 여파가 있을지, 그것이 그들과 우리의 인간관계에 앞으로 어떤 의미가 될지 등등에 대해 걱정하기 때문이다. 다른 사람의 직업적 성공에 대해 책임을 느끼는 데서 매일 비롯되는 어려움을 헤쳐 나가는 것만 해도 상당한 미세 스트레스가 된다.

우리의 개인적 삶과 직업적 삶에서 다른 사람들을 실망시킬까 봐 걱정하다 보면 여기에서 불안이 생겨난다. 특히 우리가 어찌할 수 없는 조직의 상황이 크게 작용할 때 더욱 그렇다. 한 관리자는 이렇게 털어놓았다. "그 해에 훌륭한 성과를 올린 우리 팀을 위해 임금 인상폭을 상대적으로 높이느라 정말 애를 먹었습니다. 사실 우리 회사가 그렇거든요. 3퍼센트 인상이 아주 잘해냈다는 뜻임을 설명하기 위해 회사에서 마련해준 세 가지 항목을 읽는데, 마음속 깊은 곳부터 정말로 기분이 너무 안 좋았습니다."

다른 사람들을 관리하고, 돌보고, 지지하는 데에서 비롯되는 미세 스트레스도 있다. 이런 이차적인 미세 스트레스는 다음과 같은 형태를 띤다.

- **코칭과 인재 개발 능력이 부족할 때:** 시간을 내어 팀원들에게 도움을 주어야 한다는 것은 다들 알고 있지만 도통 그럴 시간이 나지 않는다. 우리와 인터뷰를 했던 누군가는 이렇게 말했다. "제가 한 시간이면 하는 일을 낮은 직급의 우리 팀원은 세 시간 동안 쩔쩔매고 있어요. 그러면 그냥 제 손으로 해치워버리는 게 훨씬 효율적이죠."

  팀원을 대상으로 한 코칭 시간을 줄이는 건 단기적으로는 일을 신속하게 처리할 수 있지만 장기적으로는 수많은 다른 문제를 만들어낸다. 시간을 내어 팀원의 발전을 돕지 않으면 그들을 실망시키는 것은 물론이고 우리 자신의 일도 힘들어지게 된다. 팀원들이 성공하는 데 필요한 기술을 개발시키지 못하는 것은 물론이요, 사실상 영원히 우리의 일을 더 힘들게 만드는 셈이다. 그리고 우리가 돌보는 동료들이 각자의 커리어에서 발전하는 데 어려움을 겪으면 그들의 스트레스와 불안이 도리어 우리에게 되돌아온다. 함께하는 프로젝트에 노력과 창의력을 덜 들이게 되고, 심한 경우 오랫동안 우리가 그들의 업무(그리고 그에 상응하는 미세 스트레스)를 대신해준 끝에 그들이 회사를 나가기도 한다.

- **정치적 이익이 고갈될 때:** 특정 팀원이 보너스를 받거나 승진할 수 있도록 추천할 때는 다른 동료나 리더와 마찰을 빚기 쉽다. 얼마 없는 승진 자리와 보너스 금액을 두고 다른 사람들과 싸움을 벌어야 할 수도 있다. 혹시 당신이 추천한 사람이 승진이 되면 그들의 향후 성공이 곧 당신의 좋은 판단력의 증거가 되기도 한다. 그러나 성과가 좋지 못하면 그것은 당신에게 불안을 안긴다. 다른 선임 동료가 당신과 다른 시각을 가지고 있는 상황에서 팀원을 옹호하는 것만으로도 미세 스트레스가 유발된다.

- **자신을 희생할 때:** 미세 스트레스가 머릿속을 어지럽히는 와중에 일을 마치고 힘겹게 퇴근을 하는데 동료로부터 짧은 문자 메시지를 받았다고 치자. 동료를 도와야한다는 생각에 저녁에도, 주말에도 일을 하면서 남은 감정적 에너지는 여전히 자기 자신보다 가족들의 니즈를 위해 사용한다. 자신보다 남들을 먼저 생각하는 것은 물론 훌륭한 태도이지만 그만큼 자신의 미세 스트레스를 잡아줄 사람들과의 소통이나 활동을 축소시킨다는 문제가 있다.

스스로를 변화의 전도사라 일컬으며 새로 부임한 관리자가 라울의 팀 성과에 대해 질문을 퍼붓기 시작하면 어떤 일이 벌어질까? 이 금융 서비스 회사에서 20년간 일하는 동안 라울은 팀원들이 서너 번의 구조 조정과 대량 해고를 이겨내도록 도왔고, 팀원들은 그가 이번에도 사내 정치에서 자신들을 보호해주리라 믿고 있다.

라울의 새 상사는 이 부서의 거래처 관계에서 혁신을 일으키고 싶어 하고, 라울의 팀이 이 일을 해내기에 적합하지 않다는 뉘앙스를 풍기고 있다. 상사가 질문을 던질 때마다, 심지어 아주 사소한 것이라도 라울은 점점 더 팀을 보호해야 할 것처럼 느꼈다. 그는 어떻게 하면 이 상사의 인식을 개선할 수 있을지를 생각하며 불필요하게 많은 시간을 낭비하고 있는 자신을 발견했다. 팀원들이 아무 문제가 없다고 여기는 부분에서도 라울은 문제점을 발견하기 시작했고, 팀원들이 프로젝트를 끝내도록 돕거나, 협력하는 다른 부서에서 이 팀이 신속하게 대응하고 답변하고 있다고 느끼도록 자신의 시간을 투자해가며 노력했다.

퇴근 후와 주말에 해야 할 업무가 쌓여가자 라울은 팀을 보호하기 위한 본능적인 노력이 자기 자신에게 피해를 줄 뿐만 아니라 오히려 팀원들이 공격에 취약해지는 상황을 만들고 있음을 깨달았다. "팀원들을 너무 걱정하다 보니 진짜 문제도 아닌 것을 해결하기 위해 뛰어들었고 그런 일이 너무 많이 일어나고 있었어요." 라울의 말이다.

다른 이들을 잘 관리하고, 돌보고, 지지하기 위한 전략

—

함께 일하는 사람을 돌보는 것은 우리를 소중한 동료로 만들어주는 요인 중 하나다. 하지만 그렇다고 해서 그들을 보호하려는 감정이 우리에게, 또 그로 인해 결국 우리 팀에게 또 한 겹의 미세 스트레스가 되어서는 안 된다. 관건은 당신이 모든 문제 해결을 위해 나서야 할 필요가 없도록 동료들의 성장을 돕는 것이다.

① **공통의 책임감을 만든다**: 미리 나서서 모든 문제를 해결하려 들지 않는다면 미세 스트레스를 만들어내지 않을 수 있다. 그 대신 팀원들과 나누는 일상적인 대화를 통해 그들을 원하는 방향으로 이끌고 책임감을 심어줄 수 있는 방법을 찾아보자.

예를 들어 전부터 해오던 일대일 대화가 있다면 단순한 업무 진행 업데이트에서 더욱 확장하여 성장과 개발에 대해 건전한 대화를 나눌 수 있는 시간으로 만든다. 이런 대화는 당신이 관심을 가지고 있음을 보여줄 수 있고 그들의 발전에 공통의 책임감을 느껴야 한다는 사실을 확립할 수 있다. 그러면 그들이 도전에 응하고 스스로 책임지는 모습을 보이며 당신을 놀라게 할지도 모른다. 또한 회의 시간을 평소처럼 1시간이 아니라 50분으로 정해서 빠른 피드백을 주고받는 시간을 만들 수도 있다.

이런 실시간 상호작용은 사람들이 더욱 개선하고 발전하도록 돕는 섬세하고 즉각적인 지도와 자잘한 궤도 수정을 제공할 수 있다.

② **독립을 위해 코칭한다:** 팀의 성과가 관리자로서 우리의 실력을 반
영한다고 생각하기 때문에, 그리고 팀원들을 아끼기 때문에 가
능한 모든 차질이나 어려움으로부터 팀을 보호하려고 드는 것
은 당연한 일이다. 하지만 그러한 태도는 우리 자신의 업무에 온
전히 집중할 수 없게 해 미세 스트레스의 물결을 만들어낼 수 있
다. 당신이 나서서 방향을 제시하거나 도움을 주면 일이 훨씬 효
율적으로 돌아갈 것 같고 오랜 체증이 확 내려갈 것처럼 느껴진
다 하더라도 그런 충동을 이겨내야 한다.

대신 팀원들에게 추천안을 내달라고 요청하고 그들이 그 문제
를 해결하는 데 쓸 수 있는 자원에 접근하도록 도와라. 그들의
수행 능력을 높이고 당신을 향한 의존을 줄이도록 도와줄 더 나
은 사람이 있다면 팀원들과 연결해준다. 아니면 이런 상호작용
을 팀 전반에 퍼뜨리는 데 도움이 될 팀 기반 코칭 관계를 만들
어 숙련된 직원들이 멘토가 되어 보자.

당신이 나서서 대신 문제를 해결해주는 데 익숙해져 있다면 팀
원들이 처음에는 이런 시도에 저항감을 느낄 수 있지만 이것이
그들의 커리어와 수행 능력에 가져다줄 혜택은 초기의 비효율
성을 훌쩍 뛰어넘는 결과를 낼 것이다.

③ **자신의 한계를 투명하게 밝힌다:** 항상 모두를 만족시키려 애쓰다

보면 미세 스트레스가 물밀 듯 밀려온다. 사람들을 실망시킬까 하는 두려움, 다른 사람들의 성과 문제에 대한 끊임없는 고민, 관리자로서 무능해 보일까 하는 불안 등등이 문제다.

투명하고 솔직하게 행동하며 진정한 인간관계를 쌓다 보면 미세 스트레스를 경험할 가능성이 낮아진다. 과한 부담을 지지 않도록 자신의 역할과 책임을 염두에 두어야 한다. 당신이 맡은 일들에 책임을 다하기 위해 얼마만큼의 시간이 필요한지 주변 사람들에게 알리고, 그 시간을 잘 활용하려면 어떤 일에 집중해야 하는지 공유한다. 어쨌거나 우리가 팀을 위해 할 수 있는 일에는 한계가 있지 않은가.

매일 일을 멈춰야 하는 지점을 정해놓고 "오늘 할 수 있는 일은 다 끝냈다"라고 말할 수 있어야 한다. 그렇게 하면 퇴근과 동시에 업무 생각을 머릿속에서 지울 수 있다. 이렇게 직장에서 얻은 미세 스트레스를 집까지 가져가지 않고, 동료들에게도 업무에 한계를 두어야 한다는 인식을 심어줄 수 있다. 한 관리자는 다음 날 집에서 수리공을 기다려야 한다든가 아이를 병원 예약에 데려가야 하는 등의 일이 있으면 팀원들에게 그 사실을 상세히 알려서 그들 또한 필요하다면 가끔씩 개인적 우선순위에 집중해도 좋다는 메시지를 보내곤 한다고 말해주었다.

Coaching Break 4

미세 스트레스 촉발 요인 피하기

팀원들을 보호하려는 선의의 행동으로 인해 오히려 그들에게 의도치 않은 미세 스트레스를 주고 있는 건 아닌가?

일터에서는 팀원들을 과잉보호할 때 미세 스트레스가 생겨난다. 그들이 혼자 힘으로 생각하지 않아도 된다는 사실을 배우고, 별것도 아닌 사소한 질문을 가지고 당신을 찾는 일이 점점 늘어나면서 우리의 하루를 더욱 바쁘게 만든다. 아이들을 과잉보호하거나 친구들에게 과도하게 공감하여 그들 스스로가 힘든 상황을 헤쳐나가 한층 더 성장하는 걸 방해할 때에도 개인적인 미세 스트레스가 생겨난다. 그 결과 우리 아이나 친구들은 앞으로 더욱 자주 우리에게 의존하게 된다.

라울이 깨달은 것처럼 이렇게 과잉보호하는 행동은 거의 항상 부메랑이 되어 돌아온다. 다른 사람들에게 오히려 미세 스트레스를 주고 있다는 사실을 깨달은 라울은 [표 3-1]과 [표 3-2]에 나온 질문에 답하며 자신의 행동을 수정해 나갔다. 여기에서 중요한 질문은 이것이다. 당신은 누구에게 미세 스트레스를 주고 있는가?

[표 3-1]과 [표 3-2]는 한 고성과자가 의도치 않게 다른 사람들에게 주고 있었던 미세 스트레스를 파악하는 방식을 보여준다. 이런 활동을 통해 내가 과도하게 개입하여 미세 스트레스를 유발하고 다른 사람들이 발전할 기회를 막는 행동을 하고 있지 않았는지 되돌아볼 수 있다.

[표 3-1] 당신은 일터에서 누구에게 미세 스트레스를 주고 있는가?

당신이 하고 있는 일	당신이 만들 수 있는 변화
영향을 받는 그룹: 나의 팀	
팀을 지레 걱정한다: 문제가 생길 것이라고 예상하거나 팀원들에게 왜 내가 걱정을 하는지 뚜렷한 이유를 밝히지도 않고 그들의 결정에 회의를 품었다.	조용히 권한 위임 기회를 정해 뒤로 물러선다. 팀원들이 보여준 창의성을 축하하고 나라면 무엇을 다르게 했을 것인가 같은 말은 하지 않는다.
영향을 받는 사람: 나의 상사	
내 능력을 벗어난 도움을 제안한다: 좋은 의도에서 나나 우리 팀이 해낼 수 있는 것 이상의 책임을 맡았다. 하지만 아이러니하게도 이로 인해 오히려 나의 상사는 실망하고 말았다. 이런 습관은 팀에 이차적인 스트레스를 만들어내기도 한다. 팀원들이 업무를 버겁게 느끼고 그들 스스로 만족스러운 수준으로 업무를 완수하지 못하게 되기 때문이다. 또한 밤늦게까지 일하고 가족을 위해 해야 할 일들을 못하게 되면 가정에서도 이차적인 스트레스를 만들어낸다.	상사가 시킨 일이 전체적으로 어떤 협업 및 업무상의 요구를 하는 것인지 상사가 이해하도록 돕는다. 요청이 들어오는 그 짧은 순간을 이용해 업무를 본격적으로 시작할 때 진정한 우선순위를 판단할 수 있게 하고, 나 자신과 팀원들이 과도한 업무 부담을 지지 않게 하며, 상사가 앞으로 더 정보에 입각한 업무 분담 결정을 내리게 돕는다.
영향을 받는 그룹: 나의 동료들	
너무 많은 사람들을 돕겠다고 자원한다: 동료들의 주요 우선순위와 애로점을 이해하고 돕겠다고 제안함으로써 이 새 업무에서 새로운 인맥을 쌓는 데 집중했다. 이런 전략은 완전히 팀의 일원이 되고 회사에 적응하는 데는 효과적이었지만 이제는 업무가 너무 많고 버겁다. 그 결과 동료들에게 실질적인 도움이 되지 못하는 것은 물론, 나 자신의 커리어 성장과 관련이 없는 업무를 도와주겠다는 지킬 수 없는 약속을 했다가 그들을 실망시키고 있다. 누구에게도 '윈-윈'이 되지 못하는 것 같다. 나의 목표와 내가 원하는 커리어 경로와 관계가 없을 때에는 무작정 도움이나 자원을 주겠다고 나서지 말아야겠다.	시간을 내어 내 업무에서 활용하고 싶은 3~5가지 수행 능력과 커리어에서 경험하고 싶은 가치관을 명확히 밝힌다. 이런 나의 포부에 도움이 되지 않는 상황에서는 돕겠다고 뛰어드는 것을 조심할 필요가 있다. 이런 포부를 만족시키는 회의를 조직하고 업무를 시작하는 것에는 보다 선제적으로 움직인다.

[표 3-2] 당신은 가정에서 누구에게 미세 스트레스를 주고 있는가?

당신이 하고 있는 일	당신이 만들 수 있는 변화
영향을 받는 그룹·사람: 배우자	
상처받은 감정에 부채질을 한다: 배우자와 대화하면서 그들의 마음에 과도하게 공감하지만 앞으로 나아갈 길에 대해서는 논의하지 않는다. 그 순간에는 상대를 지지하는 것 같아서 기분이 좋다. 하지만 배우자가 자신이 만든 문제를 제대로 보거나 책임을 지려 하지 않고 자꾸만 희생자 역할로만 빠져서 점점 더 그런 식으로 대화가 바뀐다.	상대의 말에 단순히 공감하고 맞장구치는 것에서 벗어나 한두 번 정도는 문제 해결을 위한 논의를 한다. 미세 스트레스가 오래 지속되게 만드는 것이 아니라 진정으로 서로 돕고 지지하는 대화를 만드는 데 책임을 공유하기 위한 비밀 암호를 만들어 그 말을 들으면 본래의 바람직한 대화로 돌아가는 규칙을 세운다.
영향을 받는 그룹·사람: 가까운 친구	
친구를 위해 24시간 언제든 시간을 낸다: 밤이든 낮이든 친구를 위해 시간을 내는 일종의 패턴이 생겼다. 친구는 힘든 이혼을 하는 중이고 나는 친구가 이 시기를 이겨내도록 도왔다. 그런데 상황이 안정되어 가는데도 친구는 내 도움에 너무 의지하고 있다. 그런 과도한 의존은 친구와 나 사이에 스트레스 가득한 대화를 만들 뿐만 아니라 내 가족도 실망시키고 내 삶의 우선순위를 게을리 하게 만들었다.	너무 빠르게 돕겠다고 뛰어드는 대신 친구가 무엇을 해야 할지 스스로 생각할 수 있도록 질문을 던진다. 그렇게 함으로써 내가 모든 문제를 해결하고 친구는 의존하는 것이 아니라 친구가 스스로 문제를 진단하고 해결하도록 도울 수 있다.
영향을 받는 그룹·사람: 자녀	
모든 문제를 해결한다: 둘째 아이가 타고난 재능으로 무슨 일을 하면 좋을지 내가 너무 좌지우지하는 지경에 이르렀다. 아이가 좋은 학교에 들어갈 수 있도록 학교 성적을 높이고 과외 활동을 하는 데 있어 내가 필요한 도움과 보호를 주고 있다고 생각했다. 하지만 성공을 향해 가는 길(최고의 대학교)에만 집중한 나머지 우리 관계에 스트레스를 주고 있고 아이가 해야 하는 모든 활동에서 무수히 많은 미세 스트레스가 생겨났다.	아이가 삶에서 자신의 길을 나아가는 데 책임감을 갖게 만든다. 그러기 위해 아이가 중요하다고 생각하는 것을 하고 그런 부분에서 아이가 책임감을 갖도록 더 많은 질문을 던질 것이다. 이런 노력을 통해 아이는 자신이 정한 방향대로 나아가며 나에게 과도하게 의지하지 않는 방법을 배울 것이다.

미세 스트레스 7:
적대적인 대화
—

다른 사람들이 내게 화를 내거나, 동료나 사랑하는 사람들 앞에서 이성을 잃는 것은 절대 기분 좋은 일일 수 없다. 그래서 우리가 일상적으로 겪는 사소하고 미묘한 적대적 대화는 애써 무시하곤 한다. 화내는 고객이나 우리를 괴롭히는 동료를 말하는 것이 아니다. 동료들에 의해 일상적으로 유발되는 미세 스트레스, 즉 서로 경쟁이 되는 목표나 방향이 맞지 않는 문화적 가치관, 개인적인 차이 같은 것을 말하는 것이다.

단순히 서로 다른 방식으로 문제 해결에 접근한다는 이유만으로 동료와의 일상적인 대화 후 진이 빠지는 경험을 할 수도 있다. 아니면 우리 팀을 보호하려는 마음이 너무도 커서 다른 팀 리더가 지나가듯 던진 말이 도대체 무슨 의미인 건지 곱씹게 되기도 한다.

유한은 글로벌 물류 회사에서 재무팀 관리자로서 근무하면서 겪어야 했던 사소하지만 무수히 많은 적대적 대화의 순간들을 공유해주었다. "제 업무의 일부이긴 하지만 이런 대화나 소통이 제 하루를 망치곤 하죠. 제가 더 효과적으로 대응할 방법이 없었을까, 하며 머릿속에서 자꾸만 재생시켜요. 퇴근 후에도, 심지어 주말에도 가족에게 집중하기는커녕 그 생각을 멈출 수가 없어요."

그는 예산이 삭감되거나 청구한 비용에 대해 이의가 제기되는 경우 불평을 늘어놓는 동료들을 대해야 하는 경우가 많았다. 설사 그것이 그의 결정이 아니더라도 말이다. "한창 성장 중인 회사에서 이런 대화는 대단히 큰 문제가 아니에요. 하지만 일주일 또는 한 달 정도 그것들이 쌓이다 보면 제가 점점 지쳐가는 걸 느끼죠."

회사에서 업무를 처리하려 애쓰다 보면 역시 본인의 일을 하려는 다른 사람들과 사소한 마찰을 빚게 되는 경우가 무수히 많다. 다른 방식으로 성과 인센티브를 받는 동료가 이의를 제기하기도 하고, 주변 사람들과 서로 다른 업무 스타일로 인해 조율이 필요할 수도 있다. 개별적으로 놓고 보면 이런 미세 스트레스의 순간 각각은 외부인과 겪는 주기적인 업무상의 대화처럼 느껴질 수 있다. 하지만 그것들이 오랜 기간 내 마음이나 머릿속에 머무는 불안이나 분노의 원천이 될 수도 있다. 그래서 상대방에게 완전히 눌리지 않기 위해 필요한 답변과 접근 방식 등을 생각해보며 대화를 나누기도 전에 걱정을 시작한다. 아니면 이성을 잃고, 짜증을 내며 부적절하게 대응하고, 자신의 생각을 명확하게 전달하지 못하는 등 그 순간에 자신이 대처한 방식이 마음에 들지 않을 수도 있다.

그렇게 힘든 대화가 끝난 뒤 우리 대부분은 벌어진 일을 머릿속으로 재생하며 우리가 느낀 불합리한 점을 확대 해석하거나 그 순간에 제대로 대꾸해주지 못한 것을 속상해하고 후회한다. 심지어 아주 가벼운 마찰도 하루 종일 우리의 감정을 들었다 놨다 할 수 있다. 더불어 다음과 같은 이차적인 미세 스트레스를 유발한다.

- **감정적 피로:** 사소한 옥신각신이었다 할지라도 대화를 준비하느

라 노력을 들이고 그러한 대화가 어떻게 진행될지 기대하는 바를 정신적으로 관리하기는 아주 힘이 들 수 있다. 한밤중에 잠에서 깨어 그날 낮에 있었던 흥분한 상태로 나누었던 대화를 머릿속에서 재생시키며, 조금 더 침착하게 대응했더라면 후회하면서 소위 '이불킥'을 해본 적 없는 사람이 어디 있겠는가?

심지어 여파가 며칠씩 계속되기도 한다. 고민을 멈추지 못하고, 그 이차적인 스트레스를 주변 동료들에게 전달하는 경우에는 그들의 에너지와 집중력에도 나쁜 영향을 미칠 수 있다.

- **마무리되지 않은 갈등:** 논의한 바에 대해 팔로우업해야 하거나 합의를 통해 문제를 해결해야 할 때는 아무리 사소한 마찰도 추가적인 갈등을 불러올 수 있다. 업무 관계에서 그와 같은 형식적 절차가 생기거나 신뢰가 부족하면 본래 마찰의 원인이 제거된 후에도 오랫동안 은근한 갈등이 남아 있을 수 있다. 가능하면 그 동료와 협업을 피하고 싶어질 수 있고 이러한 갈등은 일터에서 우리의 평판과 성장 잠재력을 해칠 수 있다.

- **개인적 삶의 방해:** 많은 사람들이 적대적 대화를 앞두고 미리 준비를 하고 관련된 감정을 해소하려는 방편으로 사랑하는 사람들 앞에서 그 일을 이야기하는 경향이 있다. 하지만 이런 습관은 자신의 통제 밖에 있는 복잡한 상황에서 아무것도 도와줄 수 없는 배우자나 파트너에게 좌절과 무력감만 안기고 만다. 게다가 우리의 저조한 기분이 그들에게 감정적으로 미치는 영향 또한 우리가 본래 느끼던 스트레스를 더욱 확대시킨다.

적대적 대화에서 미세 스트레스 제거하기

적대적인 대화를 나눠야 할 상황이 되면 대화의 각 단계, 즉 시작하기 전과 도중, 그리고 후에 미세 스트레스를 최소화하기 위해 우리가 파악할 수 있는 사항이 몇 가지 있다. 그 예는 다음과 같다.

① **대화를 나누기 전**: 미세 스트레스 수준의 마찰이 더 많은 미세 스트레스로 이어지는 것을 막는 가장 효과적인 기법 중 하나는 미리 방향의 일치를 보는 것이다. 함께 성취하려는 것이 무엇인지 공통의 비전을 공유하면 애초에 방향이 틀어질 위험을 줄일 수 있다. 다음과 같은 방식을 이용하면 일터에서 만나는 다양한 사람들과 우리의 비전을 나눌 수 있다.

- **리더**: 리더들의 우선순위와 애로점을 이해하는 데 시간을 투자하여 그들이 성공하도록 돕고, 성과 기대치와 관련하여 적대적인 대화를 나눌 가능성을 줄일 수 있다.
- **같은 직급의 동료**: 동료들의 경우 빠르게 상호 이익이 되는 우선순위를 확립하고 어떤 부분에서 공동의 노력이 필요한지 명확히 밝혀 적대적인 대화를 유발시키는 가장 흔한 원인 두 가지, 즉 사람들이 마땅히 받아야 할 혜택을 누리지 못하는 경우와 동료들이 원하는 대로 따라주지 않는 경우를 없앨 수 있다.
- **팀원**: 팀원들과 편한 대화 경로를 항상 열어두고 문제가 상당한 논쟁의 여지가 되기 전 조기에 우려와 문제를 제기하도록 독려한다.
- **기타 영향력을 발휘하는 사람**: 부정적인 영향을 줄 수 있는 비공식적 오피니언 리더, 즉 다른 방향으로 영향력을 발휘하고 있거나 업무의 다른 측면에 대해 신경쓰고 있는 사람들을 적극적으로 찾아 참여시킨다. 시간

을 내어 그들과 만나 그들의 입장을 이해하고, 공통점을 찾고, 서로의 우선순위 간에 균형을 잡으며, 애초에 갈등이 생기지 않도록 우리의 생각과 그들의 생각이 서로 어우러지는 해결책을 찾기 위해 함께 노력한다.

예상한 적대적 대화가 실제 일어나기 전에는 우리가 통제할 수 있는 바에 집중하는 것도 중요하다. 힘든 대화를 나눠야 할 것 같으면 우리가 원하는 적절한 타이밍을 찾는 것도 좋다. 대화를 피하려 하지 말고, 안 좋은 타이밍에 갑자기 불거진 대화에 휘말리기보다 우리가 침착하게 토론에 나설 준비가 되어 있을 때 직접 시작하자.

② **대화를 나누는 도중**: 적대적인 토론을 하는 중이라면 사실에 집중하고 사실을 확립한다. 갈등 상황을 만들고 있는 것이 무엇인지 기본적인 사항을 검토한다. 갈등 상황이 우리 자신이나 동료와 개인적으로 아무 관계가 없는 경우도 많다. 〈하버드 비즈니스 리뷰 가이드〉의 저자 에이미 갤로Amy Gallo 는 서로 개인적인 감정을 해치지 않고 갈등과 관련된 사실에만 집중하게 하는 대화법 몇 가지를 제시한다.

- "제가 생각하는 바는 이렇습니다."
- "제 시각은 다음과 같은 가정을 바탕으로 한 것입니다."
- "제가 이런 결론을 내리게 된 것은 ~때문입니다."
- "제가 방금 한 말에 대한 반응을 듣고 싶습니다."
- "제 논리에 문제점이 있습니까?"
- "이 상황을 다르게 보시나요?"

대화 도중에는 자신의 말이 옳다는 데 집착하기보다 사실에 대해 상대방과 공통의 이해를 나누도록 노력해야 한다.

③ **대화를 나눈 후:** 논쟁이 심한 토론을 마친 후에는 그 대화를 머릿속에서 다시 재생시키거나 다른 사람들에게 전달하며 투덜거리지 않도록 노력해야 한다. 그렇게 해봐야 이미 걱정하고 불안해했던 점들을 확대시켜 다시 보게 될 뿐이다. 그 사람과 다시 이야기를 나눠 자원이나 다른 도움을 제공하겠다고 제안하거나 당신이 노력을 들인 진행 상황을 공유해라. 이렇게 하면 업무에 집중하면서 논의를 진행할 수 있다. 그리고 마지막으로 긍정적인 행동을 장려하기 위해 다른 사람들을 참여시키고 알림으로써 두 사람이 취하고 있는 행동을 인정받도록 한다.

인맥을 통해 정보의 비공식 루트를 만들어두자. 당신과 마찰을 빚고 있는 사람을 잘 아는 사람이 있다면 거기에서 정보를 얻을 수 있다. 그 사람과 진짜 문제가 있어 고생하는 중이라면 다른 사람들도 그럴 가능성이 높다. 그 사람과 상황을 잘 이해하는 사람들이 있다면 그들의 조언은 매우 귀중할 수 있다. 그 문제를 어떻게 해결할지 유용한 가르침을 줄 수도 있고, 그것이 당신 잘못이 아니라는 사실을 깨닫게 도와줄 수도 있다. 나 자신이 문제의 근원이 아니라는 사실만 알고 있어도 그 갈등이 우리에게 주는 감정적 영향을 줄이고 전보다 더 이성적으로 대응하는 데 도움이 된다.

미세 스트레스 8:
신뢰의 부족

—

우리를 믿는 사람들은 기꺼이 우리를 대신해 위험을 감수할 수 있다. 우리와 진솔한 토론을 벌일 것이며, 우리가 어떤 사람인지, 어떤 일을 해냈는지 좋은 소문을 퍼뜨릴 가능성이 높다. 몇 달이나 몇 년씩 다른 사람들과 나란히 일하다 보면 신뢰가 쌓인다. 서로를 잘 알게 되면 언제 어떤 일로 서로에게 의지할 수 있는지 파악하게 된다.

반대로 신뢰의 부족은 우리 동료와 나 자신의 성과 모두에 영향을 줄 수 있다. 이런 상황에서 누군가를 믿지 못하거나 그 사람이 좋지 못한 의도를 가지고 있다는 생각이 들 때 우리가 느끼는 건 전통적인 의미의 스트레스가 아니다. 이것은 신뢰의 부재로 인해 만들어지는 일종의 미세 스트레스다. 안타깝게도 많은 업무상 인간관계에서 신뢰는 쉽게 만들어지지 않는다. 업무 그룹이 만들어졌다가 없어지고 바뀌며 사람들이 팀을 빠르게 들락거리고 종종 상충하는 우선순위를 지니는, 현대의 거의 모든 직장 내 역학 때문이다.

수행 능력을 파악할 정도로 동료에 대해 잘 알지 못하거나 그들이 우리의 이익을 최선으로 여기고 있는지 확신할 수 없을 때 미세 스트레스가 발생한다. 동료가 약속한 바를 실행에 옮길지 믿을 수 없을 때도 마찬가지다. 거기다가 팬데믹으로 인해 원격 근무가 늘어나면서 사람 간의 상호작용이 빈약해지고 오해가 생길 가능성이 높아지자 함께 일하면서 신뢰를 쌓을 기회가 한층 더 줄었다.

컨설팅 회사에서 선임 분석가로 근무하는 빌에게 신뢰의 부족이 어떤 영향을 미쳤는지 알아보자. 그의 회사가 빠른 속도로 팀을 꾸렸다가 해체하고 다시 만드는 '애자일 방식'에 집중하기 시작하면서 빌은 계속해서 바뀌는 동료들과 일하는 데 익숙해져야 했다. 문제는 새로운 그룹과 협력하기 전에 그 팀이나 동료들의 수행 능력에 대해 알아볼 시간은 거의 없었다는 것이다. 새로 합류한 동료들

역시 빌이 어떤 능력을 갖추었는지 이해가 부족했다. 일을 시작할 때 그는 팀 동료들에게 어떤 점을 기대할 수 있는지 파악하고 그들에게 자신의 강점과 부족한 점을 알려야 했는데 이 과정은 매우 번거로웠다. 빌은 매번 처음부터 다시 시작하는 느낌이었다. 이러한 불확실성 때문에 그는 팀원들과의 체크인에 더 많은 시간을 할애하며 그들이 하고 있는 일이 이 그룹의 목표와 일치하는지 확인하고, 그들이 내어놓는 결과물의 품질을 걱정해야만 했다.

이렇게 불필요한 걱정이 새로 생겨난 것은 딱히 인간을 향한 불신 때문은 아니었고 팀 동료들이 빠르게 바뀌다 보니 빌이 다른 사람의 능력을 믿는 힘을 상실했기 때문이었다. 그는 자신의 업무에 영향을 받지 않아야 한다는 생각 때문에 동료들의 결과물에 의심을 품고 재차 확인하는 데 과도한 시간을 낭비하고 말았다. 당연히 미세 스트레스가 겹겹이 뒤따랐다.

신뢰의 부재는 다음과 같은 이차적인 미세 스트레스를 만들어낼 수 있다.

- **분배한 일이 나에게 되돌아올 수 있다:** 지금 여기에서 이야기하는 것은 근본적인 불신이 아닌 미묘한 수준이다. 동료들의 업무 방식이나 그들의 강점과 약점, 협업하기 가장 좋은 방식 등을 이해할 정도로 그들을 잘 알지 못하면 우리는 그 일을 스스로 하려는 경향이 있다. 결국 우리가 어떤 능력을 지녔는지는 우리가 제일 잘 알고 있지 않은가. 이런 방식은 단기적으로는 효율적으로

느껴질지 몰라도 마쳐야 할 우리의 주된 업무는 아직 그대로 남을 수 있다. 아랫돌을 빼 윗돌 괴기를 계속하다 보면 스트레스가 커질 수밖에 없다.

적절한 업무 위임의 부족은 동료들의 에너지와 참여도를 앗아가기도 한다. 자기 일을 하는 데 있어 점점 수동적으로 변하고 문제를 대신 해결해달라고 부탁할 때만 적극성을 보이게 된다. 그리고 다른 사람들이 우리를 이렇게 대할 때에도 같은 상황이 벌어진다.

- **우선순위를 등한시하게 될 수 있다:** 상대를 믿지 못하면 우리는 다른 모든 것을 포기하고 거기에만 집착하게 된다. 예를 들어 빌은 매일 해야 하는 일에 더해 그가 충분히 신뢰하지 못하는 팀원들의 진행 상황을 확인하는 일에 시달리느라 조금 더 전략적으로 생각하라는 상사의 요청을 자꾸만 무시하고 있었다. 그 결과 상사는 빌의 업무까지 관리해야 했고, 빌은 조직에서 기대하는 성과를 낼 수 없었다.

- **우리 자신의 발전을 방해하게 될 수 있다:** 신뢰 문제로 인해 다른 사람들이 우리를 도와주지 않는 사람이라거나 자기 뜻에 저항하는 사람으로 여기기 시작하면 우리에게는 조직 내에서 성장하거나 발전할 기회가 주어지지 않을 수도 있다.

빌은 다른 동료들의 일에 의심을 품고 재차 확인하는 데 너무 많은 시간을 쏟았기 때문에 그의 상사와 동료들 모두 그가 옛 방식만 고집하며 발전을 거부하는 사람이 아닐까 생각하기 시작했다. 결국 그는 상당한 경험을 가졌음에도 불구하고 다른 동료들이 자기보다 앞서 관리자 역할로 승진하는 것을 뒤에서 지켜볼 수밖에 없었다.

신뢰를 쌓기 위한 전략

—

신뢰 부족으로 인한 미세 스트레스에 시달리지 않고 적극적으로 신뢰를 쌓을 수 있는 네 가지 방법을 제시하겠다.

① **자신의 수행 능력을 다른 사람들의 니즈라는 맥락에 두고 생각하기**: 사람들을 붙잡고 자신의 전문성을 자랑하기보다 자신의 기술과 능력이 동료들의 업무상 니즈를 충족하는 데 어떤 도움이 될지 생각해보고 그런 영역에 초점을 맞춘다. 서로를 파악하기 위한 예비 회의를 열고, 많은 질문을 던지고, 우리의 능력이 다른 이들이 목표를 달성하는 데 도움이 될 방법을 찾아본다. 윈-윈을 이루어내고 함께 이룬 업적에 대해서는 다른 사람들의 공을 인정한다.

예를 들어, 경험 많은 제품 개발 관리자인 아잠에게 업무 변경이 발생하여 새로운 팀과 처음부터 신뢰를 쌓아 올려야 했을 때 그는 자신이 가치를 더할 수 있는 부분을 보여줄 기회를 찾는 데 집중했다. 그는 팀원들과 '타운홀 미팅'을 잡아 그들이 어떤 질문이든 마음껏 던질 수 있게 했다. 처음에는 다들 예의바른 질문에서 멈췄지만 시간이 흐르면서 점점 더 어려운 질문이 쏟아졌다. 그의 이전 경험 덕분이 지금 하고 있는 일에 큰 도움이 될 것이라는 사실이 확실해지자 팀원들은 아잠에게 의지할 수 있다는 사실을 깨닫게 되었다.

② **역량을 기반으로 한 신뢰 쌓기:** 누군가 일에 대해 잘 알고 그 일을 완수할 기술을 갖추었다는 사실을 믿을 때 역량 기반 신뢰가 만들어진다. 우리가 능력을 보여주고 프로젝트나 과제를 잘 수행할 때 이러한 종류의 신뢰가 발생한다. 단순히 "제가 할 수 있습니다"라고 말하고 사람들이 그 말을 믿을 것이라 기대하지 마라. 그 전에 그 일을 해낸 적이 있다는 증거나 결과물의 초기 원형을 보여줘라. 그래야 당신의 능력을 의심하던 사람들도 이미 완수한 일을 확인한 뒤 그것을 자신의 문제에 어떻게 적용할 수 있을지 생각하기 시작한다.

여기에 당신의 한계에 대해 솔직히 이야기하면 사람들의 신뢰를 얻는 데 도움이 된다. 즉, 당신이 진정으로 잘하는 것과 조금은 부족한 면을 밝히는 것이다. 이렇게 당신만이 가진 독특한 가치를 명확히 알리면 당신이 적격자가 아닌 업무에 휘말리는 것도 피할 수 있다.

당신의 지식이나 전문성에 약간이 부족함이 있다면 때로는 그것을 기꺼이 인정하는 자세가 도움이 되기도 한다.(단, 적절한 상황에서) 그런 모습을 본 그들도 자신의 약점을 인정하고 진정한 모습을 보이려 애쓰게 될 것이다. 이런 진정한 유대와 관계 위에 신뢰가 만들어지는 법이다.

아잠은 현재 그룹이 맡은 업무와 그가 이전에 근무한 조직에서 이끌었던 업무 사이에 공통점이 있음을 보여줌으로써 역량 기반 신뢰를 확립했다. 그는 자신이 알고 있는 해결책이나 경험을 내보임으로써 팀원들이 고생하던 문제를 해결하는 데 도움을 주었다. 그리고 자신에게 전문성이 부족한 영역을 인정함으로써 추가적으로 신뢰를 얻었다.

③ **의지할 수 있는 사람임을 입증하기:** 약속한 것은 지키고, 기대치를 정할 때는 현실적으로 행동하라. 설사 상대의 요구를 밀어내거나 상사가 듣기 싫어하는 말을 해야 할지라도 말이다.

타운홀 미팅 안팎에서 아잠은 팀원들에게는 항상 솔직한 모습을 보인다는 원칙을 세웠다. 팀원들에게 영향이 갈 수 있는 변화에 대해서는 무엇이든 알려주었고, 그와 다른 리더들의 기대치에 대해 명확한 답변을 해주었으며, 한 번 한 약속은 무슨 일이 있어도 지켰다. 그렇게 몇 달이 지나는 동안 그는 팀원들을 위해 몇 번이나 도움을 주고 나서며 진정으로 약속을 지키는 사람이라는 사실을 보여주었다.

④ **선의를 기반으로 한 신뢰 쌓기:** 이러한 신뢰는 당신이 다른 사람들

의 행복에 진정으로 관심이 있다고 믿을 때 만들어진다. 동료나 고객들과 협업할 때는 업무상의 측면뿐만 아니라 사람 전체를 잘 알기 위해 노력해라. 가끔씩 직장 내 역할에서 벗어나 취미나 관심사, 앞으로의 꿈 등 업무가 아닌 주제를 두고 유대를 맺자. 아직 공통점을 발견하지 못했더라도 사람 자체에 관심을 보이고 업무 외로 그들과 소통하자. 선의를 기반으로 한 신뢰는 사람들이 유대감을 느끼고 일상의 업무 외적으로 공통점을 발견할 때 생겨난다.

아잠은 새 팀원들에 대해 알아나가는 도중에 비공식적으로도 그들과 함께 시간을 보냈다. 2주에 한 번씩 간단한 도시락을 싸와 바깥 경치가 좋은 회의실을 하나 골라 함께 점심을 먹으면서 함께할 사람들을 모았다. 그들은 스포츠와 취미, 각자의 가족 등에 대해 이야기를 나누며 업무 외에 개인적인 친분을 쌓았다.

신뢰를 쌓으려면 주변 사람들에게 자신의 진정한 모습을 보일 필요가 있다. 동료들과 깊은 신뢰를 다지기 위해 속내를 모두 보일 필요는 없다. 단지 신뢰를 높이기 위한 몇 가지 간단한 방법을 찾으면 된다. 우리를 믿는 사람은 우리를 대신해 기꺼이 위험을 감수할 의지를 보이기 마련이다. 그런 사람들은 우리와 솔직한 논쟁을 벌이고, 공통의 선을 위해 우리 역시 열심히 노력할 것이라고 믿으며, 우리가 누구인지, 무엇을 해낸 사람인지 소문을 퍼뜨려줄 것이다.

우리가 인터뷰한 많은 사람들이 개인적으로 성장하고 자신의 가치관과 포부에 맞는 일을 찾아 능력을 발휘할 수 있었던 비결을 '다른 사람들과 다져놓은 신뢰'라고 말했다. 실제로 그런 사람들은 '믿을 만한 사람이 필요해'라는 생각을 한 리더 덕분에 새로운 기회를 제안받은 경우가 많았다.

지금까지 알아본 것처럼 신뢰는 단계별로 쌓아 나갈 수 있다. 장기적으로 함께 근무한 동료들이 서로에게 갖는 그런 종류의 신뢰를 얻기 위해 반드시 몇 년씩 함께 근무할 필요는 없다. 우리가 업무에 투입할 수 있는 기술과 수행 능력에 초점을 맞춰 단계별로 신뢰를 쌓으면 된다.

미세 스트레스 9:
간접적 스트레스

—

대부분의 사람들이 자신이 스트레스 받고 있음을 과도하게 티내는 리더나 동료와 일해야 했던 경험이 있을 것이다. 이런 사람들은 말 그대로 스트레스를 마구 내뿜는다. 그들이 내뿜는 스트레스와 걱정이 끊임없이 사방으로 흩뿌려지면 어쩔 수 없이 우리의 불안도 높아지기 마련이다. 그들의 몸짓과 어조마저 우리에게 영향을 준다. 그러면 우리는 그들의 미세 스트레스를 감지해 우리 자신의 것으로 받아들이게 된다.

간접적 스트레스는 많은 면에서 우리에게 직접적인 영향을 미친다. 동료들이 스트레스 받는 모습을 보고 그들이 과연 제때 일을 마칠 수 있을까 걱정이 되면 팀 전체의 결과물을 완료하는 것마저도 불안감이 들게 된다. 팀원이 스트레스를 크게 받으면 자신이 해야할 몫을 해내지 못하고 팀 전체가 망신을 당하게 될 것만 같아 모두가 불안해진다. 사람들이 마감기한을 못 지킬 것 같다고 소리내어 불안을 토로하거나, 제시된 다음 단계로는 절대 성공 못한다고 주장하거나, 자신에게 일이 얼마나 많은지 투덜거리며 스트레스를 보일 때 간접적 미세 스트레스가 사방으로 퍼진다. 그리고 말투나 어조 같은 신체적 신호 말고도 전자적 의사소통의 속도나 시간대 같은 방식으로도 퍼진다.

누군가, 특히 동료나 가족 같은 사람이 스트레스 받은 모습을 보는 것만으로도 우리의 신경계는 직접적인 영향을 받을 수 있다. 한 연구에 따르면 스트레스를 받은 누군가를 관찰하는 것만으로도 26퍼센트의 사람들이 코르티솔 수치가 올라갔다고 한다.[7] 그런데 현대의 기술 발달로 인해 우리의 공격적인 목소리나 끊임없는 질문이 모두 한 번에 많은 사람들에게 실시간으로 전달될 수 있게 되었다.

또한 간접적 미세 스트레스는 다음과 같은 부차적인 스트레스를 만들어낼 수 있다.

- **간접적 미세 스트레스는 우리의 창의적 아이디어의 불꽃을 꺼버릴 수 있다:** 미세 스트레스가 늘어나면 창의적인 사고와 새로운 아이디어가 줄어들게 된다. 이미 많은 심리학 연구에서 거듭 증명된

효과다. 창의성이 줄어들면 당연히 창의적이고 적극적인 참여가 필요한 프로젝트를 작업 중인 팀의 눈에는 당신이 덜 매력적으로 보이게 될 것이다. 게다가 간접적인 스트레스를 많이 경험하는 팀은 집중력이 흐트러지기 쉬우며 효과적으로 상호작용하지 못하며, 생산성 저하를 자주 경험하게 된다.

- **간접적 미세 스트레스는 우리의 불안감을 더욱 증폭시킨다:** 그것이 한 사람에서 다른 사람으로 전달되고 시간이 흘러 다시 우리에게 되돌아오면서 더욱 강해진다. 심지어 불안감을 유발하는 것의 정체가 모호할 때에도 우리는 다른 사람들의 불안 행동 그 자체에 스트레스를 받는다. 스트레스는 사람과 사람을 거치며 더욱 강도가 세진다.

원격 근무는 이러한 문제를 더욱 악화시켰다. 대부분의 온라인 소통은 미리 일정을 잡아 움직이기 때문에 누군가가 스트레스 받고 있음을 조기에 알아차릴 기회를 놓치게 되고, 그러면 그것이 널리 퍼지기 전에 대응하기가 힘들어지기 때문이다.

- **간접적 미세 스트레스는 우리의 의욕을 없앤다:** 스트레스를 크게 받고 있는 사람들과의 상호작용을 해야 하는 환경, 또는 불안해 하는 사람들이 많아서 이들을 보는 것만으로 불안감이 퍼져 나가는 환경에서 일하고 있다면 왜 내가 이런 스트레스를 모두 감수해야만 하는지 의아해질 수밖에 없다. 그러다 보면 일을 대충 하고, 자신의 업무 품질에 대해 관심을 갖지 않게 되고, 최선을 다하지 않게 된다. 간접적 미세 스트레스를 너무도 많이 흡수하다

보면 이 일에 헌신할 필요가 없다고 판단해 버리기 때문이다.

많은 이들이 코로나 팬데믹으로 인해 매일 같이 간접적 미세 스트레스를 받았다. 유명한 컨설팅 회사의 관리자인 재스민의 이야기를 해보겠다. 팀원들로부터 받은 간접적 미세 스트레스 때문에 그는 거의 정신이 나갈 뻔했다.

코로나가 닥치자 그의 그룹에 속한 직원 60명 전부가 각자의 집에서 일하기 시작했다. 이런 상황이 몇 년간 이어지자 재스민은 팀원들의 멘탈에 서서히 금이 가는 것을 느낄 수 있었다. 특히 아이들보육을 부탁할 데가 없고 학교마저 원격 수업으로 전환해 자녀를하루 24시간 돌봐야 하는 처지가 된 맞벌이 부부는 더욱 그랬다.

팬데믹이 절정에 이르렀을 때 재스민은 팀원들과 이야기를 나누며 집에서 품질 좋은 업무 결과물을 내놓느라 고생하는 동료들을돕는 데 업무 시간의 절반을 쓰고 있었다. 그 역시 자기 자녀를 돌봐야 했음에도 불구하고 말이다. 결국 재스민은 불면증에 시달리게되었고 집중력과 의욕을 유지하는 데에도 큰 어려움을 겪었다. 팀원들의 불안감은 곧 그의 불안감이 되었다. 그리고 그가 감추려 애썼던 그 자신의 불안감은 다시 동료들에게 전해져 불안감을 증폭시켰다. "작은 스트레스의 무한 굴레에 빠진 것만 같았어요. 그게 점점 더 불어나 업무 영역을 넘어 가정까지 쏟아져 들어갔죠. 저에게중요한 스트레스 탈출구였던 요가마저 집중할 수가 없었어요. 자꾸만 팀원들이 떠올랐고 제가 그들을 제대로 돕고 있는 건지, 아닌 건지 생각을 멈출 수 없었어요." 재스민의 말이다.

우리는 너무도 자주 간접적 미세 스트레스에 노출되며 이를 피할 수 없는 일이라 여기곤 한다. 하지만 당신과 상대방이 서로 소통하고 일에 참여하는 방식을 조금만 바꿔도 간접적 미세 스트레스 노출을 크게 줄이고 모두의 직장 그리고 가정 생활의 품질을 높일 수 있다.

스트레스 감염에 맞서는 전략
—

다른 사람의 미세 스트레스에 빨려 들어가기는 너무도 쉽다. 하지만 그런 일이 벌어지고 있음을 인식하기만 한다면 안 그래도 기본적인 미세 스트레스로 가득 차있는 우리의 일상에 간접적 미세 스트레스가 스며드는 것을 막을 수 있다.

① **스트레스의 악순환을 퍼뜨리지 않기**: 자신의 감정적 반응을 살펴라. 필요하다면 잠시 멈춰 마음을 가라앉히고 스스로 중심을 잡는다. 다른 사람들의 스트레스로 인해 나의 스트레스 수치가 올라가지 않는지 관찰하고, 다시 간접적 스트레스의 악순환을 퍼뜨릴 비생산적이고 방어적인 태도를 취하지 않도록 주의한다. 심호흡에 집중하고, 짧게 산책을 하고, 대화에 유머를 가미하거나, 스트레스를 해소해주고 그 상황에서 긍정적인 태도를 갖도

록 도와줄 다른 방법을 찾아라.

② **공감으로 대하기:** 다른 사람들을 탓하지 않는 공감의 시선으로 상황에 접근한다. 그들도 기대치와 시간 제약에서 느끼는 압박과 스트레스에서 벗어나려 애쓰는 것뿐임을 인식한다. 그들과 힘을 합쳐 그들의 삶에서 명백하게 나타나지 않는 스트레스의 원인을 찾아낸다. 무엇이 그들에게 스트레스를 가져다주는지 호기심을 가지고 대화를 이끈다.

사람들에게 스트레스를 유발하는 원인은 종종 서로 다른 곳에 있다. 스트레스 가득한 상황에서 그들의 의도를 이해하면 주변 사람들에게 스트레스를 뿜어내지 않고 업무를 수행하는 방법을 코칭할 수 있다.

예를 들어 요구가 까다로운 고객 때문이 아니라 그 사람이 우선순위 수립을 제대로 하지 못해 스트레스가 퍼진 것일 수도 있다. 고성과자들은 때로 너무 많은 책임을 짊어져 마땅히 도달해야 할 품질에 미치지 못하는 경우가 생기기도 한다.

③ **감염을 줄이도록 코칭하기:** 간접적 미세 스트레스가 타인에게 어떤 영향을 주는지 이해하게 하려면 1인칭으로 생생하게 설명하는 방식을 취해보자. '나는'으로 시작하는 문장을 써서 간접적 미세 스트레스에 대한 당신의 감정적 반응과 그것이 당신의 삶에 가져다준 구체적인 여파를 설명하는 것이다.

사전에 당신의 말이 동료들을 개인적으로 비판하려는 의도가 아님을 명확히 설명할 필요는 있다. 이 방식이 성공적으로 이루어진다면 동료들은 이전처럼 스트레스를 드러내는 대신 그것을 제한하고자 하는 의지를 보이게 될 것이다.

미세 스트레스 10:
상사, 동료 또는 인맥 시스템과의 정치적 대처
—

정치적이거나 노골적으로 불공평한 의사결정이 내려지는 환경에서 근무할 때 스트레스를 느끼지 않는 사람은 거의 없다. 경쟁심이 강한 동료는 우리의 에너지를 소진시킬 수 있는데 그것이 항상 대대적인 전면전에서만 일어나는 건 아니다. 정치적인 행동은 극도로 미묘하면서도 여전히 매우 강력할 수 있다. 무수히 많은 작고 암시적이거나 미묘한 형태의 정치적 행동은 우리 삶 곳곳에서 파문을 일으킨다.

누구도 드러내어 말하지 않지만 숨겨진 의도가 느껴지기도 하고, 지금 상황이 정치적으로 어떻게 돌아가고 있는지 감을 잡기 위해 어마어마한 시간을 투자해 걱정을 하거나 다른 사람들의 동태를 살피느라 전전긍긍할 수도 있다. 아니면 임원들의 관심을 받는 중요한 자리에서 동료를 슬며시 밀어낼 방법을 찾는 사람들이 눈에 들어오기도 한다.

이러한 정치적 행동은 여러 가지 측면에서 미세 스트레스를 유발할 수 있다. 예를 들어 무슨 일인가 벌어지고 있는 것은 알겠는데 누구의 의견을 중요하게 받아들여야 하는지, 혹은 어떤 숨겨진 계획이 있는 것은 아닌지 고민하게 되는 상황에서 우리는 불안감을 느낀다. 내가 동의하지 않는 일에 가담해야 하거나 다른 그룹과의 마찰이 생길 것이 뻔한 목표를 세우라는 압력을 받을 때에도 당연히 미세 스트레스를 경험한다. 또 보이지 않는 큰 힘에 의해 나의 결정권이 존중되지 않는 상황에 처했다는 사실 그 자체만으로도 스트레스를 느낄 수 있다.

코너가 처한 다음과 같은 상황에 대해 생각해보자. 코너와 그의 동료 몇 명은 그의 상사와 회사의 다른 사업부의 한 관리자가 공동의 프로젝트를 두고 주고받는 논쟁에서 계속 참조로 이메일을 받으며 시달리는 중이었다. 이 두 관리자는 까다로운 자원 배분 문제를 처리하는 방법을 두고 공개적으로 논쟁을 벌였는데 이것은 코너가 프로젝트에 참여하는 업무 시간과 관련이 있는 것이었다. 상대편 관리자는 전체 그룹에게 보내는 이메일로 계속 이의를 제기하면서도 직접적인 대답을 피했다. 참조로 이메일을 받은 사람 중 두어 명이 용기 있게 의견을 제시하고 나섰지만 이것은 상황을 더욱 악화시킬 뿐이었다. 결국 동료 한 명이 나서 두 관리자가 직접 만나 이 문제를 해결할 것을 제안했다.

두 관리자가 코너의 투입 시간과 업무를 두고 싸움을 벌인 건 처음이 아니었다. 의견 충돌은 보통 미묘했고 때로는 소극적 공격이었지만 이메일을 받아본 모든 사람은 그 두 사람이 서로에게 불만이 많다는 걸 느끼고 있었다. 코너의 직속 상사가 상대 관리자에게 해결책을 내라고 압력을 넣는 것 같았지만 그 사람은 확답을 피하기 위해 더 애쓰는 것 같았다.

코너는 동료 몇 명과 조용히 그 갈등에 대해 걱정했다. 무슨 일이 벌어지는 건지 숨죽인 소리로만 대화가 오갔다. "제게 참 곤란한 상황이에요." 코너는 자신이 무언가를 잘못해서 이런 싸움이 난 건 아닌가 하는 생각도 들었다. 그래서 이메일을 하나 보내려 할 때마다 과하게 조심스러워졌다. 두 사람 모두를 참조로 보내야 할까? 아니면 직속 상사에게만? "언쟁의 원인은 제 업무 시간이었는데 두 사람은 동의하지 못한 게 분명했고 일이 금세 커졌어요. 정말로 너무 불편했죠."

대부분의 사람들이 '완전히 이해하기는 어렵지만 무슨 일이 벌어지고 있음'을 서서히 깨달아본 경험이 있을 것이다. 직접적이든 간접적이든 정치적인 마찰에 휘말리게 되면 다음과 같은 부차적인 스트레스가 생겨날 수 있다.

- **우리 자신의 스트레스를 증폭시킬 수 있다**: 친구나 배우자 등에게 회사 내 정치 행동이 얼마나 불공평한지 투덜거리면 그들은 자동적으로 우리에게 공감을 해준다. 하지만 그들은 전체적인 상황을 둘러싼 맥락을 잘 알지 못하기 때문에 그들의 그런 반응은 그 상황이 불공평하거나 우리에게 불리하게 돌아간다고 믿는

우리의 생각을 더욱 강화시킬 뿐이다. 그들이 좋은 의도로 보였던 반응이 오히려 우리의 스트레스와 분노를 더욱 깊어지게 만드는 것이다. 주변 상황으로 인해 유발된 스트레스를 해소하려다 오히려 감정적 불에 기름을 끼얹고 만 것이다.

- **번아웃의 굴레에 갇힐 수 있다:** 사내 정치로 인해 우리가 성공하는 데 필요한 자원, 즉 예산이나 지원, 중요한 정보 등을 받을 수 없게 되면 부족한 부분을 메우기 위해 우리 자신이나 팀이 평소보다 더 열심히 일해야 하는 처지가 된다. 그리고 과로는 당연히 그만큼의 악영향을 준다. 일터에서 공정한 대우를 받지 못하고 느끼며 그 불공평함으로 인해 과도한 일까지 해야 한다고 생각하면 더 많은 스트레스와 번아웃이 찾아온다.

- **정치적 행동으로 인해 중심 세력에서 멀어질 수 있다:** 정치적 대결에서 계속해서 지는 편에 속해 있으면 자신이 속한 조직에서 외부인처럼 느껴질 수 있다. 사내 경쟁자를 제치고 승진을 따는 것처럼 승자와 패자가 정해지는 주된 정치적 전투에서뿐 아니라 예산 결정, 업무에 대한 인정과 지원 등 우리의 소속감에 궁극적인 영향을 주는 상호작용에서까지 소외감을 느낄 수 있다.

다른 사람들의 지지를 얻지 못하면 프로젝트를 어떤 위치에 두어야 할지 점점 더 확신을 갖지 못하고 중요한 지점마다 고민을 하게 된다. 그렇게 벗어나기 힘든 부정적인 악순환에 빠져 스트레스 수치는 점점 더 올라간다. 그리고 그것은 효과적으로 업무를 처리할 우리의 능력을 약화시키고 우리 조직으로부터 점점 더 멀어지게 만든다.

코너는 두 리더 간의 미묘한 권력 다툼에 휘말리고 싶지 않았고, 앞으로는 전과 다르게 처신하기로 결심했다. 다른 부서와 협업하는 새로운 프로젝트에 참여하게 되었을 때 그는 조기에 인맥을 동원하고 선제적으로 나서 프로젝트를 성공시키기 위해 노력했다.

처음으로 한 일은 새로운 프로젝트에 어떤 정치적 문제가 있는지 미리 파악하는 것이었다. 그러기 위해 두 부서의 리더와 조직 내 비공식적인 오피니언 리더들과 회의를 마련해 새 프로젝트에 대한 그들의 의견을 모았다. 어떤 일이 벌어지고 있는지 이해하면 바로 헤쳐 나갈 수 있도록 잠재적인 위험 신호나 숨겨진 미묘한 계획에 대한 감을 잡았다. 이런 대화를 통해 프로젝트 시작 초기에 프로젝트 범위에 일부 사소한 변화를 주면 몇몇 주요 리더를 안심시킬 수 있고 따라서 그들의 정치적 지지를 확보할 수 있으리라는 것을 깨달았다. 이러한 변화는 전반적인 프로젝트 목표에는 거의 영향을 주지 않는 반면 프로젝트가 실패로 돌아가지 않도록 길을 다져줄 수 있을 것이었다.

"이런 협력 관계를 맺고 다른 사람들을 통하면 오히려 프로젝트가 고위험으로 가득한 정치적 다툼으로 변질되지 않을까 걱정하기 쉽습니다. 하지만 그와 정반대의 일이 벌어졌습니다. 우리의 이해가 일치한다는 걸 깨닫자 그 사람들은 각자에게 유리하고 편안한 방면으로 일을 진행했습니다. 그리고 그 덕분에 제 일이 훨씬 더 단순해지고 스트레스가 줄었지요." 코너의 말이다.

정치적 갈등에 휘말리지 않기 위한 전략
—

정치적 갈등에 휘말린 사람은 연이어 밀려오는 미세 스트레스에 시달릴 수밖에 없다. 자신이 아는 것과 모르는 것, 통제할 수 있는 것과 통제할 수 없는 것을 두고 온갖 걱정을 하기도 한다. 하지만 그런 일이 벌어지지 않게 할 수 있는 방법이 있다.

① **주요 영향력 행사자들을 참여시키기:** 영향력을 발휘할 수 있는 주요 사람들을 가담시켜 정치적 다툼에 앞서 나가야 한다. 인맥이 튼튼한 이 사람들은 다른 많은 이들이 마음을 바꾸게 할 수 있다. 당신이 나아갈 방향에 영향을 줄 것이 명백한 사람과 각각 만나는 것부터 시작한다. 아직은 잘 모르는 다른 영향력 행사자를 알아내려면 회의가 끝나기 전에 누가 이 주제에 관심을 가질지, 누가 당신과 다른 우선순위를 가지고 있어 일의 진행에 방해가 될 수 있는지 물어본다. 그러면 사람들이 당신의 계획과 계획을 받아들이는 데 엄청난 영향력을 발휘할 오피니언 리더가 누구인지 조언을 들을 수 있을 것이다.

그런 다음 그 사람들을 만나 그들의 주요 우선순위나 애로점이 무엇인지 알아보고, 그들의 문제 해결을 도울 방법을 찾아라. 당신이 역량을 발휘할 수 있는 영역에서 도움을 제안하고 장기적으로 관계를 유지한다. 이와 같이 미리 약간의 시간을 투자해 선제적으로 나서는 것만으로도 이런 영향력 행사자들이 좋은 아이디어를 서서히 밀어내는 대신 당신의 노력을 지지하고 나서게 만들 수 있다.

② **공통 인맥을 통해 조율하기:** 공통의 인맥을 통해 정치 다툼을 하는 사람들에게 영향력을 발휘해라. 관건은 이 사람들이 누구로부터 영향을 받는지 알아내는 것이다. 비서일 수도 있고, 이전에 함께 일한 적 있는 사람일 수도 있고, 개인적인 친구일 수도 있다. 그런 다음 이 사람들을 통해 메시지를 전달할 방법을 찾는다.

우리와 인터뷰를 했던 한 관리자는 상사를 활용한 경험담을 들려주었다. "상사는 제가 영향력을 발휘하고 싶어 했던 사람의 마음을 바꾸게 할 정도의 힘이 있었죠. 저는 상사에게 진심을 다해 의견을 전달했고, 그는 저의 이야기를 잘 전달해 주었습니다. 덕분에 저는 상대의 생각을 어느 정도 짐작할 수 있게 되었습니다. 영향력 있는 인맥을 현명하게 활용한 덕분에 저는 도저히 얻어낼 수 있는 정보를 얻었고, 나아가 긍정적인 결과도 얻을 수 있었습니다."

③ **이해와 직위를 분리하기:** 인맥을 이용해 정치적 다툼에 관련된 사람들의 과거 이력과 숨겨진 동기를 이해한다. 예를 들어 "그 일

은 최고 재무책임자에게 보고해야 해!" 같은 입장 밑에는 이해관계가 깔려 있을 가능성이 높다. 아마 이 경우에는 일관성 없는 재무 결정이 조직에 해를 입히고 있고, 그것을 해결할 필요가 있다는 생각이 퍼져 있을 것이다.

그런데 이와 같은 기저의 문제는 어떻게 알아낼 수 있을까? 그 답은 바로 그 상황을 더욱 깊이 이해하고 당신의 시도를 적절한 요소에 투입시켜 줄 수 있는 공통의 인맥이다.

* * *

우리의 감정적 에너지를 고갈시키는 미세 스트레스는 수행 능력을 앗아가는 미세 스트레스보다 훨씬 더 까다로울 수 있다.

인터뷰를 진행하며 만난 이들 중 가장 불행해 보이는 유형은 스트레스를 밀어낼 방법을 찾지 못하고 다른 사람들이 내뿜는 미세 스트레스를 고스란히 흡수하며(좋은 의도로 말이다) 역부족인 일을 꾸역꾸역 이어나가고 있는 사람들이었다. 그렇게 미세 스트레스를 이겨낼 감정적 여유를 상실했고, 결과적으로 괴로움은 더욱 커질 수밖에 없었다.

그런데 수행 능력을 고갈시키고, 감정을 고갈시키는 미세 스트레스보다 더 사람을 힘들게 하는 것이 있다. 바로 '우리의 정체성을 위협하는' 미세 스트레스다.

다음 장에서는 이것에 대해 자세히 알아보겠다.

- 업무 현장에서의 미세 스트레스로 인해 감정적 번아웃을 경험하는 빈도는 지난 10년간 기하급수적으로 늘었다. 하지만 **가장 감정적으로 우리를 힘들게 하는 미세 스트레스는 우리가 가장 아끼는 사람들로부터 나온다는 사실은 잘 알지 못한다.** 가까운 동료와 친구, 가족이 때로는 스트레스의 원인이 되기도 한다.

- 아래의 **다섯 가지 흔한 미세 스트레스**가 우리의 감정적 에너지를 고갈시키며 이것들은 수 시간에서 며칠씩 우리 삶에서 파문을 일으키면서도 명백하게 드러나지 않는 경우가 많다.
  ① 다른 사람을 관리하고 지지하기　② 신뢰의 부족　③ 정치적 대처
  ④ 적대적인 대화　　　　　　　　 ⑤ 간접적 스트레스

- **우리의 두뇌는 삶의 궤도 안에 있는 다른 사람들로부터 느껴지는 감정에 대단히 민감하다.** 다른 사람들이 스트레스를 받거나 불안해하면 우리도 그렇게 된다. 이런 종류의 미세 스트레스로 감정이 소모되면 우리는 걱정하고, 고민하며, 상대로부터 흡수한 미세 스트레스를 또 다른 사람들에게 전달한다.

- **사람들과 상호작용하는 방식을 바꾸면 감정을 고갈시키는 미세 스트레스에 맞설 수 있다.** 당신에게 에너지를 주고 기쁨을 선사하는 사람들과 함께하는 시간을 늘리고, 기분이 처지게 만드는 사람들과의 접촉을 줄여라. 만성적으로 부정적인 영향을 주는 사람이라면 관계를 끝내야 할 수도 있다.

- 연구에 따르면 **부정적인 상호작용은 긍정적 상호작용보다 다섯 배나 큰 영향을 미친다.** 소수의 부정적인 관계만 청산해도 전반적인 미세 스트레스 수준에 상당한 차이를 가져다줄 것이다.

4 장

미세 스트레스가
우리의 정체성을
위협한다

우리가 원하는 모습이 되지 못하게 만들어
자아 정체성을 해치는
네 가지 미세 스트레스와 이를 이겨내는 방법

레이첼은 처음부터 불안감을 느끼고 있었다. 중견 은행에서 근무하는 그는 상사가 관리직으로의 승진을 처음 제안했을 때 이 새 역할에서 요구되는 경험이 부족한 것 같아 걱정이라고 말했다. "레이첼은 스타인걸! 전부터 잠재력이 아주 뛰어나단 평가를 받았잖아요. 난 레이첼을 믿어요." 상사는 회사 내 다른 고위 리더들도 레이첼을 지지한다는 사실을 알려주었다. 그는 불안감을 묻어두고 새 역할을 수락했고, 이 일에는 상당한 책임 증가가 수반되었다.

새 업무를 맡고 얼마 지나지 않아 그는 불편함을 느끼기 시작했다. 이제 필요하면 사람들에게 거절을 해야 했고 프로젝트 우선순위와 승진에 관련해 빠른 의사결정을 내려야 했다. 그의 선택은 그가 대단히 아끼는 사람들에게 많은 영향을 주었다. 물론 이런 의사결정이 그가 해야 할 일의 일부임은 알고 있었지만 그런 결정을 내려야 하는 속도와 그가 그 결정과 함께 전달해야 하는 어조는 영 마음에 들지 않았다.

"저는 대립하는 걸 정말 싫어해요." 그가 우리에게 털어놓았다. 그는 온건하고 친밀한 방식으로 문제를 해결하는 데 더 익숙한 사람이었다. "시간이 흐르면서 사람들과 의견 충돌 없이 협업하는 솜씨가 꽤 좋아졌었거든요." 그가 설명했다. 새로 맡은 자리에서는 공정하고 사려깊은 사람이 되고 싶었다. 무슨 일이든 즉각적인 결정을 내리기보다 팀원들이 의견을 제시하게 하고 때로는 피드백을 받은 뒤 자신의 의견을 바꾸기도 하였다.

그런데 새 일을 시작하고 몇 달이 지나자 상사에게 조금 더 적극적으로 자기 의견을 밀어붙여야 한다는 말을 들었다. "레이첼, 여긴 빠르게 돌아가는 업계예요. 자신이 원하는 게 있으면 확실하게 요구할 필요가 있지. 관리자로서 앞에 나서서 싸워야 해요!" 레이첼은 당황했다. 그는 명령과 지시가 아니라 팀과 끈끈한 관계를 구축하는 방식으로 목표를 달성할 수 있을 것이라고 믿었다.

"마치 한 대 얻어맞은 것 같은 기분이었어요. '실적이 좋아 이 자리를 얻었지만 전과 똑같이 행동할 수는 없어. 그걸로는 부족하거든'이라고 제게 말하는 것 같았죠." 레이첼이 생각한 것처럼 그건 단순히 성장하고 적응해서 새로운 자리에서 요구하는 일을 해내는 문제가 아니었다. "그는 내가 자신의 축소판처럼 행동하기를 원했어요. 자기처럼 필요하면 대립하고 싸울 줄 아는 사람 말이에요."

처음에는 레이첼도 스스로 관리자의 자질이 부족하다고 생각하고 그가 하는 대로 따르기 시작했다. 자기도 모르게 친밀하다고 하기 어려운 이메일을 보내고, 동료들을 복도에서 만나면 잘 지내냐고 묻는 대신 퉁명스럽게 업무 진행 상황을 묻는가 하면, 호락호락한 사람처럼 보이지 않기 위해 상사의 무뚝뚝한 말투를 따라했다.

매일매일 그는 조금씩 불행해졌다. 한때 친구라고 여겼던 팀원들이 거리를 두거나 그를 초대하지 않고 자기들끼리만 모여 점심을 먹으러 가는 것을 멀리서 바라보기만 해야 했다. 퇴근해 집에 돌아가면 감정적으로 너무나 지쳐 가족들과 대화를 나누기는커녕 술잔을 기울이며 스트레스를 풀었다. 약속 시간 몇 분 전에야 일이 너무 많아 책을 읽지 못했다는 핑계를 대며 독서 모임에 나가지 않기 시작했다. 일터에서의 기분이나 분위기를 떨치지 못해 본인이 느끼기에 아이들에게도 예전만큼 인내심을 발휘하기가 점점 더 어려워졌다.

어느 날 밤 와인 몇 잔을 마신 그는 이런 감정을 남편에게 쏟아 냈다. "내가 이 일을 할 수 있다는 걸 알아. 난 좋은 관리자가 될 수 있다고 생각해. 하지만 지금 이런 모습은 아니야. 이럴 거면 승진을 왜 했는지 모르겠어."

때로는 대단히 나쁜 일이 있었던 것도 아닌데 기분이 상한 채로 집에 돌아오게 된 이유를 정확히 짚어낼 수 없는 경우가 있다. 그냥 뭔가 어긋난 기분이거나 즐겁지가 않다.

우리가 모르는 것이 하나 있는데, 개인적이거나 일적인 관계를 통해 우리의 정체성에 가해지는 그 미묘한 위협이 매일 조금씩 보이지 않게 쌓이고 있다는 것이다. 어쩌면 당신도 팀의 다른 사람에게 그런 압력을 전달하는 방식으로 나름대로 대응하고 있는지도 모른다. 그 사람도 버거운 일을 맡아 힘들게 하루하루를 이어나가고 있음을 알면서도 말이다.

스스로 그런 행동을 하고 있는 것이 못마땅하긴 하지만 자신에게 가해지는 압력을 느끼면 굴복하고야 만다. 아니면 높은 사람의 눈 밖에 난 누군가를 승진에서 제외시키자는 결정에 동조할 수도 있다. 그 사람이 정말로 승진할 자격이 충분하다는 걸 알면서도 말이다. 우리의 정체성을 향한 위협은 사소한 순간에 끊이지 않고 다가오기 때문에 각각의 의사결정이 우리에게 어떤 영향을 주는지 잠시 멈춰 신중히 생각하지 않기 쉽다. 그래도 무언가 잘못되었다는 기분을 느끼는 것은 분명하다.

우리의 정체성을 위협하는 미세 스트레스는 수행 능력을 고갈시키는 미세 스트레스나 감정적 에너지를 고갈시키는 미세 스트레스보다 알아차리기가 더 힘들다. 수행 능력을 고갈시키는 미세 스트레스는 잠시 멈춰 그것을 찾아보려 하면 금세 명백해진다. 감정을 고갈시키는 미세 스트레스 역시 왜 특정 상호작용 후에는 확 지치거나 에너지가 다 빠져버린 것 같은 기분이 드는지 알아내고 나면 금세 깨달을 수 있다. 그러나 우리의 정체성을 위협하는 미세 스트레스는 직장이나 개인적 삶에서 일상적이고 평범한 것으로서 받아들이는 상호작용 속에서 서서히 쌓인다. 우리 주변의 사람들과 환경이 그것을 정상적인 것으로 인지하기 때문이다.

우리가 인터뷰한 많은 사람들이 레이첼처럼 직장에서 어떤 상호작용을 한 뒤 아주 조금씩 가치관이 바뀌게 되었는데 어느 날 정신을 차리고 보니 이게 본디 자신의 모습이 맞는지조차 알 수 없게 되었다고 말했다. 어떻게 된 건지는 몰라도 다른 사람이 되어버린 것이다.

이런 현상은 자신의 정체성이 업무와 관련이 깊은 사람들의 경우가 특히 더 심했다. 자신이 하는 일을 통해 우리가 누구인지, 세상에서 어떤 가치를 갖는지 파악하는 사람이라면 자기도 모르게 주변에서 우리의 자아 정체성에 가하는 여러 가지 압력에 **따라가게** 되기 쉽다. 직장인으로서 우리는 조직, 즉 우리보다 큰 무언가에 속해 있기 때문이다. 그런데 그렇게 하다 보면 우리가 원치 않는 존재가 되는 길로 쉽게 끌려갈 수 있다. 이에 대해 한 인터뷰 대상자는 이렇게 말했다. "제가 전에 정말 싫어했던 그런 사람이 되어 버렸더군요. 어쩌다 그런 일이 벌어졌는지 도무지 모르겠어요."

3년, 5년, 심지어 10년을 바쳐 열심히 일했는데 막상 자신이 추구한 목표가 처음 일을 시작했을 때 되고 싶었던 존재와는 너무나도 다른 것이었다는 사실을 깨닫고 절망에 빠졌었다는 이야기를 들려준 리더들이 얼마나 많았는지 모른다. 그들의 이야기는 듣는 것만으로도 너무나 가슴 아팠다.

한 사람은 직장 동료들을 진짜 친구라고 여기고 있었는데 코로나19를 심하게 앓고 있었을 때 아무도 그에게 연락을 하지 않았다고 말했다. 그들 모두 그가 혼자 살고 있는 걸 알았는데도 말이다. 동료들에게 이메일을 보내 너무 아파 힘들다고 말했을 때도 선뜻

도와주겠다고 나선 사람은 한 명도 없었다고 했다.

또 다른 사람은 자신의 십대 아들이 자신이 글로벌 투자 은행에서 무슨 일을 하는지 전혀 모르고 있었다는 사실을 깨달았다고 했다. 아이는 역사 선생님에게 자신의 아버지가 마치 악덕 자본가인 것처럼 이야기했고, 그제야 그는 자신이 가족에게 일에 대해 긍정적으로 이야기한 적이 거의 없음을 깨달았다. 그의 일이 설명하기 너무 복잡해서가 아니라 자신이 그 일을 대단히 자랑스럽게 여기지 않았기 때문이었다.

많은 인터뷰 대상자들이 과거를 돌아보고는 수년에 걸쳐 자신이 내린 작은 선택이 하나의 거대한 깨달음의 순간으로 이어졌다는 사실을 이해하게 되었다고 했다. 그런 깨달음을 얻은 사람은 그나마 운이 좋은 편이었다. 많은 이들이 왜 자신의 삶이 자신의 가치관과, 자신이 한때 소중하게 여겼던 정체성과 맞지 않게 되었는지 깨닫지 못했다.

사실 자신의 분야에서 최고의 자리에 오른, 전통적인 의미에서 큰 성공을 거둔 사람이 한 번 이상의 이혼을 했다거나, 아이와 완전히 멀어졌다든가, 정신과 신체 건강이 무너지기 일보 직전에 있다든가 하는 이야기는 인터뷰 내내 너무나도 흔하게 들려왔다. 이런 사람들의 정체성에 위협을 가한 미세 스트레스가 작은 의사결정을 하나씩 내릴 때마다 그들을 의도치 않은 길로 이끈 것이다.

업무 외의 경험과 인간관계 또한 삶이 조금씩 바뀌는 동안 우리의 가치관에 변화를 일으킬 수 있다. 다른 사람들이 사회적 지위와 재산을 통해 성공을 측정하는 것을 보면 우리도 그런 기준을 사용하기 시작한다. 이런 사회적 비교는 빠르게 일어나고 종종 인식하지 못하는 상태에서도 그리 된다. 그것은 현재 우리가 가진 것에 대한 불만족을 만들어내고, 결국 우리의 가치관을 위협하는 방식으로 물질적 부를 추구하게 만든다. 자기도 모르게 다른 사람이 내린 성공의 정의를 받아들이는 것이다.

여기에는 끔찍한 대가가 따른다. 이 글을 읽다 보면 당신도 엉뚱한 곳에 초점을 맞췄다가 인생이 끔찍하게 망가져버린 사람을 한 명쯤은 떠올릴 수 있을 것이라 생각한다. 우리가 인터뷰했던 사람들은 **너무 나간** 것에 대한 후회를 많이 했다. 무리를 해서 좋은 집으로 이사를 하거나, 성공하려면 가족과의 시간을 포기하고 수시로 출장을 다녀야 하는 일을 맡는다든가 하는 것 말이다. 하지만 그런 성공은 결코 옳게 느껴지지 않을 것이다.

정체성을 위협하는 미세 스트레스는 인식하기가 가장 어렵기 때문에 그것이 갖는 미묘한 신호나 징후를 잘 파악해야 한다. 그저 약간 내적 균형을 잃게 만드는 어떤 일을 하도록 요청받는, 불편한 감정에 가장 가깝다고 할 수 있다. '저 사람이 내게 시키는 것이 마음에 들지는 않지만 사소한 일이니까 그냥 시키는 대로 하자'라든가 '딸아이의 수학 퀴즈 대회에 가지 못한 것이 조금 마음 아프지만 다음번에 꼭 가면 되지' 같은 기분 말이다.

절대로 남을 속이라든가, 불공정한 일을 하라든가, 심지어 불법적인 행동을 하라는 압력을 말하는 것이 아니다. 우리의 정체성을 위협하는 미세 스트레스는 이보다 훨씬 감지하기 어렵다. 어떻게 정당화하든 당신이 내리는 선택에 조금이라도 불편한 느낌이 든다면 그것이 바로 이 미세 스트레스다.

우리의 정체성을 위협하는 미세 스트레스

—

우리의 정체성이나 가치관에 위협이 되는 미세 스트레스를 파악하기는 쉽지 않다. 오랜 시간에 걸쳐 서서히 쌓이기 때문이다. 직장에서 업무의 일부로나 가정에서 늘어난 책임의 일부로 하나씩, 하나씩 그냥 받아들이는 경우가 많다. 하지만 그것들을 인식하고 나면 우리가 바라는 사람이 되는 데 도움이 되도록 여러 상호작용과 인간관계를 가다듬으며 이에 저항할 수 있다. 우리의 일상에 스며들어 우리의 정체성을 위협하는 미세 스트레스의 네 가지 원천을 살펴보자.

미세 스트레스 11:
개인적 가치관과의 미묘한 충돌

—

확실히 잘못되었다고 느껴지는 선택 앞에서는 선을 긋기가 쉽다. 하지만 미세 스트레스가 우리의 가치관을 위협하는 방식은 눈에 잘

띄지 않는다. 그 이유는 첫째로 이때의 상호작용은 일상적이고, 작거나 상대적으로 위험 부담이 적은 경향이 있기 때문이다. 누군가가 프로젝트를 제 시간에 끝내거나 예산 초과하지 않도록 품질이 조금 떨어지더라도 대충 끝내달라고 부탁하는 경우가 이에 해당한다. 둘째로 누가 어떻게 통제하는지 명확하지 않은 복잡한 상호작용에 의한 것이기 때문이다. 예를 들어 우리 회사와 거래하는 고객사가 환경을 훼손하거나, 불법 무기에 사용되는 부품을 생산하거나, 사회적으로 논란이 큰 CEO의 지휘 아래 있다거나 하는 경우가 있을 수 있다. 아니면 당신이 근무하는 조직의 가치관 중에 동의할 수 없는 것들이 있을 수 있다. 당신은 팀원들을 매우 아끼지만 조직은 그들의 커리어를 개발하는 데 별로 관심이 없다든가 말이다.

이런 것들은 최소한 표면적으로는 당신에게 직접적인 영향을 주지 않는다. 다만 당신의 영혼에 커다란 상처와 흔적을 남긴다. 어떤 결정에 대해 불편하게 느끼더라도 주변 사람들이 그것을 열정적으로 밀어붙여 어쩔 수 없이 따라가야 한다고 느낄 수도 있고, 뭔가 이상하다고 느끼면서도 그들의 열의 때문에 무언가를 추구하거나 그들과 같은 방식으로 상호작용해야 할 수도 있다.

이와 같은 가치관과 행동의 단절은 금융, 소프트웨어, 컨설팅처럼 기대치가 부풀려지는 경향이 있고 사람들이 협업하여 영업 활동을 하는 분야에서 자주 일어난다. 실제로 판매하는 것과 고객이 받는 것 사이에 불일치가 있어서 고객이 그것을 발견하고 불만을 표시할 때 부정적 상호작용에 대응하는 일이 막내 직원들에게 맡겨지는 것처럼 말이다.

개인적 가치관과의 충돌은 이와 같은 직접적인 영향 외에도 부
차적인 영향을 만들어내 인간관계를 통해 우리 자신에게 되돌아온
다. 일에 대한 열정이 줄어든다든가 직장에서 받은 미세 스트레스
를 가정까지 가져간다든가 하는 이런 부차적인 영향은 다른 미세
스트레스와 마찬가지다. 하지만 우리의 정체성을 위협하는 미세 스
트레스만이 가지고 있는 유일한 영향이 한 가지 있다. 바로 **갇힌 듯
한 기분**이다.

① **갇힌 듯한 기분을 느끼는 이유:** 커리어는 차곡차곡 쌓이고 있는데
정작 당사자는 오도 가도 못하고 갇힌 듯한 기분을 느낄 때 진정
한 인지 부조화가 나타난다. 우리가 하는 일이 개인적 가치관과
일치하지 않는다고 느끼긴 하지만 가족을 부양하기 위해서 견딜
가치가 있다고 여기는 경우, 회사를 그만두면 잃을 것이 너무 많
다고 생각해 머릿속에서 변명거리를 찾는 경우, 상급자로서의 위
치를 빼앗길 수도 있고 어렵게 구축한 내부 인맥이나 현재의 일
을 하며 얻은 신뢰를 잃을 수도 있기에 회사의 행동이 자신의 가
치관과 충돌한다는 사실을 애써 무시하는 경우가 이에 해당한다.
상부의 부패라든가 법적으로 문제가 되는 행위 같은 걸 말하는
게 아니다. 미세 스트레스는 그보다 훨씬 모호하다. 예를 들면
회사에서 직원들에게 적절한 정신 건강 보험 혜택을 주지 않는
다는 사실이 마음에 걸릴 수도 있고, 회사가 시간제 직원들을 존

중하지 않는다고 느낄 수도 있다. 타인의 희생을 바탕으로 당신과 당신의 가족에 혜택을 주는 일을 계속 해내가는 것은 결과적으로 지속적인 미세 스트레스를 발생시켜 삶의 만족도를 갉아먹을 수 있다.

대형 소매 체인의 지역 관리자로 근무 중인 레슬리에게 일어난 일을 보자. 그는 미국에 있는 이 회사의 오프라인 소매점 중 거의 20퍼센트를 맡고 있었다. 이런 매장들은 수천 명의 사람들에게 일자리를 제공했으며 수백만 명의 고객들에게 저렴하고 품질 좋은 제품을 판매했다. 하지만 이 회사는 공격적인 원가 절감을 우선시하는 곳이었고, 그러다 보니 때로는 레슬리가 자랑스러워하기 힘든 일들을 직원들과 공급업체를 대상으로 자행하곤 했다. 임신과 육아 관련 정책은 매우 박했고, 공급업체에는 대단히 가혹한 계약 조건을 제시했으며 어떤 이유로든 그것을 충족하지 못하면 그 대가로 계약이 종료되었다.

이런 정책에 대해 느끼던 불편함을 극복하기 위해 그는 승진을 거듭해 올라가면서 점점 더 감정을 배제하고 철저히 업무 위주로만 행동하기 시작했다. 주변 사람들에게 별로 관심을 갖고 싶지도 않았다. 일에 대한 에너지와 열정은 점차 사그라졌고 그러자 주변 사람들도 그처럼 기계적으로 변해가는 것 같았다. 그와 동료들은 해야 할 일을 마치는 데 집중했으며 그 외에는 사람들과 관계를 맺는 일이 거의 없었다.

그런데 어느 날, 남편과 함께 암스테르담 항구 위로 펼쳐지는 12

월 31일 불꽃축제를 감상하며 새해의 목표와 결심에 대해 생각하던 레슬리는 자신이 왜 그렇게 냉담한 사람이 되었는지 깨닫게 되었다. 회사에 들어가 처음으로 만났던 상사는 오래 전 이렇게 말한 적이 있었다. "우리가 하는 일은 주주들에게 투자에 대한 수익을 돌려주는 겁니다. 그게 우리가 하는 모든 일의 최종 목표예요." 그는 새해에 중점을 둘 목표에 대해 생각하다가 함께 일하는 사람들에게 관심을 갖지 못하게 된 것 때문에 삶이 대단히 허무하고 공허해졌다는 사실을 깨달았다. 그건 그가 원하던 자신의 모습이 아니었다.

"오래 전에 어머니가 하셨던 말이 자꾸만 떠올랐어요. '나중에 네가 죽은 뒤에 사람들이 어떤 추도사를 하기를 바라는지 생각해보렴. 네가 회사가 돈을 버는 데 아주 큰 도움이 되었다고 말해주길 바라니, 아니면 네가 세상을 조금 더 나은 곳으로 만들어주었다고 말해주길 바라니?'"

② **현실적인 나아갈 길:** 그러한 가치관의 단절이 자신에게 큰 영향을 주고 있음을 깨닫자 레슬리는 '인생 재활성화 계획'이라는 것을 세우기 시작했다. 유럽에서 돌아오는 비행기 안에서 그는 개인적으로 중요하게 생각하는 가치관을 쭉 적어 보았다. 그런 다음 그것을 세 그룹으로 나누었다. 회사에서 실행할 수 있는 가치관, 일터 밖에서 실행할 수 있는 가치관, 그리고 그 시점의 삶에서 불가능해 보이는 가치관이었다.

그는 무엇이 가능한지 현실적으로 생각했다. "영화 〈제리 맥과이어Jerry Maguire〉 같은 깨달음의 순간은 아니었어요." 그는 스포츠 에이전트인 주인공 톰 크루즈Tom Cruise가 양심의 가책과 함께 큰 깨달음을 얻고 수익이 주된 목표가 아닌 선언서를 작성한다는 내용의 영화를 언급하며 말했다. "하지만 제가 사는 세상을 조금 더 나은 곳으로 만들 수 있는 조그만 방법들을 찾으려고 애썼어요."

그 후 몇 달 동안 그는 현재의 관리 체계에서 대표자가 부족한 소수 그룹을 위한 멘토링 프로그램을 시작하도록 돕고, 쓰지 못하게 된 재고를 기금으로 바꾸어 지역 푸드 뱅크를 돕는 시범 프로젝트를 지지해달라고 임원진들을 설득했다. 그리고 그 지역 관리자들과 협력하여 보다 책임감 있는 제품 조달에 앞장섰다. 돈이 들지 않으면서도 무형적으로 회사에 도움이 될 수 있는 것이라며 이런 이니셔티브들을 상사에게 제안했다. 그리고 특히 그 자신에게 의미가 있는 상호작용이라고도 덧붙였다.

"그로부터 1년쯤 지나자 매일 아침 일어나면 얼른 출근이 하고 싶어졌어요. 물론 회사는 여전히 제가 개인적으로 못마땅하게 여기는 일들을 하고 있었지만 모든 것에 맞서 싸울 수는 없는 노릇이니까요. 성공할 수 있다고 여긴 부분에서 새로운 이니셔티브를 시작할 수 있었고, 그건 제 팀원들뿐만 아니라 일부 동료들에게도 활력과 영감을 주었어요." 그의 말이다.

정체성에 대해 깨달음을 얻고 하루아침에 모든 걸 극적으로 바꾸자는 말이 아니다. 그러기엔 우리 모두 많은 위험 부담을 안고 있고 우리에게 의지하고 있는 사람들도 많다. 하지만 레슬리처럼 인터뷰 대상자 중 많은 사람들이 직장과 가정 모두에서 자신의 정체성에 상당한 영향을 주는 몇 가지 작은 변화들을 만들어 낼 수 있었다. 그렇게 하고 싶다면 당신도 정체성을 위협하는 미세 스트레스가 안에서부터 우리를 갉아먹을 수 있다는 사실을 명심하고 그것을 억지로 받아들이지 않겠다는 결심을 해야만 한다.

개인적 가치관을 위협하는
미세 스트레스에 맞서기 위한 전략

—

정체성을 위협하는 요소들은 우리도 모르는 사이에 우리 삶을 파고들 수 있다. 하지만 그런 일이 벌어지고 있음을 인식하고 나면 그에 맞설 효과적인 방법을 찾아낼 수 있다.

① **개인적 우선순위를 세우고 명확히 알기:** 당신도 자신의 가치관과 완벽히 일치하지 않는 일을 하고 있을지도 모른다. 그래도 여전히 일부 요소를 자신에게 더 맞게 만들 방법을 찾을 수 있다. 다음 세 가지 질문에 대해 생각해보자.

- 앞으로 5~10년간 어떤 전문성을 업무에 적용하고 싶은가?
- 이 일을 통해 어떤 가치관을 경험하고 실천하고 싶은가?
- 이 일을 통해 어떤 정체성을 만들어 나가고 싶은가?

현재 하는 일이 자신의 생각과 완벽히 일치하지 않는다고 해서 자신에게 의미 있는 목표에 가까워질 순간을 찾거나 그런 경험을 만들어낼 수 없는 것은 아니다. 당신이 원하는 전문성을 갖춘 멘토를 찾아라. 당신과 가치관을 공유하는 동료들과 관계를 맺어라. 일터에서 추가적인 기회나 프로젝트를 찾아야 한다 하더라도 이런 경험을 얻을 개발 계획을 세워라. 업무량이 일시적으로 급증하긴 하겠지만 그것이 당신이 의미 있다고 여기는 일과 관련해 향후 기회를 가져다줄 수 있다면 장기적으로는 그럴 가치가 있을 것이다. 그리고 거기에 더욱 몰입할수록 당신의 업무상 역할이 가치관과 방향을 맞춰가기 시작할 것이다.

개인적인 삶도 마찬가지다. 아마추어 운동선수, 친구, 부양자, 사회 정의를 이루기 위해 싸우는 전사, 음악가 또는 화가 등, 자신이 중요하게 생각하고 수행하고 싶은 역할들을 적어보자. 연구를 위해 인터뷰를 하는 동안 우리가 만났던 사람들 중 가장 행복한 사람들은 자신이 개발하고자 하는 전문성과 실천하고 싶은 가치관에 대해 훨씬 더 상세하고 명확한 비전을 가지고 있었다. 반대로 이런 사안에 대해 애매모호한 태도를 유지하는 사람들은 거의 항상 자기 자신이 아닌 다른 사람들이 현 상태를 좌지우지하는 삶에 끌려가듯 살고 있었다.

② **자신의 포부에 따라 살고 있는지 평가할 절차 갖추기:** 정기적인 자기 평가에는 매주 일기 쓰기, 매월 한 번씩 배우자와 논의하기, 또는 분기별로 개인적으로나 직접적으로 중요하다고 여기는 것들 점검하기 등이 있을 수 있다.

우리가 인터뷰했던 한 사람은 매월 한 번씩 시간을 따로 마련해 배우자와 자녀들과 함께 가족으로서 가치관을 되돌아보고, 이런 가치관을 반영하는 과거의 활동들을 공유하고, 힘든 부분이 있으면 서로 이야기를 나누는 시간을 갖는다고 했다.

어떤 방식을 쓰든 진행 상황을 평가하고, 간극이 있으면 그것을 좁힐 행동 목표를 세우고, 필요에 따라 목표를 수정해라. 이상적인 방식은 삶에서 당신과 가장 상호의존적인 사람들, 즉 배우자와 자녀 등과 함께 하여 서로의 발전을 강화해줄 수 있는 시스템을 만드는 것이다.

③ **매일 가치관을 100퍼센트 지키면서 살 수 없음을 인정하기:** 조직에서 벌어지는 일에 동의할 수 없을 때가 분명 있을 것이다. 하지만 산다는 건 원래 그런 법이다. 그럴 땐 싸워서라도 지켜야 할 중요한 것이 무엇인지 판단하고, 자신의 가치관을 지지해줄 동료와 고객, 리더들과 소통하기 위해 최선을 다해라. 가치관과 단절이 일어날 때는 그러한 갈등을 해결하는 것이 자신에게 얼마나

중요한지 판단할 필요가 있다.

우리가 만난 한 관리자는 이렇게 말했다. "저는 항상 함께 해결해나가고 싶어 합니다. 제 뒤에 오는 사람들과 저와 함께 일하는 직원들에게 더 나은 환경을 만들어주기 위해 힘든 일이 있어도 받아들이고 개인적으로 희생하죠. 결국 정말로 중요한 건 다른 사람들에게 영향력을 발휘할 수 있는 능력이라고 생각하거든요."

하지만 누구나 손에 쥔 패가 정해져 있으므로 정치적 자원을 어디에 사용할지 잘 판단해야 한다. 모든 일에 나서서 싸운다면 결국 신뢰를 잃게 된다.

미세 스트레스 12:
자신감 약화

—

자신의 가치관을 명시적으로 파악하지 못했더라도 그것이 무엇인지 대략 알 수 있는 방법이 있다. 바로 우리가 자부심을 가지고 있는 부분이 무엇인지 생각해보는 것이다. 그런데 미세 스트레스는 그렇게 할 수 있는 능력을 약화시킨다. "처음 일을 시작할 땐 제가 전문적으로 하는 일에 대해 존중받게 된다는 점이 무척 기대되었어요. 그런데 이제는 제가 하는 일이 너무 고되고 버거워요. 제가 하는 일이라고는 현재 해야 하는 많은 일 중에 어떤 일을 포기할지 결정을 내리는 것뿐이에요. 훌륭한 결과를 내기 위해 노력하는 게 아니고요." 인터뷰했던 한 리더는 이렇게 말했다.

우리의 자신감을 약화시키는 미세 스트레스는 당신에게 불합리하게 높은 기대를 하는 상사처럼 한 명의 사람으로부터 나오는 것이 아니다. 지금과 같은 초연결 시대에서 그런 미세 스트레스는 보통 업무의 과한 요구에서 나온다.

우리의 자신감은 사소한 일로도 흔들릴 수 있다. 역할 설계나 성과 관리 시스템으로 인해 성공하기가 거의 불가능한 것처럼 보일 때, 어떤 의사결정이든 관여해야 하는 사람의 수가 어마어마해서 무엇 하나 진행시키기가 힘든, 누구든 과도하게 포함시키는 문화 속에 있을 때 그럴 수 있다. 나의 관심을 필요로 하는 일이 너무 많아서 자신에게 가장 최선이거나 가장 맞는 일을 추구하기를 포기하고 그저 닥친 일만 헤쳐 나가는 데 급급해질 때도 마찬가지다.

당신은 스스로가 성실하고 혁신적인 팀 플레이어라든가 좋은 리더라고 믿고 있지만 당신의 성과는 그런 특성을 반영하지 못할 때가 있다. 그러면 당신 자신이 그런 단절을 만들어낸 것이 아님에도 불구하고 스스로 실패작처럼 느껴질 수밖에 없다.

또한 자신감이나 통제력이 주기적으로 약화될 때 그에 따르는 부정적인 영향도 있다. 실수를 피하는 데만 집중하다 보면 오히려 역효과를 낳는 방식으로 일을 하기 시작하는 것이다. 다음은 자신감이 망가졌을 때 흔히 발생할 수 있는 부차적인 영향 두 가지다.

① **방어적으로 일한다:** 직장에서 업무 능력이 위협받는다고 느끼면 전보다 수동적인 자세를 취하며 최선의 업무 결과를 내는 대신 비판을 사전에 차단하려는 시도를 하게 된다. 최고의 아이디어나 올바른 행동 방향에 중점을 두지 않고 문제를 피하는 데에만 집중하는 것이다. 동료나 관리자들이 당신을 잠재력이 높거나 창의적인 직원으로 보지 않게 되면서 이러한 방어적 접근법은 역효과를 낳는다.

② **피해의식이 강해진다:** 직장에서 원하는 모습에 미치지 못하고 있다고 느끼면 나도 모르게 남 탓을 하게 된다. 동료들이 나의 가치를 알아봐주지 않고 불공평하게 대하여 스스로가 피해자가 되었다고 생각하기 때문이다.

가족이나 친구들에게 직장에서 겪었던 미세 스트레스와 여러 모욕, 무시 등을 털어놓으면 그들은 우리를 위로하려 한다. 하지만 그들은 우리가 하는 말만으로 상황을 판단하기 때문에(솔직해지자. 최대한의 위로와 동정을 받을 수 있는 방식으로 상황을 설명하는 경우가 많지 않은가!) 결국 우리를 사랑하는 사람들은 "네 상사가 정말 너무했네!"라고 말하며 우리의 피해의식을 더욱 키우고 만다.

위로의 말을 들으면 그 순간에는 기분이 나아지는 것 같더라도 그런 식으로 나의 생각이 확인을 받으면 피해의식은 점점 커져 결국 '펑!' 하고 터져 버릴 수밖에 없다. 따라서 공감과 위로로 시작된 것이 결국에는 개선하려는 노력이 아닌 폭발의 방아쇠로 전락하고 만다.

* * *

대형 통신사의 인사팀 직원 알리의 이야기를 들어보자. 그는 중요 프로젝트를 관리하는 새로운 역할로 승진하게 되어 무척 기뻐하고 있었다. 하지만 이 일에 최선을 다하려고 애쓰는 동안 그의 자신감이 조금씩 상사에게 짓밟히고 말았다. 알리의 상사는 미묘하게 그의 일을 방해하는 것만 같았다. 예를 들어 알리가 새 공석을 채우기 위해 몇 주씩 공들여 외부 인재를 찾고 있었는데 그의 상사가 인재 탐색을 중단하고 내부 후보자를 대신 채용해보면 어떻겠냐는 말을 그 팀에 직접 하는 식이었다. 알리는 모든 것이 확정된 뒤에야 소식을 전해 들었고, 그 소식을 전해준 건 다름 아닌 채용을 의뢰하고 알리와 협업 중이던 그 팀의 담당자였다.

'내 상사가 나를 전혀 신뢰하지 않는다고 생각하겠지. 진행 상황도 모르는 날 바보라고 생각할 거야. 난 그 공석이 이미 채워진 것도 모르고 외부 후보자를 열심히 설득하고 있었으니, 내가 얼마나 한심해 보였을까?' 알리는 생각했다.

그런 일을 서너 차례 더 겪자 알리는 중요한 프로젝트를 밀고 나갈 열정이 점점 사그라지는 것을 느꼈다. 그런 일이야말로 자신이 잘하는 것이라고 생각했는데 말이다. '어차피 무시당하고 버려질 결과를 위해 왜 죽도록 노력해야 해?' 그는 생각했다. 그러고는 자기 자신의 결정마저 의심을 품기 시작했다. 자신의 판단력에 따라 의견을 제시하지 않고 상사라면 어떻게 할까 생각해보려 애썼다.

결국 알리는 회사를 떠나기로 결심하고 다른 일자리를 찾았다. 그 과정에서 10년 전에 자신의 상사였던 옛 지인에게 구직 과정에서 추천인이 되어주겠느냐고 물었다. "물론이죠. 그런데 지금 아주 좋은 자리에 있으면서 왜 그만두려고 하는 거예요?" 그가 물었다. 알리는 지금 상사가 자꾸만 일을 방해하고 있다고 설명하며 그 동안 겪었던 마음고생을 그에게 털어놓았다. 마침 그 상사는 이 옛 지인도 아는 사람이었다. "내가 그 사람에게 전화해서 어떤 상황인지 물어봐도 괜찮겠어요?" 그가 물었다. 어차피 이제 잃을 것도 없다는 생각에 알리는 동의했다. 단, 알리가 회사를 나갈 생각을 하고 있다는 사실만큼은 언급하지 말아달라는 조건을 달았다.

일주일 뒤, 알리는 상사가 자신을 완전히 오해하고 있었다는 것을 알게 되었다. 알리의 조용하고 나서지 않는 성격 때문에 상사는 알리를 좋아하긴 했지만 맡은 업무를 능숙히 처리해낼 수 있는 사람인지는 자신하지 못하고 있었다. 그래서 자신의 경험을 제공하며 고객들을 상대할 때 가끔 개입하는 것이 그에게 도움을 주는 것이라고 생각했다. 알리는 상사의 개입에 의욕을 잃었는데 정작 상사는 자신이 그를 돕고 지지하고 있었다고 생각한 것이다.

아마도 진실은 그 양극단의 중간 어딘가에 있었겠지만, 두 사람의 오해를 중재하는 누군가가 없었다면 알리와 그의 상사는 무슨 일이 벌어지고 있는지 절대 깨닫지 못했을 것이다. 그리고 알리는 상사가 자신이 성공하도록 돕고 있다고 생각하는 것도 모른 채 결국 회사를 그만두었을 것이다.

상사의 생각을 조금이나마 알게 된 알리는 용기를 내 이전과 다른 방식으로 업무에 접근하기 시작했다. 그는 이제 자신이 생각한 선택지를 제시하기 전에 현 상황에 대한 모든 사실을 검토하며 상사와 대화를 시작한다. 또한 사소한 것 하나하나 지시하는 사람이 아닌 일종의 자원으로 상사를 대한다. 상사의 의견을 조기에 확보한 덕분에 알리는 옳은 방향으로 일을 진행할 수 있었고, 자신이 업무를 잘 통제하고 있으며 믿을 수 있는 사람이라는 사실을 상사에게 납득시켰다. 그것은 아주 미묘하지만 효과적인 변화였다. 그리고 알리를 성공으로 이끄는 데 큰 도움이 된 변화였다.

알리가 회사를 그만두려 결심했던 날로부터 1년 뒤, 그의 상사는 모든 일을 확인받을 필요가 없다며 점점 더 알리에게 의사결정 전권을 주기 시작했다. 중요한 일에는 여전히 함께 일하지만 일이 터진 뒤 감시 감독하는 관계가 아닌, 알리가 아직 갖추지 못한 기술을 키워주는 멘토 관계를 확립시킬 수 있었다.

우리의 자신감을 약화시키는
미세 스트레스에 맞서는 전략
—

우리 주변 사람들은 종종 자기도 모른 채 사소한 순간에 우리의 자신감을 흔들어 놓을 수 있다. 이렇게 조금씩 자신감에 금이 가는 것을 그냥 두었다가는 우리의 하루, 일주일은 물론 더 긴 기간 동안 큰 지장을 받게 된다. 하지만 큰 충격을 주는 이런 미세 스트레스의 순간들을 다음과 같은 방법으로 막을 수 있다.

① **그 사람과 직접적으로 소통하며 정면으로 문제에 접근하기:** 누군가가 당신의 자신감을 갉아먹는 미세 스트레스의 원천이라면 그 사람의 주요 목표와 애로점이 무엇인지 이해하려 노력해보자. 상황을 그의 시각에서 바라봐라. 그런 다음 그에게 중요한 분야 한두 가지를 돕기 위해 최선을 다해라. 당신의 도움이 유용할수록 그의 공격적인 성향도 누그러질 것이고, 이것은 그전에 아무리 사실과 수치, 논리를 동원해 싸웠어도 얻을 수 없었던 성과일 것이다. 시간이 지나고 이 사람이 당신을 적극적인 지지자이자 문제 해결자로 바라보면서 당신을 대하는 주변의 분위기도 달라질 것이다.

② **인맥을 통해 간접적으로 문제에 접근하기:** 당신이 신뢰하는 지인이 당신에게 미세 스트레스를 주는 사람에게 영향력을 발휘할 수

있다면, 이 지인이 객관적이고 우호적인 방식으로 그 사람에게 이 문제를 지적해줄 용의가 있는지 알아보자. 문제를 비공개적으로 다루면 상대방이 덜 방어적인 태도를 보일 테고, 중립적인 제3자로부터 문제에 대한 이야기를 들으면 자신의 행동을 돌아보는 계기가 될 수도 있다.

③ **대화에 구조를 더해 생산적으로 유지하기:** 회의 시간에 기본 규칙을 따르자고 제안해 중요한 사안을 개인적 성향의 충돌과 분리하도록 하자. 사실에 초점을 맞추고, 여러 개의 대안을 비교하고, 공통의 목표를 파악하며, 유머를 사용하고, 권력 구조에 균형을 맞추며, 합의를 구하되 상급자의 의견을 존중한다.

이런 규칙을 정할 위치에 있지 않다면 사람들이 언제 지나치게 비판적으로 행동하는지 파악하고 개인적 비판과 어떤 아이디어에 대한 우려를 구분하도록 도와줄 진행자를 참여시키는 것도 좋다.

미세 스트레스 13:
가족이나 친구와의 부정적인 상호작용
—

출근 준비로 바쁜 와중에 배우자에게 짜증을 내고 직장에 와서도 내내 기분이 좋지 않았던 경험이 있는가? 이러한 사소한 충돌은 하루 전체를 망칠 수 있다. 아니면 일하는 도중에 아이에게 받은 한 통의 문자 메시지 때문에 걱정하느라 몇 시간씩 일이 손에 안 잡힐 수도 있다.

한창 업무 중인데 아이로부터 "선생님이 역사 작문 숙제를 도와주지 않을 거래요. 근데 내일까지 내야 해요"와 같은 메시지가 왔다고 치자. '아이가 선생님의 기대 수준에 못 미치나? 공부를 게을리하나? 선생님이 우리 아이를 미워하는 건가? 아이가 학업이 부진한가?' 걱정이 멈출 새가 없다. 하지만 실제로는 문자 메시지 보내기 좋아하는 아이가 그저 별 생각 없이 스트레스를 해소하고 있는 중인지도 모른다.

몇 시간씩 초조하게 걱정하다 긴 하루를 마치고 퇴근하여 아이와 얼굴을 마주했을 즈음에 아이는 이미 당신에게 무슨 메시지를 보냈었는지 기억조차 못 할지도 모른다. 당신은 하루 종일 일을 하는 둥, 마는 둥 하며 무엇이 잘못된 건지 걱정하고, 최악의 시나리오를 상상하다가 집에 돌아와서는 아무 문제도 없다는 걸 확인한 셈이다.

사랑하는 이들의 문제를 같이 걱정하면서 개입하고 중재하다 보면(가족 간일 수도 있고 아이의 선생님일 수도 있다.) 갑자기 그들의 미세 스트레스가 우리의 것이 된다. 그리고 좋은 부모, 좋은 배우자, 좋은 형제자매, 좋은 자녀, 좋은 친구 등등에 대한 비현실적인 사회적 문화적 기대로 인해 많은 사람들이 이런 상황에서 자신의 대처 능력이 부족한 건 아닌지 끊임없는 죄책감에 시달린다.

많은 이들에게 있어 친구와 가족은 미세 스트레스의 인식되지 않은 가장 중요한 원천이다. 인연을 끊을 정도로 끔찍한 가족과의 관계라든가 노골적이고 명백한 싸움 이후 절교한 친구를 이야기하는 것이 아니다. 우리가 가장 사랑하는 사람들과의 사소하고 일상적인 상호작용, 그것이 끝나고 난 뒤에도 오랫동안 힘이 빠지게 만드는 상호작용을 말하는 것이다.

명절을 맞아 집에 초대한 형제자매와의 불만 가득한 대화, 동의할 수 없는 새로운 정치적 시각을 가진 오랜 친구와의 날 선 대화, 삶에서 내린 작은 선택을 인정해 주지 않는 부모님이 지나치듯 건넨 말 때문에 받은 상처 등 가족과 친구로부터 오는 미세 스트레스는 특별한 형태의 스트레스가 된다. 복잡한 우정이나 가족 간 역학에 오랜 관계가 얽혀 있기 때문이다. 이 사람들을 사랑하거나 최소한 그들과 오랜 역사를 공유하기 때문에 이런 관계에서 느끼는 미세 스트레스에 대한 우리의 감정적 반응은 더욱 크게 확대된다. 이런 사람들의 상호작용이 나쁘게 끝나면 쉽사리 떨쳐버릴 수가 없다.

그런데 이것은 시작일 뿐이다. 가족과 친구간의 힘든 상호작용으로 인해 만들어진 미세 스트레스는 다양한 방식으로 오랜 시간에 걸쳐 더욱 복합적으로 변한다. 주변 사람들과 미세 스트레스를 주고받을 때 우리에게는 어떤 일이 일어날까?

① **눈덩이처럼 커지는 분란**: 가족 간의 부정적인 상호작용은 더 넓은 범위로도 퍼질 수 있다.

프랭크 삼촌과 정치적 의견 차이로 다툼을 벌인 적이 있다고 치자. 그러면 다른 친척들이 두 사람을 한 자리에 초대하는 것이 불편해져서 당신을 더 이상 초대하지 않을 수 있다. 저녁식사 자리에서 형제자매에 대한 불만을 잠시 투덜거렸다면 당신의 자녀들이 가족 사이에 불화가 발생하는 기미를 눈치 채고 한때 사랑했던 이모나 삼촌으로부터 거리를 두기 시작할 수 있다.

부정적인 상호작용에 대한 이야기는 하나의 생명체처럼 자라나 사람들 입에 오르내리기 시작하고, 그러면 그 사람들이 우리를 못마땅하게 생각하기 시작하면서 다시 이것이 더 많은 스트레스를 가져올 수 있다. 결국 당신은 의도치 않게 만들어낸 파급효과를 관리해야겠다고 생각하게 되고 이것은 또 다른 미세 스트레스를 발생시킨다.

② **직장에까지 영향을 미치는 가정의 문제:** 직장에서 얻은 스트레스가 퇴근 후까지 이어지는 것과 마찬가지로 개인적 삶에서 생겨난 스트레스는 때로 직장으로 이어져 시간을 잡아먹고, 업무 습관을 방해하고, 중요한 우선순위에서 집중력을 잃게 만들 수 있다. 집에서 생긴 문제를 처리하기 위해 급히 퇴근을 해야 할 수 있다. 그날 일을 대충 처리하면서도 해야 할 일을 제대로 하지 않는다고 동료들이 욕할까 봐 걱정을 한다. 아니면 회의 시작 전에 잠깐 인사나 나누려던 동료를 붙잡고 가족 문제를 털어놓으며 시간을 낭비하기도 한다. 그러면 이런 일들이 악순환으로 계속

되어 직장에서 생산성이 떨어지게 되고 그로 인해 생겨난 또 다른 스트레스는 다시 가정에 영향을 줄 것이다.

③ **가정에서 실패했다는 기분:** 어떤 점에서 이것은 우리의 정체성을 위협하는 가장 위험한 미세 스트레스다. 가정에서 각자 행하는 역할에 대한 기대치가 비현실적으로 높게 설정되어 있다는 것을 머릿속으로는 잘 알고 있으면서도 우리가 가장 사랑하는 사람에게 부족한 것은 아닌지 여전히 걱정한다. 마음속에서 우리는 사랑하는 이들에게 충분히 좋은 배우자나 파트너, 형제자매, 자식이 되지 못하는 것이다. 이미 많은 일을 하고 있더라도 절대 충분하지 못할 것이라는 생각에서 나오는 죄책감은 우리의 미세 스트레스를 더욱 악화시킨다.

가족, 친구와의 부정적인
상호작용에 맞서기 위한 전략

—

우리 삶에서 가장 중요한 인간관계는 동시에 스트레스를 가장 많이 주기도 한다. 그러므로 다음과 같은 기본 전략을 바로 실행해보자.

① **우리 가정의 우선순위, 인생 목표, 시간과 돈을 투입할 대상에 대해 의견 일치시키기:** 가족은 가장 중요한 인간관계이므로 해결은 그들

로부터 시작하는 것이 옳다. 정기적으로 대화를 나누고, 서로 양보하고, 우리 모두에게 어떤 결과물이 중요하고 무엇을 희생할 수 있는지 명확히 정해둔다.

우리와 인터뷰했던 한 사람은 아내와 분기별로 목표 일치를 위한 대화를 나누며 우선순위를 정하고, 각자의 시간과 에너지를 사용하는 방식에 대해 의견을 나눈다. 또 다른 부부는 매달 한 번씩 데이트 날을 정해 가볍고 재미있는 분위기의 성적표를 작성해 공유한다고 한다. 친절하게 피드백을 작성하지만 개선할 부분에 대해 좋은 대화를 나누기에는 충분했다고 한다.

아이들도 비슷한 대화에 참여시켜서 가족의 일원임을 느끼게 해라. 아이들에게 부모로서 당신이 얼마나 잘하고 있는지 물어라! 진지한 대화일 필요는 없고 간단한 점검 정도여도 충분하다.

문제를 제대로 파악하지 못하면 대처할 수 없다. 이렇게 정기적으로 대비하면 부정적인 문제가 번지는 것을 예방할 수 있다.

② **문제 해결을 위해 솔직하고 전진적인 대화 나누기:** 우리가 인터뷰했던 사람 중 몇몇은 미세 스트레스를 최소화하기 위해 다른 사람들과의 상호작용에서 작은 변화를 일으키는 모습을 보였다. 세계적인 소프트웨어 회사에서 부서장으로 근무하는 밀라가 여동생과 함께 나이 많은 부모님을 돌보며 점점 커지는 스트레스에 어떻게 대처했는지 알아보자.

일을 하다가도 아버지의 병원 예약을 해야 한다는 동생의 전화를 한 통 받으면 그는 그날 하루 업무에 큰 영향을 받았다. "제가 너무했죠. 전화를 받자마자 드는 생각은 '내가 또 월차를 내야 하나?'였어요. 자연히 동생한테 말이 곱게 나갈 리 없었어요." 밀라는 풀타임으로 근무했기에 동생이 직접적으로 부모님을 돌보는 책임을 더 많이 부담하고 있었고, 밀라는 그 점에서 죄책감을 느꼈다. 동생과 대놓고 싸운 적은 없었지만 부모님을 위해 할 일이 새로 생기기만 하면 어쩔 수 없이 서로 간에 껄끄러운 마음이 커졌다. "어떤 결정이 내려지든 결국 전 자책을 하게 되었어요." 밀라가 말했다.

다행히 급히 월차를 내는 일은 없었다. 밀라는 상황을 되돌아보고, 부모님을 모시는 데 점점 더 시간과 노력이 많이 들어가는 현재의 상황에 대처할 계획을 미리 세우기는커녕 그와 동생 모두 일이 터질 때마다 반응하기 급급하다는 사실을 깨달았다. 그래서 그는 동생에게 함께 식사하며 앞으로 어떻게 해나가면 좋을지 이야기를 나누자고 제안했다.

두 사람은 부모님뿐만 아니라 각자의 가족에게 어떤 점에서 스스로가 부족하다고 느끼고 있는지 서로에게 털어놓았다. "동생이 그렇게 느끼고 있는 줄은 몰랐어요. 그냥 저에게만 실망하고 있을 거라고 생각했거든요. 솔직한 대화를 나누니 정말 큰 도움이 되었어요." 또한 두 사람 모두 정기적으로 부모님을 돕기 위해 나서고 있지만 한 번도 그런 적 없는 오빠에 대한 불만을 처음으로 내보였다. 그는 컨설팅 회사의 본부장으로 일이 바빴고

두 자매는 그런 오빠에게 한 번도 도움을 청할 생각을 하지 않았었다. 가족에게 보살핌이 필요하면 당연히 여자가 나서야 한다는 고정관념에 스스로 빠진 것 같은 기분이 들었다.

밀라와 동생은 2주에 한 번씩 정기적인 대화를 나누며 앞으로 예정되어 있는 일들에 어떻게 대처할지 정하기 시작했다. 누구 한 사람이 다른 한 사람보다 일을 더 많이, 혹은 더 적게 한다고 은밀히 비난하는 대신 계획을 세우는 데만 대화를 집중했다. 그리고 오빠에게는 주말처럼 일이 바쁘지 않을 때 필요한 일을 도우라고 말했다. 놀랍게도 오빠는 기꺼이 나서주었다. 부모님을 돌보는 데 있어 여동생 둘이 그에게 의견을 묻지 않고 처리하는 것 때문에 조금 소외감을 느끼고 있었던 그는 마침내 대화에 함께할 수 있게 된 것을 기뻐했다.

한 사람이 혼자 이 상황에 무기한으로 대처하는 것은 불가능하다는 데 세 사람 모두 동의했다. 그들은 부모님이 사시는 곳에 노인 돌봄을 위한 프로그램 등이 있는지 오빠에게 알아봐달라고 부탁하기도 했다. 이로써 밀라는 한 걸음 뒤로 물러나 자신과 동생이 빠져 있었던 부정적인 패턴을 다시 살펴봄으로써 서로에게 화를 내는 일 없이 부모님을 돌보는 일을 언제 어떻게 같이 할지 재확립할 수 있었다.

③ **부정적인 사람에게 대처하는 방법 바꾸기:** 삶에서 중요한 각각의 사람들과 어떤 식으로 상호작용하고 있는지, 어떻게 하면 각각의

관계에 변화를 줄 수 있을지 생각해본다. 특정한 행동을 바꾸려 애쓸 수도 있고, 답변을 늦추거나 명절에만 만나는 식으로 특정 사람과 거리를 둘 수도 있다. 아니면 늘 부정적이고 파괴적이기만 한 관계가 있다면 용기를 내서 완전히 단절할 수도 있다.

당신의 삶에도 이런 누군가가 있을 것이다. 모든 일에 불평불만만 늘어놓는 친척이 있을 수도 있다. 이런 사람과는 잠깐 대화를 나누기만 해도 힘이 빠진다. 당장 그 사람과의 관계를 끊을 필요는 없지만 접촉을 줄일 수는 있다. 그 집을 방문했을 때는 직접 이야기하는 시간을 줄이고(명절에 다 같이 모인 식사 자리에서 그 사람 옆에 앉지 말자), 만날 일이 있을 때에는 다른 사람들도 함께하는 환경을 조성해 그들의 부정적 영향이 많은 사람에 의해 희석될 수 있게 한다.

이런 노력으로도 그 사람으로부터 나오는 미세 스트레스를 없앨 수 없다면 그때 가서 더 큰 변화를 생각해보자. 누군가를 완전히 단절시키는 것은 좋은 친구나 가족이 되어주어야 한다는 사회의 암묵적 의무에 반하는 행동이긴 하지만 우리와 인터뷰한 많은 사람들이 때로는 그렇게 하는 게 가장 좋은 해결책이라고 말한 바 있다.

④ **내 힘으로 어찌할 수 없는 일도 있다는 사실 받아들이기**: 기꺼이 할 수 있는 일에 한도를 두고 나머지는 무시하자. 비슷한 처지에 있는 사람들과 이야기를 나누며 어느 정도가 합리적이고 어느 정도

가 그렇지 않은지 파악한다. 이런 대화를 해보면 나뿐만 아니라 누구든 힘들다고 여기는 상황이 있고, 이런 처지에 있는 것이 나 혼자가 아님을 깨닫고 위안을 얻을 수 있다.

우리와 인터뷰했던 한 사람은 발달 장애를 겪는 아들을 학교에서 내보내려 했던 고위 교직원들과의 갈등으로 인해 상당한 스트레스를 겪었다고 했다. 아이를 지키기 위해 긴 싸움을 하던 그는 비슷한 문제를 지닌 아이를 둔 부모를 위한 협력 단체에 가입했고, 아이를 자퇴시킨다면 앞으로 모든 교육이 온전히 자신의 책임이 될 것임을 알았다. 그래서 그는 다른 부모들의 조언에 따라 자퇴를 거부했고, 학교 이사회에 진정을 넣어 아이에게 필요한 지원을 해줄 수 있는 다른 학교로 전학시킬 수 있었다고 한다.

미세 스트레스 14:
인간관계를 맺는 데 방해나 지장을 받는 것

—

우리의 성공과 실패, 회복탄력성은 거의 항상 그 당시에 함께하는 사람에게 영향을 받는다. 그들은 우리가 생각하는 우리 자신의 모습에서 필수적인 부분이 된다. 직장에서 아주 힘든 시기였더라도 함께 어려움을 이겨냈다는 생각에 동료들을 향한 깊은 동지애와 존경심을 느꼈다면 나중에 그 시절을 돌아보며 흐뭇한 마음이 들 수 있다. 아니면 인생의 힘든 시기에 용기를 잃지 않도록 개인적으로 누군가에게 의지할 수도 있다.

'이 세상에서 나라는 존재는 어떤 사람인가' 하는 우리의 생각은 우리가 상호작용하는 사람과 집단에 의해 크게 좌우된다. 그래서 이런 사람들과의 관계에 문제가 생기면 설사 우리에게 아무 잘못이 없더라도 크게 심적인 충격을 받게 된다.

많은 이들이 업무적으로 만난 사람들과 진정한 우정을 쌓는 다. 이런 경우 가까운 동료나 멋진 상사가 퇴사를 하면 어찌할 바를 모르게 될 수 있다. 하룻밤 사이에 우리 자신과 비슷한 사람, 업무를 도와주었을 뿐만 아니라 일터에서 받는 미세 스트레스를 견디도록 도와준 사람을 잃어버렸으니 당연하다.

이제 이전에는 겪어보지 못한 다른 사람들과 협력하기 위한 새로운 방법을 찾아야 한다. 다른 사람들과의 관계에서 나의 위치를 재조정해야 하고 신뢰를 다시 쌓아야 한다. 이전에는 하나도 걱정할 필요가 없었던 일이었는데 말이다.

만약 새로운 역할을 맡아 일을 시작해야 한다면 마치 다른 학교에서 전학 온 아이 같은 신세가 된다. 일이 어떻게 돌아가는지, 중요한 관련 인물이 누구인지, 정치적으로 어떤 상황인지 다시 배워야 한다. 여기에 우리의 동지가 되어주고, 상황을 이해하도록 도와주고, 우리의 노력을 지지해주고, 나와 같은 것에 관심을 가졌던 사람들을 잃었기 때문에 더 큰 스트레스를 겪게 된다. 일상에서 미세 스트레스의 공격에 맞서 균형을 잡아주었던 이런 사람들이 없어졌기에 주변의 스트레스로부터 덜 보호되는 듯한 기분이 든다.

그에 따라 아래와 같은 다른 스트레스도 연이어 발생하기 쉽다.

① **가정으로의 파급 효과:** 회사 일 때문에 이사를 해본 적이 있는 사람이라면 자녀들을 이미 익숙한 환경에서 빼내어 완전히 새로운 환경에 적응하게 만드는 것이 얼마나 힘든 일인지 잘 알 것이다. 그런 이사는 두말 할 필요 없이 엄청난 스트레스다. 그리고 거기에는 눈에 보이지 않는 미세 스트레스가 겹겹이 싸여 있기도 하다.

아이들은 새로 이사 온 동네의 규범을 익히고, 혼자서 그 동네 아이들이 즐겨 찾는 곳에 들어갈 용기를 내야 하며, 낯선 댄스 교실에 적응해야 한다. 가족 모두가 이전에 다니던 병원 및 의사와 쌓았던 관계를 모두 잊고 새로운 병원을 찾아 처음부터 관계를 다져 나가야 한다. 사랑하는 가족들의 인맥이 변화하며 느끼는 이런 미세 스트레스는 다시 부메랑처럼 돌아와 나에게 영향을 주고, 나의 미세 스트레스 역시 그들에게 영향을 준다.

② **관계 재구축의 어려움:** 삶에서 작은 변화만 일어나도 동지와 조언자, 지지자 같은 인맥을 다시 구축해야 하는 경우가 있다. 예를 들어 회사에서 부서 이동이 있었다고 치자. 새로 들어간 부서에는 이전과 다른 리듬과 규범이 있다. 이제는 회사 내 서로 다른 부서에 있는 친구들과 금요일 점심식사를 같이 할 수 없을지도

모른다. 새로운 환경을 파악하는 데는 시간과 노력이 필요하고 그러다 보면 주요 업무를 할 시간을 빼앗길 수 있다. 이전과는 달리 목요일 오후에 기타 레슨을 받기 위해 조금 일찍 퇴근할 수 없게 될 수도 있다. 어떤 일을 배우기 힘들다면 누구에게 도움을 청할 수 있을지도 알아내야 한다. 이런 식으로 관계를 다시 쌓는 동안에는 자신의 업무를 잘하기 위해 두 배로 열심히 일해야 한다는 스트레스도 받게 된다.

③ **약해지는 인간관계:** 직장과 개인 생활이 힘들수록 일상의 미세 스트레스에 강력한 해독제가 되어주는 사람들과의 관계를 지속할 능력도 떨어진다. 그러려던 건 아닌데도 시간이 지날수록 이런 인간관계가 서서히 약화된다. 업무에 집중하느라 한때 즐겨 참여했던 운동 그룹에서 멀어지고, 종교 단체에도 나가지 않게 되고, 사회적 유대를 잃게 된다. 그런데 비업무적인 이런 인간관계가 균형을 잡아주지 못하면 일상의 미세 스트레스를 더욱 심하게 경험하게 되고 적절히 대처하지 못하게 된다.

* * *

변화가 긍정적이라고 해서 반드시 쉬운 것도 아니다. 한 대기업의 리더인 칼튼은 다니던 회사가 글로벌 대기업에 인수된 뒤 의도치 않게 잠시 방황했던 이야기를 들려주었다.

회사의 인수는 여러 가지 긍정적인 변화를 불러왔다. 서류상으로는 여전히 몇 명의 팀원을 둔 중간 직급의 관리자로서 이전과 달라진 것이 없었지만, 새로운 동료들의 수준에 맞춰 연봉이 올랐다. 업무는 전과 크게 다르지 않았다. 그런데 칼튼은 마치 밑바닥부터 다시 시작하는 기분이 들었다. 인수합병된 새 조직에 대해 파악하고, 누구와 협력해야 하는지, 지뢰밭은 어디인지, 기회는 어디에 있는지 알아내야 했다. 모두가 친절했지만 이미 몇 년씩 함께 일해 온 다른 동료들과 달리 자신은 소외된 기분이었다.

재무팀에서 근무하며 경비 보고서를 조금 늦게 내더라도 항상 봐주었던 그의 친구 스콧은 새 조직의 다른 역할로 인사 이동 되었다. 이러한 새 조직 구조 속에서 칼튼은 글로벌 대기업에서 온 베테랑 관리자를 상사로 모시게 되었다. 이 상사는 업무적으로 필요한 것 외에는 칼튼을 개인적으로 알기 위해 노력하는 것 같지 않았다. "이전 상사였던 수전은 제가 업무로 힘들어할 때 긴장을 풀어주고 심적으로 큰 도움이 되었어요. 그런데 인수 합병 이후 회사를 떠났죠. 새 상사에게는 제 기분을 알리기가 겁이 나요. 제가 이 일을 맡을 자격이 없다고 생각할까 봐요." 그는 새 동료들도 이런 그의 불안을 느끼고 그가 자신감이 부족한 사람이라고 생각할까 걱정했다.

그런데 다행히도 새 일을 맡고 1년쯤 되었을 때 다른 사무실의 새 동료와 이야기할 기회가 생겼다. 그가 속한 시설의 물류를 담당하던 그 사람과 함께 일상적인 업무 이야기를 하고 있었는데 이 동료가 지나가는 말로 사소한 공급망 문제를 언급했다.

칼튼의 귀가 쫑긋 섰다. 그건 그가 예전에 해결했던 문제와 아주 비슷하게 보였다. 몇 가지 질문을 더 던지고 자신이 제대로 이해한 것이 맞는지 확인한 뒤 칼튼은 문제 해결을 도와주겠다고 말했다. 무엇보다도 이것은 이전까지 나누었던 순전히 업무적인 이야기와는 완전히 다른 방식으로 이 동료와 친해질 수 있는 기회였다. 그로부터 두 달도 안 되어 칼튼은 이 문제가 사실상 사라지게 만들었다. 그리고 든든한 동지도 얻었다.

칼튼은 자신의 경험을 이용해 새 동료를 도와주는 것이 인간관계를 다지는 데 아주 강력한 힘을 발휘한다는 사실을 깨달았다. 그래서 그는 표면적으로는 공동의 사안을 논의하는 것처럼 접근해 회사의 다른 부서에 있는 동료들과 대화를 나누어 보자는 원칙을 세웠다. 그리고 이런 대화를 나눌 때에는 반드시 그들에게 질문을 던졌다. "안녕하세요. 모회사에서 일이 어떻게 돌아가는지 아직 파악 중이에요. 당신이 해결하고자 애쓰고 있는데 어려움이 있는 문제가 혹시 있다면 알려주시겠어요?"

대화가 결실로 이어지지 않는 경우도 많았고, 칼튼이 도울 수 없는 문제인 경우도 있었지만 어떤 일들은 칼튼이 도울 수 있는 좋은 위치에 있기도 했다. 그런 기회가 보이면 그는 이 문제 해결을 위해 함께 애썼다. 그리고 문제를 찾을 수 없는 경우에는 잠시 주제에서 벗어나 개인적인 대화를 나누기도 했다. 심지어 "이번 주말에 뭐 하세요?" 라든가 "재미있는 여행 계획 같은 거 없나요?" 같은 질문을 하는 것만으로도 종종 공통의 관심사가 드러나곤 했다. 그 과정에서 그는 와인 애호가 친구 한 명과, 그와 비슷하게 골프를 좋아하는 사람, 그리고 함께 자전거를 탈 친구를 찾았다.

인수합병 2년 후, 칼튼의 인맥에는 다양한 친구와 동지가 늘어났고 그중 몇몇 고위 리더는 그가 이 회사에서 자리를 잡도록 큰 도움을 주었다.

Coaching Break 6

내가 중요하게 여기는 것이 무엇인지 이해하기

나 자신이 누구인지, 무엇을 중요하게 여기는지 명확한 이해가 부족하면 정체성을 향한 위협에 맞설 수 없다. 다음은 그것을 확실히 파악하기 위한 단계별 방법이다.

① **1단계. 자신의 핵심 가치관을 규명한다:** 1열에는 자신의 핵심 가치관을 적고 나머지 네 개 열에는 그런 가치관에 위협이 되는 미세 스트레스를 적어본다.(표 4-1에는 한 고성과자가 기록한 것이 나와 있다)

첫 번째 열에는 직업적 가치관 세 가지와 개인적 가치관 세 가지를 적는다. 구체적으로 써야 한다. 일적인 부분에는 멘토링, 창의성, 지속 가능성, 사회적 정의, 사업 성장, 돈 많이 벌기, 동료들과 함께 바람직한 미래를 공동 창조하기, 고객에게 긍정적이거나 삶을 바꾸는 영향력을 발휘하기 등이 들어갈 수 있다.

개인적 부분에는 공동체 참여, 불우한 이웃 돕기, 가족과 많은 시간 보내기, 좋은 친구가 되기 등이 포함될 수 있다. 행복하고 성공적이었던 시기를 떠올려 보고, 당신의 핵심 가치관과 주위 사람들과의 긍정적인 상호 작용이 행복에 어떤 영향을 미쳤는지 생각해본다.

② **2단계. 핵심 가치관에서 멀어지게 만드는 요인을 규명한다**: 당신을 핵심 가치관에서 멀어지게 만드는 미세 스트레스를 파악한다. 그런 사람이 되지 못하게 하는 부정적인 상호작용을 꼼꼼히 적는다. 부정적인 상호작용은 긍정적인 것보다 항상 삶의 만족도에 더 큰 영향을 미친다는 점을 명심하자.

③ **3단계. 부정적인 상호작용을 바꿀 계획을 세운다**: 작성한 차트에서 가장 중대한 미세 스트레스를 어떻게 해결할지 구체적인 행동 세 가지를 마련한다. 흔히 사용하는 방법은 부정적인 대화를 나눈 적 있는 사람과 이야기를 하는 것, 직접적인 접근이 너무 어렵다면 이 사람들이 믿고 경청하는 사람에게 접근해 메시지를 전달하는 것, 그 사람과의 상호작용 사이에 간격을 늘리는 것, 또는 상호작용의 시간을 줄이는 것 등이 있다. 그리고 다른 모든 방법이 실패한다면 아예 상호작용을 중단할 수도 있다. 우리가 인터뷰했던 한 고성과자는 다음과 같은 행동을 계획했다.

- 팀으로 들어오는 업무를 통제하고 걸리는 시간을 예상하여 우선순위를 설정하고 경계를 정한다.
- 상사를 논의에 참여시켜 회사가 팀에 요구하는 바와 팀원들이 원하는 혜택의 방향을 맞춘다.
- 가족 전체가 한데 모여 우리에게 중요한 핵심 가치관을 합의하고 어떻게 하면 모두가 성취감을 느낄 수 있을지 논의한다.

[표 4-1] 당신은 무엇을 중시하는가?

핵심 가치관	개인적 가치관에 맞지 않는 목표를 추구하라는 압력	핵심 가치관을 해치는 미세 스트레스		가족 및 친구와의 부정적/기운을 빼앗기는 상호작용
		누군가가 자신감과 자아 존중감 또는 통제력을 해칠 때	인간관계에 방해하나 지장	
업적				
데이터 과학 분야에서 뛰어난 전문가 되기	완료 프로젝트 수를 늘리기 위해 분석을 대충 끝내라는 지속 리더의 압력	서로 다른 이해관계자들로부터 조율되지 않은 요청이 많아 역할을 제대로 수행할 시간이 부족함		
다른 이들의 발전과 성공을 생각하는 섬기는 리더 되기	비용 구조를 최소화하라는 리더의 압력으로 인해 능력 개발 기회가 없어짐		부서의 주요한 동지들이 떠나 틈에 필요한 추가 지원을 확보하기가 더 힘들어짐	
일터의 다른 사람들에게 긍정적인 에너지와 영감의 원천 되기			가장 가까운 동료가 다른 기회를 찾아 회사를 떠나게 되어 사소한 순간에 활기를 찾아주셨던 핵심 인간관계가 사라짐	학교 생활을 힘들어 하는 아이 때문에 직장 동료를 위해 사용해야 할 에너지가 줄어듦
개인적				
봉사와 교회 내 인간관계를 통해 영적 가치관 실천하기		단절된 이해관계자들로부터 과도한 업무상의 요구로 인해 교회 모임에서 보내던 시간을 빼앗김	6년간 함께했던 핵심 그룹이 최근 해체되어 교회와의 관계가 약화된 느낌이 듦	
헌신적인 배우자 되기	까다로운 상사의 업무 요구가 과중하여 배우자와 보내는 시간이 줄어듦			상대 자녀와의 관계의 어려움으로 인해 배우자와 보내는 시간이 줄어듦
세상을 더 나은 곳으로 만드는 데 적극적으로 기여하기		역할 설계로 인한 불규칙한 업무량 때문에 영리 강사 봉사와 무료 봉사를 못하게 됨		

인간관계가 취약해질 때 사용할 수 있는 전략

—

크든 작든 변화의 성공은 다양한 사람들과 인간관계를 맺고 선의를 다지는 데 달려 있다. 핵심 이해관계자나 고객과 유대를 쌓고 업무 외의 친구나 인맥을 만들어 보자.

① **변화에 미리 대비하기**: 변화와 이행은 쉽지 않다. 상황이 아무리 좋더라도 마찬가지다. 따라서 새로운 역할을 맡거나 이직을 할 때, 소속된 공동체로부터 벗어나야 할 때는 좋은 상황을 선제적으로 만드는 것이 좋다. 처음부터 인맥을 다시 구축하기는 어렵기에 미리 인맥을 인맥을 넓혀 놓는 것이다.

우리가 인터뷰한 한 사람은 새로운 회사에 들어가는 것이 가족에게 큰 어려움을 주지 않도록 현재 회사의 내부 기회나 그의 가족이 5년 전에 살며 좋아했던 도시에 있는 회사로만 구직 활동을 제한하려 애썼다. 그 도시에서 새로 근무하게 되었을 때 그와 그의 아내는 예전에 살던 곳 근처에 다시 집을 샀다. 그의 아내는 전에 활동했던 아카펠라 그룹에 다시 들어갔다. 이런 식으로 한 덕분에 그들은 그런 이사에 필연적으로 동반되는 미세 스트레스를 일부 줄일 수 있었다.

② **변화와 이행 과정에서 시야가 좁아지는 함정 피하기**: 업무가 달라지거나, 함께 일하는 사람들이 바뀌거나, 보다 중요한 이동이 생기

는 등, 새로운 상황에 접어들면 많은 사람들이 새로운 것들을 당장 능숙하게 해내야 한다는 부담을 갖는다. 그러다 보면 목표를 달성하는 데 주의를 흩트릴 수 있는 사람이나 활동과의 연결을 줄이려고 한다. 하지만 그건 오산이다.

너무 과도하게 좁은 분야에만 집중하면 일차원적으로 사고하게 되기 쉽다. 그 당시에 당신을 무차별 공격하는 미세 스트레스에 해독제를 거의 잃게 되는 것이다. 그래서 그런 이행 기간에 직장에나 집에서 상황이 힘들어지면 그런 스트레스에 균형추가 되어줄 다른 아무것도 가지지 못하는 셈이 된다.

그럴 때는 변화 과정을 출발점 삼아 새로운 인간관계를 다져 보자. 당신이 하고 싶은 일과 그 일을 함께하고 싶은 사람을 정한다. 그리고 이 시기를 이용해 어떤 사람들을 업무 외의 삶의 일부로 두고 싶은지 생각해본다. 의도적이고 의식적으로 비업무적 친구들의 범위를 구성하고 활기를 불어넣자.

③ **인간관계 범위를 넓히기 위해 과거를 돌아보기:** 30대 후반이나 40대인 사람들은 전에 중요하게 생각했던 활동이나 모임에서 멀어진 경우가 많다. 이러한 경향을 막으려면 과거에 좋아했거나 즐겼던 취미를 되찾아 새로운 그룹에 가입하자.

우리와 인터뷰했던 한 사람은 혼자 힘으로 자동차를 손보기 좋아했는데 오랫동안 시간이 없어서 도통 차에 손을 대지 못했다. 아이가 십대가 되자 그는 아주 낡은 포드 한 대를 사서 화요일 밤마다 차고에서 그것을 해체했다가 다시 만들기 시작했다. 그가 그런 일을 하고 있다는 소문이 퍼지자 이후 몇 년 동안 그의 차고는 중년의 자동차광들이 모이는 아지트가 되었고, 함께 차를 분해하고, 수리하고, 고장난 부품을 교체하고, 맥주를 나눠 마시는 친구를 여럿 사귈 수 있었다.

우리의 정체성을 위협하는 일들은 중대한 도덕적 갈림길에서 벌이지는 것이 아니라 우리의 자아를 갉아먹는 일상적인 미세 스트레스와 함께 찾아온다. 우리와 인터뷰한 많은 사람들이 수년간 반향실反響室(소리가 잘 되울리도록 만들어진 방)에 살아왔노라고 털어놓았다. 그들이 일터에서나 가정에서 내린 선택들은 그들 주변에 있는 사람들에 의해 강화되고 반복되었다. 뒤돌아보면 그런 선택들이 그들을 잘못된 길로 이끌었는데도 말이다.

연구에서 만난 사람들 중 두 번째, 세 번째 결혼을 했던 사람들, 거의 위기라 할 수 있을 수준까지 건강이 악화됐던 사람들, 또는 가족과 소원해진 사람들은 거의 항상 삶이 일차원적으로 흘러가게 놔두었거나 남들이 그들에게 기대하는 바라고 생각되는 것에 초점을 맞춘 채 살고 있었다. 이런 결정들은 그들의 자아 정체성을 위협하는 사소한 순간에 미세 스트레스의 형태로 찾아왔다. 그들이 내렸던 각각의 선택은 늘 옳은 것처럼 느껴졌다. 결정적인 깨달음과 후회가 찾아오기 직전까지 말이다.

인터뷰한 한 사람은 오랫동안 자신이 하는 일이 자기 정체성을 좌지우지하게 놔두었다가 개인적인 위기를 맞고 나서야 그 사실을 깨달았다고 했다. "어머니가 암을 진단받고 정말 힘겹게 7개월을 투병하다 돌아가셨어요. 그런데 제가 인생의 8년을 바쳐 일했던 회사에서 단 한 명도 장례식에 오지 않더군요."

* * *

우리의 정체성을 위협하는 미세 스트레스는 우리 삶에 끔찍한 피해를 줄 수 있다. 무슨 일이 벌어지고 있는지 제대로 이해하지 못하기 때문에 특히 더 그렇다. 최악인 건, 당신도 그 과정에서 공모자가 된다는 것이다. 작고 사소한 선택이 결국 당신을 당신이 원하는 모습으로부터 점점 더 멀어지게 만든다.

하지만 궤도를 수정하는 건 언제든지 가능하다. 다음 장에서 설명하겠지만 우리와 인터뷰했던 일부 고성과자들은 이런 함정을 피할 수 있었다. 그들은 누가 봐도 일적으로 큰 성공을 거두었지만 일터에서나 일터 밖에서나 자신의 정체성과 가치관이 성공에 가리지 않도록 했다. 오히려 그들은 자기 자신이 어떤 사람인지 너무나도 명확히 알고 있었던 덕분에 성공을 이룰 수 있었다고 믿는다.

그들의 삶을 정의하는 건 단순히 그들의 직업이나 일이 아니었다. 다음 장에서는 그들이 어떻게 이런 균형을 이룰 수 있었는지 알아보겠다.

- 우리는 직장과 가정에서 수행하는 역할에서 요구되는 바에 따라 자신이 원하는 모습과 남이 원하는 모습 사이에서 종종 갈등을 겪곤 한다. 일터에서는 우리의 가치관과 맞지 않는 사업 목표를 추구하라든가, 압박이 심하고 우리의 자신감을 갉아먹는 유해한 상황에서 활동하라는 요구가 있을 수 있다. 그리고 가정에서는 배우자나 부모, 친구, 형제자매 등으로서 보여야 하는 모습에 비현실적인 기대치가 설정되어 그 누구도 만족시키지 못하는 것을 깨닫고 자책하게 되기도 한다.

- 자기 자신을 근본적으로 바꾸어 놓는 하나의 결정만으로 자신이 원하는 모습에서 멀어지는 사람은 거의 없다. 그런 변화는 오랜 시간에 걸쳐 수많은 사소한 선택과 함께 일어난다. 가족을 부양하기 위해서나 특정한 커리어 궤도를 따라가기 위해 필요하다고 우리가 정당화하는 것들 말이다.

  우리의 정체성을 위협하는 미세 스트레스의 주요 원천 네 가지는 다음과 같다.

  ① 개인의 가치관과의 충돌
  ② 자신감 약화
  ③ 가족이나 친구로 인한 에너지 소진이나 기타 부정적인 상호작용
  ④ 인간관계에 생기는 문제점

- 당신이 원하는 모습으로부터 멀어지도록 압력을 가하는 사람들과의 상호작용을 바꿀 방법을 찾으면 삶의 목적의식에 중대한 영향을 줄 수 있다. 자신의 역할을 바로잡고, 동료나 사랑하는 이들과의 상호작용 방식을 바꾸고, 핵심 업무 외에 가치관을 표현할 사소한 방법을 찾을 수도 있다. 작은 변화가 중요한 차이를 만든다.

5 장

성과 내는 사람들은 어떻게 스트레스를 관리할까

사회적으로 인정받는 사람들이
직업적으로나 개인적으로
더 행복하게 살기 위해 하고 있는 일들

10퍼센트의 사람들
우리가 인터뷰한 고성과자들 중 미세 스트레스를 관리하는 것은 물론,
다른 사람들과 진정한 유대를 맺는 작은 순간들을 통해
풍요롭고 다차원적인 삶을 사는 사람들을 말한다.

당신에게 50만 달러(약 6억 5,000만 원)는 어떤 의미인가?

아마 "당신에게 이만큼의 돈이 생긴다면 어떻게 할 것인가?" 하는 게임 질문처럼 들리겠지만 매튜는 실제로 스스로에게 이런 질문을 던지고 답해야 했다. 그가 다니던 회사가 매각되면서 매튜는 기존의 자리와 연봉, 보너스를 지키려면 다른 도시로 이사를 가야 했다. 이것은 일적으로 성장할 수 있는 좋은 기회이기도 했다.

하지만 모든 조건을 지키려면 그와 가족이 오래 살던 곳을 떠나야 했다. 그것은 그동안 다져 놓았던 직업적 인맥과 개인적 공동체를 떠나야 한다는 뜻이기도 했다. 그중에는 어린 시절부터 친하게 지내온 친구들도 있었다. 반면에 그곳에 남는다는 건 사실상 50만 달러 상당의 연봉과 보너스를 포기해야 한다는 뜻이었다.

43살의 매튜는 아무 결정도 내리지 못하고 주저했다. 직장의 동료들은 망설이는 그를 이해하지 못했다. 어떻게 이런 기회를 거절할 수 있겠는가? 매튜는 당시 사람들의 반응을 이렇게 설명했다.

"회사 생활을 하면서 만난 사람들은 35초 안에 하나같이 이렇게 말했어요. '바보야! 50만 달러를 포기한다고?'"

몇 주를 고심한 끝에 그는 마침내 이 일과 50만 달러를 포기하기로 하고 집과 가까운 다른 회사에서 연봉이 더 낮은 자리를 택했다. 동료들은 그가 정신이 나갔다고 생각했다. 하지만 매튜는 후회하지 않았다. 오히려 까딱하면 잘못된 선택을 할 뻔 했다고 우리에게 말했다.

매튜는 우리가 **10퍼센트의 사람들**이라고 부르는, 우리가 인터뷰한 사람들 10명 중 1명꼴의 사람에 해당된다. 이 10퍼센트의 사람들은 다른 이들과 비슷한 양과 빈도의 미세 스트레스를 겪지만 다른 고성과자들을 뛰어넘는 성과를 보이는 동시에 **삶에서 행복과 의미를 유지**한다.

우리가 인터뷰한 대분의 고성과자들은 힘들고 지친 상태였다. 일터나 사회에서는 인정받고 있었지만 겉을 감싼 껍질 한두 개만 벗기고 나면 극심한 피로, 사람들을 실망시킨 것에 대한 죄책감, 가족이나 친구를 향한 실망감, 자신의 삶이 펼쳐지는 방향에 대한 떨칠 수 없는 불만족 같은 감정들이 그대로 드러났다. 아, 잊지 말아야할 것이 있다. 이들은 일견 모든 걸 갖춘 사람들, 그러니까 세계적으로 손꼽히는 조직에서 근무하는 최고 성과자들이란 사실이다. 그렇게 뛰어난 사람들조차 힘겨워하고 있다면 우리 같은 평범한 사람들에게 무슨 희망이 있겠는가?

그런데 가끔씩 조금은 다르게 펼쳐지는 인터뷰가 있었다. 매튜처럼 삶에 지쳐 허덕대지 않으면서도 성공을 거둔 사람들이 있었던 것이다. 그들은 후회도 거의 없었고, 신체적으로도 건강했으며, 가족과도 풍요로운 삶을 누리고 있었다. 다른 이들과의 차이는 놀라울 정도였다. 이들이 바로 그 10퍼센트의 사람들이었고, 우리는 그들이 남들과 무엇을 다르게 하고 있는지 알고 싶었다.

겉으로 보면 매튜와 다른 뛰어난 사람들 사이에 공통점은 거의 없었다. 그들은 출신 배경도 서로 다르고, 다양한 회사와 업계에서 서로 다른 직위에 있었다. 그런데 그들 사이에는 반복적인 패턴이 있었다. 이 10퍼센트의 사람들은 각자의 삶에서 인간관계를 구축하는 데 있어 신중하고 의도적인 선택을 내렸다. 그들은 광범위하고 다차원적인 방식으로 성공을 정의했으며, 스스로 그에 대한 책임을 졌다. 그렇게 하는 데는 직장 안팎에서 다양한 사람들과의 인간관계가 필요했다. 그리고 이런 인간관계는 반대로 그들을 힘들게 하는 미세 스트레스를 몰아내는 데 도움을 주었다. 그건 하나의 선순환이었다.

이 장에서는 당신이 삶에 적용할 수 있도록 10퍼센트의 사람들이 미세 스트레스를 줄이는 데 사용한 전략을 살펴볼 것이다. 미세 스트레스를 바꾸고, 제거하고, 받아들이는 법을 배울 수 있도록 구체적으로 매핑할 것이며, 당신이 다른 사람들에게 유발하고 있는 미세 스트레스가 무엇인지도 깨닫도록 도와주겠다. 그런 다음에는

10퍼센트의 사람들이 미세 스트레스의 트라우마로부터 스스로를 어떻게 보호하고 있는지 설명하겠다.

연구를 진행하는 동안 우리 두 사람 모두 10퍼센트의 사람들로 부터 배운 몇 가지 방식을 실천에 옮기기 시작했다. 이런 노력은 우리 두 사람 모두에게 개인적으로 의미 있는 차이를 가져다 주었다. 우리는 다양한 관심사와 인간관계로 채워진 다차원적인 삶을 구축하고 유지함으로써 10퍼센트의 삶에 한 걸음 가까워졌다.

지금부터 여러분에게도 10퍼센트의 사람들로부터 배운 것들을 공유하겠다.

미세 스트레스를 통제하라

—

우리 삶의 모든 미세 스트레스를 제거할 수 있는 사람은 없다. 그건 현실적으로 불가능하다. 하지만 상황을 나아지게 만들 수는 있다. 연구에 따르면 부정적인 상호작용은 우리 모두에게 상당한 피해를 입히며, 그 영향은 긍정적인 상호작용의 다섯 배에 달한다. 따라서 삶에서 단 몇 가지의 미세 스트레스를 줄이기만 해도 상당한 효과를 얻을 수 있다. 우리가 연구에서 알아낸 바에 따르면 대부분의 사람들은 미세 스트레스를 줄여 3~5개의 긍정적이고 새로운 기회를 찾을 수 있다.

하지만 하루에만도 수십 가지의 미세 스트레스를 겪고 있는 상황이라면 어디에서 시작할 수 있을까? 그럴 땐 10퍼센트의 사람들이 하는 대로 따라해보자. 그들은 대단히 효과적으로 미세 스트레스를 관리할 수 있는 세 가지 접근법을 개발해냈다.

① **현실적인 방식으로 특정 미세 스트레스에 맞선다:** 몇 가지 미세 스트레스에 대응할 수 있는 작지만 효과적인 방법이 있다. 그렇게 하면 일상에 큰 영향력을 발휘할 수 있을 것이다.

② **남들에게 미세 스트레스를 유발하기를 멈춘다:** "아하!" 하는 깨달음의 순간이 찾아오는 이 접근법은 남들뿐만 아니라 자기 자신에게도 도움이 된다. 다른 사람들에게 미세 스트레스를 유발하면 그 스트레스는 어떤 형태로든 분명 우리 자신에게 되돌아온다. 따라서 남들에게 스트레스를 덜 유발하면 그만큼 우리도 덜 받게 된다.

③ **어떤 미세 스트레스는 초월할 수 있다:** 어떤 미세 스트레스는 우리가 그냥 놔두기 때문에 우리에게 피해를 주는 경우가 있다. 우리의 반응 중 대부분은 우리 스스로 자초하는 것이다. 우리 삶이 일차원적이 될수록 과잉반응하기 쉬워진다. 수많은 미세 스트레스를 객관적 시각에서 바라보는 10퍼센트의 사람들로부터 배울 점이 있을 것이다.

미세 스트레스를 잘 관리하기 위해 우리가 개발한 간단한 활동이 있다. 자신의 미세 스트레스를 파악할 수 있는 마스터 차트다.

[표 5-1] **미세 스트레스가 어디에서 오는지 파악하기**

스트레스를 주는 요인	스트레스를 주는 사람					
	상사	리더	동료	고객	팀	가족/친구
수행 능력을 고갈시키는 미세 스트레스						
▪ 방향이 맞지 않는 역할과 우선순위						
▪ 동료들의 업무 실수						
▪ 예측하기 어려운 상사	X					
▪ 협력적 업무의 양과 다양성					Y	
▪ 직장에나 집에서 책임의 급증						
감정적 에너지를 고갈시키는 미세 스트레스						
▪ 다른 사람의 성공과 행복을 관리하고 책임져야 한다는 기분					X	
▪ 적대적인 대화						
▪ 인간관계에서 신뢰의 부족						
▪ 스트레스를 퍼뜨리는 사람들			Y		Y	
▪ 정치적 대처			O			
정체성을 위협하는 미세 스트레스						
▪ 개인적 가치관과 충돌하는 목표를 추구하라는 압력						
▪ 자신감, 자아 가치, 통제력에 대한 공격						
▪ 가족이나 친구와의 부정적이거나 기운을 빼앗기는 상호작용	O					
▪ 인간관계에 방해나 지장						X
참고: X는 행동이 필요한 미세 스트레스, Y는 남들에게 자신이 유발 중인 미세 스트레스, O는 당신이 불필요하게 확대 중인 미세 스트레스						

[표 5-1]을 보자. 맨 윗줄에는 우리의 미세 스트레스에 기여하는 사람들이 적혀 있다. 맨 왼쪽 열은 미세 스트레스가 어디에서 오는지 보여준다. 이것은 우리 삶에 영향을 줄 수 있는 미세 스트레스의 여러 형태를 포착할 수 있는 간단한 방법이다.

먼저, 맞서 싸우기로 한 미세 스트레스를 두세 가지 파악하자. 자신의 삶 전반에 영향을 주는 것들, 일상의 어려움에 들러붙어 있는 것들을 선택한다. 그런 항목에 X 표시를 한다.

범위가 너무 넓고 야심찬 목표가 아닌 관리 가능한 작은 것들을 생각한다. 단순히 상호작용을 바꾸고, 각각의 상호작용 사이의 간격을 넓히고, 아니면 어떤 식으로든 관계를 단절(이것은 나중에 자세히 다룰 것이다)하면 전반적인 행복에 큰 영향을 미칠 것이다.

한 임원은 근무 중에 모든 문자 메시지 알림을 꺼놓는 건 비현실적이라고 생각했다. 그래서 기숙사에서 생활하며 대학교에 다니는 딸에게 그날 있었던 일에 대해 일일이 불평하는 문자를 보내지 말아 달라고 부탁했다. 그래서 딸은 이제 "존스 교수님이 오늘 내가 한 농담에 웃지 않았어요"라든가 "룸메이트가 매일 밤 자정이 넘어 들어오는 바람에 잠을 못 자서 너무 피곤해요!" 같은 중요하지도 않은 문자를 시도 때도 없이 보내지 않게 되었다.

이 한 가지 변화는 그가 느끼던 어마어마한 양의 미세 스트레스를 단번에 없애주었다. 그때그때 느끼는 감정을 아버지에게 문자 메시지로 보내는 행동은 딸이 스트레스를 즉각적으로 해소하는 데 도움이 되었지만 아버지는 딸과 통화할 여유가 생길 때까지 하루 종일 걱정을 하게 만들었다. "자기가 무슨 말을 했는지 딸아이는 기억조차 못하는 경우가 많더군요. 그애는 이미 오래 전에 잊어버렸는데 저는 몇 시간씩 걱정을 하느라 일에 제대로 집중하지도 못했어요." 그가 말했다. 그 대신 그는 매일 퇴근하는 길에 딸에게 전화를 걸었다. 물론 딸이 전화를 받지 못하는 경우도 있었지만 통화를 하는 날이면 그때그때 떠오르는 생각을 서로 주고받으며 즐거운 시간을 보냈다.

이제 표의 두 번째 단계로 넘어가자. 당신이 다른 사람들에게 유발하고 있는 미세 스트레스 두세 가지를 생각해보고, 적은 내용이 있는 칸에는 Y라고 표시하자. 생각하는 데 시간이 좀 걸릴 수는 있겠지만 당신도 분명 자신이 유발하고 있는 미세 스트레스의 좋은 예를 찾을 수 있을 것이다.

한 임원은 팀을 너무 보호하려다가 자기도 모르게 끊임없이 그들의 업무를 감독하고, 때로 회의에서 개입해 그들 대신 대답하고, 수시로 그들의 업무를 점검하고 질문하곤 했다고 대답했다. 그는 이런 습관으로 인해 팀원들이 각자의 능력에 회의를 품게 되었음을 깨달았다. 팀원들은 스스로 의사결정을 내리는 대신, 그가 원하는 방식대로 하고 있는지 확인하기 위해 후속 질문을 수도 없이 던지곤 했다. 그들이 하는 일은 아무 문제가 없었고 고객의 눈에도 좋아 보였지만, 그가 필요 이상으로 기준을 높이는 바람에 팀원들은 다른 동료들의 눈에 무능해 보이게 되었으며 그 자신은 효과적이지 못한 관리자처럼 보이고 말았다.

마지막으로 세 번째 단계에서는 당신이 불필요하게 확대시키고 있는 미세 스트레스와 조금 객관적으로 바라봐야 할 필요가 있는 상호작용을 생각해본다. 그런 칸에는 O라고 표시한다.

우리 대부분은 살면서 어느 순간엔가 우리가 겪고 있는 모든 미세 스트레스에 대해 투덜대던 와중에 갑자기 정말로 충격적인 일을 겪은 경험이 있을 것이다. 건강 문제라든가, 가족 중 누군가가 세상을 떠난다든가, 사랑하는 사람이 심각한 문제를 겪고 있다는 걸 뒤늦게 알았다든가 등등 말이다. 그러면 그 순간, 2분 전만 해도 그렇게 중요하게 느껴졌던 문제, 즉 언제나 공을 가로채는 동료나 수없이 마음을 바꾸는 높은 사람, 형제자매간에 폭발 직전에 의견 충돌 같은 것들이 순식간에 아무것도 아닌 일이 되어 버린다.

많은 사람들이 삶에서 느끼는 미세 스트레스에 지나치게 근시안적으로 반응한다. 바꿀 수 없는 것들에 집착하고, 우리의 일과 인간관계에 영향을 주는 분노나 억울함에 빠지는 것이다. 이런 미세 스트레스 중에 두세 가지를 능동적으로 선택해 그로부터 자유로워진다면 장기적으로 전혀 중요하지 않은 수많은 일들에 발이 묶이는 것을 막을 수 있다. 하지만 그렇게 하려면 의식적인 선택을 내려야만 한다.

우리와 인터뷰한 사람들 중 한 명은 동료 한 사람이 상사에게 늘 칭찬을 받는 것에 불만을 품고 그에 집착한 적이 있었다고 털어놓았다. "회의 중에 그 사람만 칭찬을 듣고 주목받는 것이 그렇게 거슬릴 수가 없었어요. 방금 맛있는 것이라도 잔뜩 먹은 만족스러운 고양이 같은 표정을 짓고 거기 앉아 있는 모습이 얼마나 보기 싫었는지 몰라요. 저는 절대 이길 수 없는 어떤 정치적인 영향력 같은 게 작용하고 있다고 생각했죠." 그런데 조금 더 자세히 알아보니 그는 먼저 승진하지도 않았고, 더 유리한 업무를 배정받지도 않았다. 연관된 업무를 하고 있지도 않았다. "실제로는 제 일에 별 영향을 주지도 않는 일에 집착하며 너무 많은 시간을 허비한 거죠." 그가 내린 결론이었다.

멜리사의 예를 [표 5-1]에 적용해보자. 멜리사는 새로운 상사와 동료들, 새 일에 적응하는 데 어려움을 겪고 있었다. 새 상사와 동료들에게 익숙해지면 이런 스트레스가 줄어들 것임을 경험상 알고 있었다. 하지만 몇 달이 지나도 그는 아직 새 상황에 적응하지 못했다.

멜리사는 표의 빈 칸을 채우며 문제를 어떻게 해결할 수 있는지 짚어낼 수 있었다. 그는 미세 스트레스를 이런 식으로 바라보려면 매일 겪고 있는 스트레스들을 먼저 파악해야 한다고 생각했다. 그것들을 모두 해결할 방법을 찾아내는 건 현실적으로 불가능하다는 것을 알고 있었으므로, 영향력이 큰 동시에 전반적인 영향을 미치고 있어서 뭔가 대책이 필요한 미세 스트레스 몇 가지에 골랐다. 우리는 멜리사에게 '무엇을 바꾸고 싶은지 매우 구체적으로 생각하라'고 조언했다.

멜리사는 가정과 직장에서 시달리며 그저 바쁘다고만 생각했고 자신의 능력이 부족하다고 탓할 뿐이었다. 하지만 이 활동을 통해 자신의 상사가 예측하기 어려운 윗사람으로서 미세 스트레스의 원천이 되고 있음을 알아냈다.

그 상사가 나쁜 사람은 아니었다. 상사 역시 자꾸만 바뀌는 CEO
의 우선순위를 따르며 그것을 멜리사에게 전달하는 것뿐이었다. 미
세 스트레스를 파악하고 나자 멜리사는 이에 맞설 전략을 짤 수 있
었다. 먼저 그는 가장 중요한 일에 시간을 집중할 수 있도록 함께
업무 우선순위를 세울 수 있겠느냐고 상사에게 물었다.

논의하는 과정에서 멜리사는 상사의 업무 지시가 미치는 영향을
바탕으로 상사에게 자세한 설명을 했다. 특히 최근의 두 가지 일을
상세히 다루었다. 한 번은 상사의 전략이 바뀌는 바람에 팀원들이
시간과 노력을 낭비했다는 기분을 느끼지 않으면서 프로젝트를 중
간에 멈출 수 있게 하느라 멜리사가 큰 고생을 했다. 또 한 번은 상
사가 멜리사의 팀원에게 지나가듯 한 가지 제안을 한 적이 있는데,
그 팀원은 그것이 공식적인 지시라고 생각하는 바람에 팀원들 사이
에서 큰 소동이 일어났다.

이런 대화를 통해 상사는 자신이 멜리사와 팀원들에게 의도치 않
게 미세 스트레스를 주고 있었음을 깨달았다. 그래서 그들은 앞으로
이런 상황을 피하기 위해 간단한 체크인을 한다는 데 동의했다.

일단 멜리사와 그의 상사는 의사소통을 더 잘 할 수 있는 법을
함께 논의했다. 덕분에 두 사람의 행동에서 견고한 변화가 나타났
다. 상사도 CEO의 요청에 대응하는 것이기 때문에 팀원들에게 무
언가를 지시하는 걸 피할 수 없을 때에는 전과 다른 방법을 취할 수
있었다. 다른 부서와 협력할 필요가 있을 때에는 조직 내에서 도움

을 청할 사람을 빠르게 알려주어 이미 업무 일정이 꽉 찬 상황에서 추가적인 시간 낭비를 하지 않아도 되게 하였다. 때로는 상사가 개입하여 직접 도와주기도 했다. 그렇게 상사와 멜리사는 손발이 잘 맞는 팀이 되었다.

"멜리사, 당신은 어떤 스트레스를 유발하고 있나요?" 우리가 질문하자 멜리사는 놀라는 눈치였다. 그는 지금까지 자신이 미세 스트레스를 만드는 사람이 아니라 풀도록 도와주는, 다른 모든 사람을 돕는 핵심 지지자라고 여겼다. 하지만 관점을 조금 달리하자 진실이 드러났다.

상세히 질문을 해보니 그는 자신도 남들에게 스트레스를 유발하고 있음을 깨달았다. 멜리사는 빠르게 바뀌는 상사의 우선순위에 대응하기 위해 이메일을 통해 팀원들을 조율했다. 그리고 저녁 시간에는 아이들의 숙제를 봐주고, 아이들을 운동 수업에 데려가고 데려오고, 학교 행사에 참여하고, 저녁을 차리고 먹고 치우는 모든 일을 끝낸 다음에야 일을 시작할 수 있었기 때문에 밤 10시나 다음 날 새벽 4시에 팀원들에게 이메일을 보내기 시작했다. 물론 그때쯤이면 피곤하고 집중력이 떨어져 그가 보내는 메시지의 절반쯤이 아주 애매모호했다. 그래서 내용을 되묻는 답장을 받는 일이 잦았다. 의도치 않게 팀원들에게 과도한 업무를 전달하며 스트레스를 유발하고 있었던 것이다. 또한 24시간 언제든 업무 이메일에 대응해야 하는 분위기를 조장하고 있었다. 이 모든 것은 그가 전혀 의도한 바가 아니었다.

멜리사는 팀원들에게 이런 미세 스트레스를 퍼뜨리는 걸 피하기 위해 간단한 변화를 꾀했다. 기존의 업무 패턴을 바꿀 수 없어 여전히 밤 10시가 넘어 이메일을 쓰긴 했지만 그것이 다음 날 아침 8시에 예약 전송되도록 했다. 그리고 일주일에 2회 정기 회의를 마련해 한 자리에서 팀원들의 업무를 조율하고, 그의 이메일이 만들어내는 무수히 많은 일회성 상호작용을 피하게 했다.

또한 주변 사람들, 특히 그의 동료와 팀원들이 그 자신의 미세 스트레스에 반응하고 있었음을 깨달았다. 그는 자신이 받은 미세 스트레스를 그들에게 전달하고 있었고, 그러면 그들은 부산을 떨며 그에게 더 많은 이메일과 회의 요청을 보내 자신의 업무를 그에게 확인받으려 했다. 이런 확인 요청은 그가 발산하고 있는 미세 스트레스에 다시 더해졌고, 이 패턴은 메아리처럼 울려 **미세 스트레스 반향실**을 만들어냈다.

그는 회의 사이에 10분간 휴식 시간을 두면 그 자신은 물론 다른 사람들이 집중력을 되찾는 데 도움이 된다는 걸 깨달았다. 잠시 머리를 식힌 다음 회의에 들어가면 자신의 미세 스트레스를 팀원들에게 투영하지 않을 수 있었다. 때로는 휴식시간을 이용해 5분간 명상을 했다. 그리고 친구들과의 단체 채팅방에서 더욱 적극적으로 활동하며 재미있는 이야기를 주고받고, 황당한 일을 겪은 이야기를 들려주었다. 그러면 즉각적으로 답장이 돌아왔다. 친구들과 이렇게 짧고 즐거운 대화를 나누면 근무 중에 집중력을 유지하는 것뿐만 아니라 지난 몇 년간 의도치 않게 소홀해졌던 친구들과의 관계를 회복하는 데에도 도움이 되었다. 미세 스트레스와 자신을 분리시키는 데에는 유머가 명상만큼이나 효과가 컸다. 그리고 다른 사람들과 관계를 맺고 그들이 나를 아끼고 응원한다는 사실은 하루 종일 큰 힘이 되었다.

자신이 유발하는 미세 스트레스에 대해 생각하며 멜리사는 두 가지 깨달음을 얻었다. 첫째, 그는 회사에서 벌어지는 정치적 사건들을 동료들과 함께 분석하느라 너무 많은 시간을 허비하고 있었다. 이 활동을 하기 전까지는 이런 습관을 인식하지 못했었다. 그는 자신의 일상 업무에는 실제 아무 영향도 주지 않는 일들에 대해 동료들과 사소한 불평불만을 계속해서 늘어놓았다. "생각해보니 저는 어떤 동료가 연차를 얼마나 썼는지 기준보다 많이 쓴 건 아닌지 계산한다든가, 동료 중 누가 상사에게 아부를 할 것인가 예측하는 등의 쓸데없는 행동을 하고 있었어요." 그가 말했다. 이런 일들이 그에게 어떤 영향을 주었는지 묻자, 그는 대부분 아무 영향이 없었다고 인정했다. "이제 보니 제 시간과 집중력의 낭비였네요."

두 번째 깨달음은 생각지도 못했던 데에서 나왔다. 그는 가까운 대학 친구들과의 스키 여행에 초대받지 못한 일에 마음 상한 적이 있다고 말했다. 페이스북에 올라온 즐거운 얼굴의 친구들 사진을 보기 전까지는 전혀 몰랐던 일이었다. 그는 최근 일에 치이기 시작하면서 회사와 가족 외의 다른 관계에는 소홀해졌다는 걸 깨달았다. 그래서 우리는 그런 식으로 어떤 미세 스트레스 해소 요인이 삶에서 사라졌는지 생각해보라고 했다.

멜리사는 승진으로 인해 시간과 에너지를 많이 빼앗겼을 때에도 자신에게 큰 의미가 되는 한두 가지 모임을 유지하고 있었다. 하나는 강아지 장애물 경기 대회 출전을 위한 훈련 모임이었고(그는 지역 수준의 대회에 출전하기 위해 강아지들을 훈련시키고 있었다.) 다른 하나는 두 달에 한 번씩 모여 함께 노래 부르며 어울리는 지역 합창단이었다. 그는 이 두 단체에서 10년 넘게 적극적으로 활동하며 끈끈한 우정을 맺고 있었다.

그런 활동은 그의 스트레스를 일부 해소해준 것뿐 아니라 이 친구들과의 동지애도 느끼게 해주었다. 그런데 최근 승진을 한 것에 덧붙여 아이들이 전보다 더 관심을 가지고 부모가 함께해야 하는 나이에 접어들다 보니 어쩔 수 없이 두 모임을 다 포기하고 말았다. 의도적인 건 아니었지만 두 그룹 모두 그의 일정에서 서서히 빠져나가게 되었다. 결국 그가 키우던 개들은 훈련에 참여할 수 없는 수준까지 몸이 둔해졌고, 마지막으로 즐겁게 노래했던 건 언제였는지 기억조차 할 수 없게 되었다.

미세 스트레스를 살펴보고 분류하는 활동을 통해 그는 두 그룹이 삶에서 받는 미세 스트레스에 대응하는 데 얼마나 큰 도움이 되었는지 알게 되었다. "이 표에 대해 생각해보기 전까지는 이 사람들이 내 삶의 중심을 잡아주고 있다는 걸 몰랐어요. 일하면서 받는 스트레스를 멀리서 객관적으로 바라볼 수 있게 도와준 것 같아요. 그 전에는 회사에서 아무리 스트레스를 받아도 웃으며 넘어가곤 했거든요. 하지만 이 표를 보다 보니 그 이후 일터에서 에너지가 점점 더 많이 소모된 걸 깨달았어요. 균형추가 되어줄 외부의 인간관계도 없어졌죠. 더 심각한 건 얼마 남지 않는 시간을 남편과 아이들과 보낼 때에도 다른 중요한 일은 내버려두고 직장에서 있었던 화나는 일들에 대해서만 이야기했다는 사실이에요."

이제 멜리사는 구체적인 행동 계획을 세울 수 있었다. 그는 이메일이 아침에 전송되도록 예약하고, 낮에는 친구들과 문자 메시지를 주고받으며 휴식을 취하고, 사소한 모욕과 무시에 대해 걱정하기를 멈추고, 아이들의 일에 사사건건 간섭하지 않기로 했다. 이것은 현실적으로 실천할 가능성이 있는 구체적인 계획이 되었다.

이 활동을 할 때는 삶의 여러 패턴을 바꿀 수 있는 작은 방식들에 대해 생각해보자. 거기엔 몇 가지 방법이 있다.

① **미세 스트레스에 맞설 기회를 찾는다:** 앞선 장에서 미세 스트레스의 영향을 줄이고 그것이 만성적으로 변하는 걸 막는 몇 가지 방법을 제안했었다. 이 활동에서 중요한 건 구체적으로 생각하는 것이다. 당신에게 영향을 주고 있는 몇 가지 미세 스트레스를 찾아낸다. 그리고 멜리사가 했던 것처럼 특정한 미세 스트레스 유발 요인을 밀어낼 구체적인 전략을 세운다. '실시간으로 모든 알림에 답변하기를 멈춘다'는 너무 두루뭉술하기 때문에 실천하지 못할 가능성이 높다. 대신 '오후 6시부터 오전 8시까지 슬랙 알림을 끈다'라고 구체적으로 적자. 그래야 실천할 수 있다.

② **미세 스트레스와 상호작용하는 방식을 바꾼다:** 어떤 식으로든 스스로가 문제를 더 크게 만들고 있는 건 아닌지 생각해본다. 대화의 아주 작은 변화도 차이를 만들 수 있다.

"저는 별 의도 없는 말이라고 생각한 것도 제 상사는 자기 능력을 문제삼는 것이라고 생각하더군요. 그래서 진술을 하는 대신 질문을 던지는 것처럼 말을 아주 조금씩 바꿨어요. 그랬더니 그 사람과의 관계 전체가 달라졌습니다." 한 중간 관리자가 우리에게 한 말이다.

그는 상사에게 말할 때 "품질 관리 점검을 하지 말라는 말씀이군요." 대신 "품질 관리 점검을 하라는 말씀인가요?" 같은 말을 썼다. 그런 사소한 변화가 그 사람과의 의사소통 전체를 부드럽게 만들 수 있었다.

③ **인간관계를 재설정할 기회를 찾는다:** 한 임원은 '암묵적 편견'을 주제로 한 교육 중에 까다로운 동료와 짝이 되었다. 두 사람 모두 자신에게 암묵적 편견이 있다고 생각하지 않았는데 교육을 통해 자신도 모르게 도덕적 편견을 드러내는 행동을 하고 있었음을 깨달았다. 뿐만 아니라 그 동안 서로의 생각을 불편하게 여기고 있었기에 사이가 서먹했음도 알게 되었다. 교육 이후 두 사람은 서로를 더 잘 이해하게 된 기회가 되었으며, 업무 중의 갈등과 마찰도 줄었다.

무엇이 인간관계에서 갈등을 가져오는지 시간을 내어 이해하고 극복하려 노력해보자. 상대방이 개인적으로나 일적으로 가지고 있는 관심사로 주의를 돌리는 것도 한 방법이다. 이런 방법을 쓰면 종종 모르고 있던 그 사람과의 공통점을 발견할 수도 있다.

④ **스트레스를 끊어낸다:** 어떤 미세 스트레스의 경우 맞설 수도, 넘어설 수도 없을 것이다. 그런 경우에는 스트레스의 원천으로부터 거리를 두거나 자신을 완전히 분리하는 것도 좋다. 어떤 사람을 인생에서 완전히 몰아내자는 뜻이 아니라, 당신에게 스트레스를 주는 행동을 거절하거나 스트레스를 주는 상황을 잠시 벗어나는 등 일시적으로 거리를 주자는 것이다. 야 한다는 뜻이 아니다. 일시적으로 거리를 두자는 것이다.

예를 들어 평소 다툼이 잦은 친구들과 함께 야구장에 가기로 했다면, 경기가 끝나고 나서 술집으로 몰려가기보다는 경기를 보기 전에 먼저 만나 저녁을 함께 먹어 보자. 알코올이 들어가고 나면 말싸움이 벌어지기 쉽기 때문이다. 자신에게 큰 피해를 입히고 있는 미세 스트레스를 최소화하거나 제거할 다른 길이 보이지 않는다면 일정 기간 관계를 끊는 것도 하나의 방법이다.

인터뷰한 사람들 중 가장 행복해했던 이들은 대하기 힘든 친척, 친구, 동료 같은 부정적인 인간관계를 바꾸거나, 그들과 거리를 두거나, 여럿이 만나는 환경에서만 보는 등의 변화를 꾀할 의지가 있었다.

그중 한 사람은 아침마다 함께 걷기 운동을 하는 지인이 언제나 대화를 지배하며 듣는 사람이 불편할 정도로 남편에 대해 험담을 늘어놓는다고 했다. 그래서 그는 결국 아침에 시간을 내기 힘들다는 변명을 대고 거기에서 빠진 뒤, 새로운 사람들과 주말 걷기 모임을 시작했다.

견디기 힘든 미세 스트레스 유발 요인을 스스로 끊어낼 수 있는 사람들이 더 행복하다는 사실은 거듭해서 확인되었다. 우리는 하던 일을 그만둔 사람, 까다로운 상사를 모셔야 하는 승진을 선택적으로 거절한 사람, 과도하게 호들갑스럽거나 부정적인 친구를 멀리한 사람, 좋아하긴 하지만 내게 과도한 업무 부담을 안기는 동료로부터 멀리 이사한 사람 등을 인터뷰했고, 그들은 나중에 돌이켜 생각해보니 그렇게 하길 정말 잘했다고 입을 모아 이야기했다.

멜리사처럼 내가 경험하는 미세 스트레스에 대해 알고, 미세 스트레스의 악순환으로부터 벗어나기 위한 행동을 시작하면 어떤 변화가 생길까? 미세 스트레스 상황을 개선하면 얻을 수 있는 것들에 대해 알아보자.

교훈 1: 미세 스트레스에서 벗어나
작은 연결의 순간을 찾아라
—

개선 노력을 할 수 있는 미세 스트레스를 찾는 활동을 마친 뒤 우리는 멜리사에게 다른 질문을 던졌다. "지금까지 당신을 미세 스트레스로부터 보호해 온 것은 무엇인가요?"

멜리사는 이 질문을 통해 예상치 못했던 깨달음을 얻었다. 그의 삶에서 일과 가정에서 찾아오는 일상의 어려움에서 잠시라도 벗어나도록 돕는 것은 거의 없었다. 일이 바빠지면서 그는 일과 가족 외의 다른 인간관계를 포기했었다. 앞서 설명한 대로 그는 일을 하고 아이들을 돌보면서 자신에게 정서적 균형을 잡아주는 활동들은 불가능하다고 속단하고 있었다. 그래서 그렇게 좋아하던 강아지 훈련 모임과 합창단 활동을 중단했었다.

그는 직장과 가정에서의 힘든 일 때문에 그 외의 친구나 다른 인간관계를 서서히 끊어버린 것이 자신에게 얼마나 큰 손실이었는지 생각해본 적이 없었다. 그 당시에는 중요성을 모르고 있었지만 이런 외부의 관계는 그가 매일 느끼는 미세 스트레스의 공격에 일종의 **사회적 회복탄력성**을 주었다.

멜리사와 마찬가지로 우리 모두는 삶이 바빠지면 한때 즐겼던 다른 모임과 관심사로부터 멀어지면서 일을 인생의 유일한 목표로 삼는 경향이 있다. 업무적으로나 개인적으로 우리의 잠재력을 완전히 펼칠 기회가 줄어들면서 우리 자신은 점점 빈약해지고 협소해지는 것이다.

연구에서 만난 가장 행복한 사람들로부터 얻은 가장 중요한 통찰 중 하나는 타인이 우리의 미세 스트레스를 관리하는 데 매우 중요할 뿐 아니라 풍요롭고 완전히 삶을 누리는 데 필수적이라는 사실이다. 고립과 단절 속에서 행복을 찾는 사람은 거의 없다.

우리가 연구를 하며 찾아낸 모든 행복 모델에는 한 가지 확실한 사실이 있다. 개인적 행복은 **진정한 인간관계**에 크게 좌우된다는 것이다. 약 80년간 이어졌으며 성인의 생애에 대해 가장 오래 지속된 연구로 손꼽히는 '그랜트 연구'는 존 F. 케네디John F. Kennedy를 포함해 하버드 졸업생들의 삶을 따라가며 그들의 신체적 정신적 건강에 대한 데이터를 수집했다.[8] 이 연구의 가장 중요한 결론은 평생에 걸친 행복과 웰빙을 가장 크게 좌우하는 요소는 명성도 부도 아닌 '개인적 인간관계의 질'이라는 것이다. "자기 신체를 돌보는 것도 중요하지만 인간관계를 돌보는 것도 일종의 자기 관리다. 그것이 우리가 얻은 가장 큰 깨달음이다." 이 연구의 책임자였던 로버트 월딩거Robert Waldinger 교수는 이런 결론을 내렸다.[9]

'살면서 진정한 친구 한 명만 찾을 수 있어도 매우 큰 축복이다'라는 속담이 있다. 하지만 연구를 해보니 친구 한 명으로는 부족하다는 걸 알 수 있었다. 무수히 많은 미세 스트레스를 헤치며 살아나가려면 가까운 친구뿐만 아니라 다양한 인간관계가 필요하다. 전반적인 행복을 얻고 만족스러운 삶을 살려면 세 가지 핵심 영역, 즉 회복탄력성, 신체적 건강, 목적의식 측면에서 미세 스트레스에 맞서 싸울 전략을 개발해야 한다.

이런 영역들 속에서 다른 사람들과의 관계는 매우 중요한 역할을 한다. 시, 종교, 노래, 테니스, 사회 운동처럼 공통의 관심사를 중심으로 한데 모인 사람들은 진정성 있고 믿을 수 있는 상호작용을 만들고, 커리어, 사회경제적 계층, 연령 등으로 맺어진 인간관계는 시각의 다양성을 제공하여 세상과 그 안에서 나의 위치를 바라보는 관점을 넓혀준다.

다른 사람들과 여러 경험의 영향을 받으면 우리의 삶이 다차원적으로 바뀐다. 인간관계가 우리의 행복에 있어 이렇게 중요한데도 너무 많은 사람들이 시간이 흐르면서, 일에 치여 그것을 놓아버리고 만다.

우리가 들은 긍정적인 삶의 이야기에는 예외 없이 운동, 자원봉사, 사회 또는 종교 공동체, 독서 모임이나 식사 모임 등 업무 외적으로 둘, 셋 혹은 네 개 그룹의 사람들과 진정성 있는 인간관계가 들어 있었다. 그리고 그중 한 그룹이 영양과 마음챙김, 운동 등을 통해 신체적 건강을 책임지고 있었다. 희한하게 느껴지거나 그 사람과 어울리지 않는 놀라운 관계도 종종 있었다. 그런 관계조차도 당사자에게 의미 있는 무언가를 제공하고 있었다.

우리가 인터뷰한 10퍼센트의 사람들은 일상 속에서 다른 사람들과의 의미 있는 관계를 의식적으로 구축했고, 이런 관계들은 그들의 삶 속의 미세 스트레스가 내는 소음을 이겨내고 가장 중요한 것에 집중할 수 있도록 도와주었다.

밝히건대 이 사람들 모두가 다양한 친구와 사회적 모임을 꾸준히 유지할 시간이 있는 외향적인 사람들인 것은 아니었다. 그러나 사소하게라도 인간관계를 구축하고 유지하기 위한 노력을 게을리하지 않았다. 의미 있는 인간관계는 매일 의식적인 행동을 필요로

하기에 잘 유지하는 것이 쉽지 않다. 커리어가 성장하며 업무가 바빠질 때는 더욱 그렇다.

제대로 하기만 한다면 다른 사람들과의 관계는 미세 스트레스의 공격을 막는 일종의 방어막이 될 수 있다. 그러므로 인생에서 중요한 변화나 이행기를 겪는 동안에는 더욱 더 인간관계를 잘 유지할 필요가 있다. 그래야 자기도 모르게 방어적 자세를 취하고, 일차원적으로 바뀌어 결국 다가오는 스트레스를 그대로 흡수하는 것을 막을 수 있다.

교훈 2: 다차원성을 잃는 것에 유의하라

—

20대 초반부터 빠르게 커리어를 발전시켜온 IT업계 임원 크리스의 이야기를 들어보자. 처음 유명한 실리콘 밸리 회사에 채용되었을 때 그는 고급스러운 워크숍, 스포츠 경기의 VIP석 입장권 같은 회사 복지 혜택, 최첨단 IT 기술의 광범위한 접근성 같은 것들에 마음이 끌렸다. 성장 잠재력이 높은 우수 직원으로 여겨지던 크리스는 회사에서 탄탄대로를 걷고 있었다. 하지만 그 대가는 컸다. 그는 주 7일 하루 24시간 연락이 가능해야 했고, 출장이 잦아 한 번에 며칠씩 집을 비우곤 했다. 언제 회사로 달려가야 할지 몰라 개인적인 계획은 세울 수가 없었다. 그는 아내와 함께가 아니라 밤늦게 컴퓨터 앞에 앉은 채로 혼자 저녁 식사를 때우는 자신을 발견했다.

동시에 일은 점점 더 경쟁이 치열해졌다. 동료들과의 협업은 언제 누가 일등을 하는지 겨루는 게임처럼 느껴졌다. 상사들과 그들의 속물 같은 태도도 점점 질려갔다. 임원 한 명이 아내를 두고 바람 피운 이야기를 젊은 직원들에게 무용담처럼 늘어놓는 모습을 본 크리스는 더 이상 참을 수가 없었다. 이것이 앞으로 자신 앞에 놓인 길인가, 하는 생각을 떨칠 수가 없었다.

크리스는 짧게 휴가를 낸 뒤 자신에게 그리고 부부로서 그들에게 가장 중요한 것이 무엇인지 아내와 깊은 대화를 나누었다. 두 사람은 크리스가 올라탄 회사라는 쳇바퀴에 대해 이야기를 나누었다. 그리고 커리어는 여전히 중요하지만 주변 사람들과 같은 성공의 잣대를 가져서는 안 되겠다는 결론을 내렸다. 크리스는 아내의 말을 따서 "평범한 삶을 아주 잘 살아보자"라는 의식적인 선택을 내렸다. "성공이라는 게 다음 번 승진이나 다음 번 고급 차 같은 것이라면 영원히 경주에서 벗어날 수 없어요. 그저 계속해서 골대가 멀어지는 것뿐이고 그런 식으로는 영영 그곳에 닿을 수 없죠."

심사숙고 끝에 크리스는 여섯 가지의 인생 역할을 통해 자신의 성공을 정의하기로 했다. 신체적으로 건강한 사람, 영적인 존재, 조직 내 사고의 리더, 사회를 걱정하는 시민, 가족의 일원, 그리고 친구였다. 자신이 원하는 사람을 보여주는 명확하고 어쩌면 공식적인 청사진을 통해 그는 시간 분배에 우선순위를 정할 수 있었다. 그리고 당연히 이 역할들은 그의 아내의 목표와 부부로서 함께하는 삶의 비전에도 맞아야 했기에 아내의 우선순위와도 일치해야 했다.

어느 날 밤, 흔들의자에 앉아 생각에 잠겨 있던 크리스는 큰 깨달음을 얻었다. 서로 다른 삶의 역할들이 충돌의 원인이 되어서는 안 되고 한데 합쳐져 시너지 효과를 내야, 그의 말을 빌리자면 **하나로 융합되어야** 했다. "내게 필요한 건 워라밸 같은 것이 아니었어요. 중요한 건 이런 역할들이 하나로 녹아들 듯 합쳐져야 한다는 것이었어요. 하나를 얻으면 다른 하나를 포기하는 것이 아니죠. 그건 의사 결정을 내리고 삶의 목표를 바라보는 훨씬 더 혁신적인 방식이었어요. 제 삶 전체가 저에게 의미 있는 선택들로 채워져야만 제가 일적으로 이루고자 하는 것도 성취할 수 있게 된다는 걸 깨달았어요. 모두는 하나로 통합되어야 해요. 그것이 제 뇌리에 깊이 박혔어요. 저는 두 가지를 다 해내야 한다고요."

크리스는 그 결과를 이렇게 설명했다. "제가 가족으로서, 친구로서 역할을 해내는 딱 그 정도만 직장에서도 성공할 수 있다는 것을 마음 깊이 깨달았죠. 저의 이러한 깨달음을 잘 담아내고자 사명 선언문을 만들었고, 나의 부고장에 적힐 내용도 작성했습니다. 그렇게, 살면서 해야 할 여섯 가지 역할을 가슴에 새겼습니다. 앞으로 시간을 어떻게 쓸까 선택을 내릴 때마다 그 여섯 가지 역할이 기준이 될 것입니다."

우리가 크리스로부터 본받을 점은 무엇일까. 첫째, 그는 자신에게 중요한 역할들을 정의했다. 그것들을 명확히 규정한 덕분에 시간을 비교 측정할 구체적인 대상을 얻을 수 있었다. 둘째, 이런 역할들을 지탱하기 위한 습관과 인간관계를 한 데 엮었다. 그 방법을 통해 일상에서 자신에게 즐거움과 목적의식, 회복탄력성의 원천이 되는 진정한 인간관계에 헌신하고 그것을 유지할 수 있었다.

예를 들어 크리스는 일요일마다 동네의 아이들과 그 아빠들과 함께 어울려 축구를 하며 신체 건강한 사람과 가족의 일원, 친구로서의 역할을 충실히 이행한다. 일주일에 한 번씩 축구를 하며 그는 아이들과 즐겁고 유익한 시간을 보내고, 이웃과 가벼운 접촉을 할 수 있다. 그들은 서로 달리는 속도가 점점 느려지고 있다고 놀리기도 하고 실력이 형편없다며 티격태격하지만 서로가 서로에게 큰 힘이 되는 진정한 친구라고 여기고 있다. 한 번은 그중 한 아빠가 마당에 풀이 잔뜩 쌓여서 차고 문을 못 열게 되었다며 투덜거렸다. 그래서 크리스와 다른 아빠들과 아이들 몇 명이 축구가 끝난 뒤 삽을 하나씩 들고 그 집을 찾아갔다. "주말 내내 삽질할 뻔했는데 덕분에 살았어요!" 그 아빠가 그들에게 말했다.

이런 식으로 상부상조하는 문화가 생겨나 필요할 때마다 서로를 돕게 되었다. 마당을 함께 청소한 일이 이웃에게 얼마나 큰 도움이 되었는지를 깨닫고 나자 좋은 이웃이 된다는 것이 자신에게 얼마나 큰 의미인지도 새삼 되새길 수 있었다. 그리고 그것은 그의 아이들에게도 아빠가 어떤 사람이 되기를 원하는지, 그리고 아이들도 어떤 모습이 되기를 바라는지 보여주는 기회가 되었다.

크리스는 삶의 다른 부분에도 헌신을 유지하기 위해 여러 규칙과 루틴을 만들었다. 그는 매주 일요일 잠시 시간을 내어 한 주를 돌아본다. 여섯 가지 역할을 제대로 실천하고 있는지 평가하고 채찍질하는 과정이다. "이번 주에는 나의 영성을 위해 몇 시간을 투자했는가? 이번 주에는 사회를 걱정하는 시민이 되기 위해 어떤 일을 했는가? 다음 주에는 친구들을 우선시해도 될까? 같은 질문을 스스로 던지는 시간이에요." 크리스는 말한다.

아내와 가족, 동료들도 크리스와 적극적으로 이야기를 나누며 여섯 가지 역할을 잘 수행할 수 있도록 돕는다. 부족하거나 개선이 필요한 부분에는 조언도 아끼지 않는다. 이러한 활동은 결과적으로 크리스에게 명확한 목적의식을 심어주었고 그는 자신에게 가장 중요한 사람들과 함께 그 목적의식을 신중하게 다듬어 나간다. "이것이 제가 생각하는 잘 사는 삶입니다. 일찍부터 제게 가장 중요한 것이 무엇인지 결정하고 그것을 지키기 위해 노력할 수 있었던 건 큰 행운이죠." 크리스가 우리에게 말했다.

교훈 3: 자신만의 다차원적 삶을 구축하고 유지하라

—

크리스 같은 10퍼센트의 사람들은 삶에서 다차원성을 구축하고 지키기 위해 끊임없이 노력한다. 가정과 직장 일이 힘들어져 그렇게 하기 매우 어려운 때라도 말이다. 다음과 같은 그들의 관행을 따른다면 당신도 그렇게 할 수 있다.

① **상호작용의 구조를 확립한다:** 다양한 친구와 인간관계망을 유지하면서 그것들이 끈끈하게 지켜질 수 있는 방식으로 상호작용을 구성한다. 당신이 소중하게 생각하는 활동들을 일정에 미리 기록해두는 것도 좋다. 한 달에 두 번씩 갖는 저녁 모임이나 매달 한 번 가는 연극 관람, 주 1회 테니스나 야구 경기, 매일 모여 하는 걷기 운동, 혹은 연례 휴가 등이 있을 수 있다.

중요한 것은 그 시간을 지키고 참석한 사람들끼리 서로 의지가 되어주는 것이다. 크리스의 활동처럼 그런 상호작용이 한 번에 두 개 이상의 목표를 달성해준다면 금상첨화다. 아빠와 딸이 함께하는 축구 모임이라면 가족과 친구 두 가지 항목에 체크할 수 있다. 걷기 모임은 신체 활동과 친구와 보내는 시간 두 가지가 결합되어 있다. 정치인에게 특정 운동에 대한 피드백을 엽서로 적어 대량으로 보내는 활동을 하는 지역 정치 모임에 가입한다면 공통의 가치관을 갖는 다양한 사람들과 시간을 보낸다는 개인적 목적의식을 충족할 수 있다. '판타지 풋볼(팬들이 실제 데이터를 활용해 구단을 운영하는 시뮬레이션 게임-옮긴이)' 리그에 참여하는 것도 업무 외의 친구들과 적극적으로 연락할 수 있는 기회인 동시에 스트레스를 해소하는 방법이기도 하다.

② **흐름에 몸을 맡긴다:** 크리스는 다차원적인 구조를 잡고 계획을 세우는 데 있어 엄격한 규칙을 적용했다. 하지만 당신도 반드시 그래야 할 필요는 없다. 어떤 사람들은 삶이 흘러가는 대로 조금

두었다가 다가오는 것들을 받아들이곤 한다. 예를 들어 어떤 활동이나 사건이 왜 자신에게 맞지 않는지 이유를 찾기보다 기회가 생겨나면 그것을 활용하는 것이 이에 속한다.

'플랜 B'에 열린 마음을 갖자. 예를 들어 내가 정확히 원하는 사람들과 저녁이나 술자리를 갖기 위해 계획을 세우다 보면 몇 달씩 걸릴 수도 있고, 모두가 스케줄이 맞지 않으면 결국 포기하게 되는 일도 생긴다. 우리가 인터뷰한 한 사람은 다양한 친구들에게 저녁 식사 계획을 알린다고 했다. "금요일에 술 한 잔 하러 나가거나 음악을 들으러 나갈 거야. 같이 갈 수 있는 사람?" 하고 물어보는 식인데, 이 접근법은 효과가 아주 좋다고 한다. "똑같은 사람들이 두 번 모이는 경우는 한 번도 없었어요. 때로는 예상치 못한 사람이 나타나 깜짝 놀라기도 하는데 그러면 자리가 언제나 흥미로워지고 새로운 친구를 사귀는 데에도 도움이 되었죠."

③ **그 순간을 충분히 즐겨라:** 이렇게 찾아오는 아주 짧은 순간들을 온전히 즐길 방법을 찾아라. 사람들과 함께할 수 있는 의도적인 선택을 내리고, 그 사람과 함께 있을 때는 시간이 짧더라도 온전히 집중해라.

우리가 만난 한 리더는 딸아이를 승마 레슨에 데려다주는 데 걸리는 30분이 정말 소중하다고 말했다. 그 시간에는 아이의 세상에서 벌어지고 있는 여러 가지 일들에 대해 이야기할 수 있다.

일주일 중 그때가 아이와 온전히 일대일로 시간을 보내는 유일한 시간이기 때문에 그는 오가는 길 내내 아이의 말에 완전히 집중하며 그 시간을 최대로 활용하기 위해 노력한다.

또 한 가지 방법은 걷기, 요가, 교회, 지역 행사 등 어떤 활동이 끝나고 서둘러 집에 돌아오지 않는 것이다. 잠시 남아 다양한 사람들과 대화를 나누는 것은 삶에 대해 다른 시각을 가지고 있을지 모를 다른 사람들과 비공식적으로 소통하는 좋은 방법이다.

④ **삶에 대한 시각을 넓혀라:** 많은 이들이 자신과 가장 가까운 사람들로부터 정서적인 지지를 구하곤 하지만 이러한 방식은 회복탄력성이 아닌 자기 연민이나 분노만을 키우는 방식으로 우리의 감정을 더욱 고조시키는, 원치 않는 결과를 가져오기 쉽다. 이를 극복하려면 가장 가까운 가족과 친구 범위를 벗어난 사람들과 소통해야 한다.

우리와 인터뷰한 컨설팅 회사 임원 한 명은 교회에 다니는 동성 신도들과의 성경 공부 모임을 매우 중요하게 생각하고 있다고 답했다. 그 모임에서는 공동체 내에서 도움이 필요한 사람을 발굴해 돕고, 지역 사회에 일손이 필요한 경우에는 적극적으로 나선다. 이 모임에 참여하면서 그는 다른 사람들의 어려움에 대해 관심을 가지게 된 것은 물론 자신의 삶에서 긍정적인 부분을 더욱 고마워할 줄 알게 되었다고 했다. 그렇게 이 모임은 그에게 목적의식과 폭 넓은 관점을 가져다주는 중요한 원천이 되었다.

우리와 인터뷰한 사람들 일부는 앞의 방법을 통해 워라밸을 얻기도 했다. 하지만 이것은 워라밸만을 위한 것이 아니다. 다차원적인 삶을 살며 다른 사람들과 진정성 있고 심도 깊은 관계를 맺는 것은 우리의 행복에 반드시 필요하다. 공식적이든 비공식적이든 다른 사람들과 소통하면 일터 안팎 모두에서 성공을 거두는 데 도움이 된다. 신경학자 조엘 살리나스는 이렇게 말했다.

"다른 사람들과 소통을 하면 …… 일련의 근육을 훈련하는 것처럼 우리 두뇌를 훈련하여 우리의 반응과 대응, 감정을 관리하는 두뇌 회로가 만들어집니다."

또한 다차원적인 삶에 푹 빠져 있을 때는 건전한 방식으로 주의를 분산시켜주는 요소가 많기 때문에 감정적인 무게를 덜 느낄 수도 있다. "긍정적으로 우리의 관심을 끌어당기는 다른 사람들과 함께 있을 때에는 자신의 문제를 그다지 깊이 생각하지 않게 됩니다." 살리나스의 말이다.

다른 사람들과의 교류가 더 창의적인 문제 해결 능력을 키워주고 고혈압 같은 스트레스의 신체적 영향을 줄여준다는 증거는 꽤 많다. 10퍼센트의 사람들이 깨달은 것처럼 다른 사람들과 소통하면서 특히 줌아웃 하듯 멀리서 객관적으로 바라볼 수 있다면 문제를 이전보다 더 나은 시각으로 볼 수 있게 된다. "이런 경험을 한 사람이 나뿐만이 아니구나"라든가 "다른 사람들은 나보다 훨씬 더 힘들겠네" 같은 생각을 할 수 있게 되는 것이다. 다른 사람과 그런 식으로 소통한다면 미세 스트레스의 크기를 적절히 줄일 수 있다.

마지막으로 살리나스에 따르면 삶에서 여러 차원을 갖게 되면 단 한 가지 활동에만 우리의 정체성이 매여 있지 않게 된다. 대표적인 예가 바로 일이다. 살리나스는 20대와 30대 초반에 큰 성공을 거둔 사람들은 번아웃을 경험할 가능성이 높다고 여러 연구에서 확인되었다며, 그들이 다른 차원을 개발하지 않았기 때문이라고 말한다. "이른 나이에 직장에서 성과를 올린 사람일수록 일에만 몰두했을 가능성이 높습니다. 때문에 그 사람의 정체성은 오로지 업무 하나로만 정의됩니다. 인간관계도 온통 일과 얽혀 버리고요. 그건 곧 직장에서 긍정적인 일이 있으면 대단히 기분이 좋아지지만 부정적인 일이 있으면 기분이 바닥까지 곤두박질친다는 뜻이기도 하죠."

다른 사람들과 소통하고, 가벼운 대화를 나누고, 공통의 관심사를 공유하고, 잠깐 다른 사람의 시각에서 세상을 바라보는 것만으로도 매일 겪는 미세 스트레스로부터 벗어날 수 있다. 하지만 인생을 살다 보면 신경써야 할 일들이 너무나도 많아 우리가 한때 그렇게도 좋아했던 활동과 인간관계를 놓아버리는 경우가 많다. 너무 바쁘기 때문이다.

'미국인의 삶 조사Survey on American Life'에 따르면 친구가 한 명도 없다고 답한 사람의 비율이 지난 30년간 네 배로 늘었다.[10] 설문에 참여한 사람 중 거의 절반이 지난 1년간 친구들과 연락이 끊겼다고 답했고, 열 명 중 한 명은 친구들 **대부분**과 연락하지 않는다고 답했다. 대단히 걱정스러운 상황이다.

인간관계가 얼마나 다차원적인지 살펴보기

[표 5-2]를 이용해 당신이 업무 외에 최소 2~3가지 차원으로 다른 사람들과 소통하고 있는지 알아보자.

첫 번째 열에는 다양한 상호작용 영역을 적는다. 두 번째 열에는 이 네 가지 영역 안에서 다른 사람들과 상호작용하고 있는지, 한다면 어떻게 하는지 적는다. 세 번째 열에는 각 영역의 활동에 참여하여 그룹과 소통할 방법들을 찾아보고, 개인적 성장의 기회를 추가한다. 마지막 열에는 이런 그룹이나 활동에 진정으로 푹 빠질 수 있도록 구체적인 행동 계획을 적어본다.(표 5-2에서 이 열에는 우리와 인터뷰한 사람이 계획한 행동 예시가 적혀 있다.)

이 표를 작성하는 동안 우리와 인터뷰한 사람들이 유익하다고 손꼽았던 두 가지 전략을 생각해보자.

① **과거에 했던 활동으로 돌아간다:** 많은 사람들이 젊었을 때 했던 여러 가지 취미 생활을 중단했다고 답했지만 지역 농구팀, 교회 성가대, 주말의 낚시 등의 활동을 쉽게 다시 시작할 수 있는 기반은 여전히 남아 있고, 그것을 이용해 새로운 친구를 사귈 수도 있다.

② **예전에 만났던 인간관계로 돌아간다:** 10퍼센트의 사람들은 시간이 흐르면서 소홀히 했던 인간관계를 되찾은 다음 각자의 집에서 매월 한 번씩 저녁식사를 한다거나, 온라인으로 모노폴리 게임을 한다거나, 대학교 동창들과 매년 야유회를 하면서 중간, 중간에 채팅이나 줌ZOOM 미팅을 하는 등의 방법으로 계획적인 활동을 하는 경우가 많았다.

[표 5-2] **인간관계의 차원 평가하고 개선하기**

영역	이 차원에서 다른 사람들과 어떻게 소통하는가?	이 영역에서 인간관계를 구축하기 위해 어떤 조치를 취할 수 있는가? - 되돌아갈 수 있는 과거의 활동과 인간관계를 다시 생각해본다. - 가입할 수 있는 그룹과 연락할 수 있는 사람, 또는 그런 인간관계를 우선순위로 삼을 수 있도록 시간을 재분배할 방법을 찾아본다.	행동 예시
친구·공동체: 운동이나 책, 식사 모임 같은 단체 활동을 통해 종종 만들어짐.			지역 공동체 센터에서 농구팀 가입하기.
시민·자원봉사: 목적의식을 창출하는 의미있는 그룹에 기여하고, 우리가 다양하면서도 비슷한 생각을 지닌 사람들과 접촉하게 해줌.			도움이 필요한 아이들에게 재무의 기초를 가르쳐 자신의 기술과 경험을 재능기부하기.
가족: 구성원 돌봄, 가치 있는 행동 본보기, 확대 가족과 함께 전통과 가치관 실천 같은 행동을 이용함.			저녁 함께 먹기와 세대를 통해 전해져 내려온 요리 비법 공유 같은 가족 전통을 우선시하기.
영적·예술적: 종교, 음악, 예술, 시, 그 외의 삶의 미적 영역을 둘러싼 상호작용을 통해 업무를 더 넓은 시각에서 보게 해줌.			오랫동안 방치했던 바이올린을 꺼내고 지역 실내악 연주 모임에 가입하여 클래식 음악을 향한 열정에 다시 불붙이기.

살리나스의 연구는 내 이야기를 들어줄 누군가가 있는 것만으로
도 인지적 회복탄력성이 더 높아진다는 것을 보여준다. 인지적 회
복탄력성이란 뇌의 신체적 노화나 질병으로 인해 기대되는 수준보
다 더 잘 기능할 수 있는 두뇌의 능력 척도다. "다른 사람들과의 소
통은 뇌의 노화와 질병에 미치는 부정적 영향에 완충제 역할을 하
는 것처럼 보입니다. 그 경우 인지 연령은 자신보다 네 살 어린 누
군가와 비슷한 정도예요. 말 그대로 우리 건강에 좋다는 겁니다."[11]

전반적인 행복을 즐기려면 스트레스에 맞서 싸우는 것뿐만 아니
라 회복탄력성과 신체적 건강, 목적의식을 가지고 원하는 삶을 살
수 있도록 도와줄 전략을 개발해야만 한다. 이 세 가지 요소 각각에
서도 다른 사람들과의 연결은 매우 중요한 역할을 한다. 밀려오는
미세 스트레스의 공격에서 살아남는 것이 반드시 고독한 싸움이어
야 할 필요는 없다. 아니, 오히려 그래선 안 된다.
다음 장부터는 인간관계의 진정성과 다양성이 단순히 만족스러
운 삶이 주는 혜택이 아닌, 행복한 삶의 필수 요소라는 사실을 설명
하겠다.

- **부정적인 상호작용은 우리의 행복에 과도하게 큰 영향을 미친다.** 삶에서 단 두 세 가지의 미세 스트레스를 제거하기만 해도 상당한 차이를 만들 수 있다.

- **우리 모두가 본받을 수 있는, 10퍼센트의 사람들이 잘해내고 있는 점 세 가지**

  ① 개인적 미세 스트레스에 맞서기
  ② 나중에 되돌아올 수 있는 미세 스트레스를 유발하고 있는 상황 인식하기
  ③ 많은 미세 스트레스에 면역을 발휘할 수 있는 다차원적 삶 살기

- **다른 사람들은 우리가 삶에서 미세 스트레스를 느끼는 원인이지만 동시에 해결책이 되기도 한다.** 습관과 생활 방식에 아주 약간의 변화를 가하면 미세 스트레스의 강력한 해독제를 제공할 뿐만 아니라 회복탄력성과 신체적 건강, 목적의식이라는 중요한 기반을 형성해주는 인간관계를 다질 방법을 찾을 수 있다.

- **미세 스트레스에 맞서기 위해 절친 한두 명이 반드시 필요한 것은 아니다.** 오히려 일터와 개인적 삶에서 다양한 관계를 갖추면 미세 스트레스를 전체적인 시각에서 바라보는 데 도움이 된다. 그리고 보다 만족스러운 삶을 살 수도 있다.

- **10퍼센트의 사람들의 비결은 다른 사람들과의 관계 속에서 작은 순간들을 더욱 풍요롭게 보낸다는 것이다.** 그들은 행복을 언젠가 특정 수준의 소득을 달성했을 때나 특정 일자리를 얻었을 때, 드디어 은퇴했을 때 닿을 수 있는 지평선 너머의 어떤 것이라고 여기지 않는다.
  그들은 자신이 진정으로 속할 수 있는 여러 개의 그룹을 갖는 형식으로 삶을 조직한다. 그리고 그런 사람들과 유대를 맺는 작은 순간들에 더욱 집중하며 회복탄력성과 신체적 건강, 목적의식의 주요 기여자로 삼는다.

6장

미세 스트레스에 맞서는 무기 1. 회복탄력성

미세 스트레스와 그것의 부정적인 영향에
맞서는 능력을 키우는 일곱 가지 방법

마취과 의사인 마이클은 존경받는 병원의 부서장으로서 매일 겪는 어려움을 묵묵히 헤쳐 나가는 데 익숙했다. 수백 명의 의사와 간호사들을 책임지고 있는 그의 하루는 수많은 미세 스트레스로 가득했다. 행정 업무의 우선순위가 이리저리 뒤섞였고, 다른 부서장들과 목표의 방향이 맞지 않았으며, 관료주의적 요건들로 인해 수행 능력이 떨어지기 일쑤였고, 손 큰 기부자들의 요구 때문에 자신의 우선순위에 집중하기 어려워지는 등, 문제는 끝이 없었다. 그래도 그는 병원 안팎에서 다양한 인간관계를 구축해놓은 덕분에 이런 어려움을 모두 이겨낼 수 있었고 이런 관계들은 그가 미세 스트레스를 관리하는 데 도움을 주었다. 그래서 압박이 큰 업무를 힘들게 처리해 나가면서도 승승장구할 수 있었다. 그런데 코로나 팬데믹이 터지면서 그 모든 게 한순간에 뒤바뀌었다.

마취과는 원격 의료로 전환할 수 있는 과가 아니었기에 그와 그의 팀원들은 어수선한 병원에 매일 출근해야만 했다. 그가 매우 아끼는 팀원들은 물론 팬데믹으로 힘들어하는 수많은 환자들을 보살피는 책임은 그야말로 막중했다. "두 달 동안 밤에 잠을 이룰 수가 없었어요. 빈약한 보호 장구만 입히고 언제 누가 감염될지도 모르는 채로 팀원들을 매일 전쟁터로 내보내야 했거든요." 하루 16시간 근무를 밥 먹듯 하는 이런 특별한 상황에서 마이클은 팀원들이 언제 어떻게 일할지를 결정해야 했다. "밤에도, 주말에도 동료 중 누군가가 울면서 전화를 했어요. 솔직히 다들 자기 목숨이 걱정되는 상황이었으니까요." 그가 당시를 떠올리며 말했다.

하지만 마이클은 그런 치열한 스트레스의 시기에 대비가 잘 되어 있었다. 그는 일상적인 미세 스트레스를 헤쳐 나가도록 도와준 다양한 사람들과 수년에 걸쳐 진정한 인간관계를 쌓아 놓았다. 그래서 그가 생전 경험해보지 못한 수준까지 스트레스가 치솟았을 때에도 팬데믹 기간 동안 업무 방식의 변화로 인해 생겨난 미세 스트레스를 어느 정도 제거해줄 믿을 만한 사람들이 있었다. 마이클의 인간관계는 그의 업무를 일부 넘겨받아 그가 다른 일을 할 시간을 늘려주고, 그의 부서에 추가 자원을 빌려주고, 그가 매일의 어려움을 어떻게 이겨낼지 생각하도록 도와주는 등, 다양한 지원을 제공했다. "제 동료들이 얼마나 고마운지 모릅니다. 그 전까지는 일상에서 우리가 얼마나 서로를 도와주는지 생각조차 못하고 있었던 것 같아요."

그가 다양한 개인적 직업적 인간관계를 구축하기 위해 들였던 노력은 팬데믹 기간 동안 무서운 속도와 양으로 축적되었던 매일의 미세 스트레스를 헤쳐 나가는 데 필요한 회복탄력성이 되어 돌아왔다. 그가 병원의 다양한 사람들과 인간관계를 미리 다져놓지 않았더라면 팬데믹의 어려움이 훨씬 더 치명적으로 다가왔을 것이다.

우리 대부분이 팬데믹 기간 도중 경험한 어려움은 우리의 회복탄력성을 측정하는 일종의 시험대가 되었다. 마이클처럼 매일같이 목숨의 위협을 느끼지는 않았을지 몰라도 우리의 삶은 이전에 전혀 경험하지 못한 미세 스트레스로 돌연 가득 채워졌다. 코로나 팬데믹은 개인적이거나 일적인 인간관계들이 엄청난 스트레스의 기간을 이겨내는 데 얼마나 필수적인지 깨닫게 해주는 중요한 계기였다. 인간관계를 구축하고 매일의 삶에서 그것을 이용하면 규모에 상관없이 어떤 어려움이든 보다 민첩하고 유연하게 대처하도록 도울 수 있다.

일상에 회복탄력성이 깃들어 있으면 직업적 성공과 신체 및 정신 건강에 아주 중요한 역할을 한다. 회복탄력성이 높은 사람들은 일적으로 더 성공적이며 새로운 일자리나 승진을 두고 경쟁할 때도 우위에 있다는 연구 결과가 많다.[12]

회복탄력성이 높은 사람들은 힘든 일이나 경제적 어려움에도 더 잘 대처한다.[13] 또한 회복탄력성은 번아웃으로부터 사람들을 보호하며, 큰 희망이나 낙관주의와도 상관관계가 있는 것으로 나타났다.[14] 그리고 회복탄력성이 높은 사람들은 힘든 시기에 신체적으로

나 정신적으로 아플 가능성이 더 낮으며 업무 만족도도 더 높다고 한다.[15] 회복탄력성이 높은 사람들은 주변 환경이 변화하고 그들이 가진 기술이 구식이 되어 쓸모없어지면 새로운 기술을 더 잘 배우기도 한다.[16]

일상의 미세 스트레스로 인해 본궤도에서 벗어나지 않으려면 우리 모두 회복탄력성이 필요하다. 우리 연구에서 만난 10퍼센트의 사람들은 내면 깊숙한 곳의 투지 같은 것을 찾으려 깊이 파고들어 갈 필요 없이, 다른 사람들과의 상호작용을 통해 회복탄력성을 기르고 다질 수 있다는 사실을 보여주었다. 그리고 앞서 언급한 것처럼 회복탄력성은 언제나 내 뒤를 봐주는 영혼의 단짝 친구에게 달려 있는 것도 아니다. 나의 삶 속에 있는 다양한 사람들과 진정한 관계를 맺으며 사소한 순간들 속에서 쌓을 수 있는 것이다.

적절한 때에 적절한 종류의 지원을 받으려면 당신이 맺고 있는 인간관계 속 적절한 사람들에게 손을 내밀 수 있는 일종의 **민첩성**이 필요하다. 예를 들어 때로 우리는 공감이 필요하지만 그것이 지나치면 자기 연민에 빠져 전진할 수 없게 될 수 있다. 또 때로는 나아갈 길에 대한 조언이나 새로운 시각, 그저 삶의 불합리함에 허허 웃고 떨칠 수 있는 힘도 필요하다. 그래야 작은 계기로도 마음가짐을 새로이 하고 부정적인 생각의 늪에 빠져들지 않을 수 있다.

이 장에서는 그 방법은 무엇인지, 어떻게 매일의 미세 스트레스 공격과 삶에서 찾아오는 중대한 어려움의 시기를 이겨내도록 돕는 튼튼한 회복탄력성 인맥을 구축하고 유지할 수 있는지 설명하겠다.

회복탄력성 높은 사람들의 인맥은
어떤 모습일까?

—

사람들은 대부분 어려운 시기에 가까운 가족과 친구에게 의지한다. 하지만 **아주 가까운 사람들** 외의 사람들 또한 우리가 마주하는 일상적인 미세 스트레스에 회복탄력성을 발휘하도록 중요한 역할을 할 수 있다.

10퍼센트의 사람들은 일상의 미세 스트레스를 헤쳐 나가는 데 도움이 되는 방식으로 인맥을 구축하고 키우는 능력이 특별히 뛰어났다. 그들이 더 힘든 일을 겪고 있을 때 기존의 인맥은 회복탄력성에 매우 중요한 요소가 되었다.

회복탄력성은 힘들 때 기댈 사람들뿐만 아니라 그런 사람들과의 상호작용 자체에서도 나온다. 우리의 계획이 옳음을 확신하게 해주고, 새로운 시각을 제공하고, 함께 웃으면서 진정으로 아끼는 마음이 들게 해주기도 하며, 그저 다시 일어서서 도전하도록 격려해주는 그런 대화 말이다.

회복탄력성은 미세 스트레스에 대처하는 데 있어 필수적이다. 미세 스트레스가 닥쳐오는 순간, 어떻게 우리 삶의 여러 인간관계에 도움을 청하여 회복탄력성을 찾을 수 있을까?

나의 주변에는 공감 어린 지원을 해주는 사람이 있는가?

—

어려움을 겪고 있을 때 항상 다른 사람의 조언이나 인도를 받고 싶은 건 아니다. 때로는 그저 나의 이야기를 들어주고 고개를 끄덕여줄 사람이 필요하다. 이런 종류의 도움은 우리의 정서적 균형을 잡는 데 큰 힘이 된다.

결혼한 사람이라면 배우자가 조언을 듣고자 한 것이 아니라는 사실을 모른 채 그 사람의 불만을 듣고 실용적인 해법을 제안했다가 큰 갈등을 겪는 등의 경험을 익히 해보았을 것이다. 이런 대화가 제대로 이루어진다면 사람들은 그 순간에 자신이 필요로 했던 것을 얻을 수 있다.

"저는 제가 느끼는 대로 마음껏 감정을 분출하고 이야기를 할 수 있어요. 그러면 제 남편이 듣고 있다가 이렇게 말하죠. '걱정하지 마. 다 잘 될 거야.' 물론 저도 그 말이 항상 진실이 아니란 건 잘 알고 있어요. 하지만 그런 말을 들으면 마음이 안정돼요." 한 성공한 은행가는 우리에게 이렇게 털어놓았다.

공감 어린 지원은 세 가지 측면에서 미세 스트레스를 상쇄시킨다. 첫째, 감정적인 분출을 할 수 있게 해준다. 안전한 장소에서 화를 냄으로써 우리는 조금 더 이성적인 대응을 할 수 있는 단계로 올라갈 수 있다. 둘째, 우리의 생각을 확인해준다. 우리가 겪고 있는 일이 힘들다거나 우리가 화를 내고 짜증내는 것이 당연한 일이라고 다른 누군가가 인정해주는 것이다. 이러한 확인은 자기 회의나 자신이 틀렸으면 어쩌나, 하는 생각으로부터 오는 미세 스트레스를 없애준다. 마지막으로 공감 어린 지원은 그들이 우리를 아끼고 있음을 보여준다. 누군가가 나를 위하고 아끼고 있다는 사실을 아는 것만으로도 마음이 침착해지는 효과가 있으며 역경에 홀로 맞설 필요가 없다는 확신을 준다.

우리와 인터뷰한 한 사람은 직장에서 아주 바쁜 시기를 보내고 있을 때 교회의 다른 신도들로부터 느낀 감정을 설명해주었다. "그들의 존재감만으로도 힘이 되었어요. 내게 아무 말 해줄 필요도 없었죠. 그저 나와 함께 앉아 시간을 보내는 것만으로도 그들이 날 아끼고 있음을 느낄 수 있었어요."

미세 스트레스를 극복하는 데 있어 공감 어린 지원은 단순히 나를 위로해주는 데서 그치지 않는다. 힘든 상황을 헤쳐 나가기 위한 결심을 굳히는 데 일시적인 지원으로 이용할 수도 있다.

IT업계 임원인 게이브는 아내와 가까운 친구들에게 크게 의지하며 공감 어린 지원을 받는다. 그의 아내는 그와 같은 회사에서 일하고 있어서 두 사람은 업무에 대해 '공동 화풀이 시간'을 갖는다. 그저 생각을 소리내어 말하는 것만으로도 게이브는 생각이 또렷해지고 차분해지는 것을 느낀다. 그의 아내는 그가 직면한 문제라면 다른 누구라도 대처하기 힘들 것이고 그가 자신을 너무 가혹하게 평가한다는 사실을 상기시키며 그를 안심시킨다. 게이브는 또한 자신과 같은 IT업계 종사자부터 만화가까지 다양한 사람들로 구성된 친구 그룹을 통해 스트레스를 해소한다. 그들과 함께 있을 때면 마음 놓고 농담을 건네며 본래의 자기 모습을 드러낼 수 있다고 느낀다.

"서로 위로하는 것만으로도 에너지가 재충전되는 느낌이에요. 힘겨운 일을 헤쳐 나가고 있는 사람이 나 혼자가 아니라는 사실을 아는 것만으로도 큰 위로가 되죠." 그렇게 시각을 조금 넓히는 것만으로도 게이브는 마음을 가다듬고 이 어려움을 헤쳐 나갈 길을 찾을 수 있다.

공감 어린 지원을 주고받는 법

① **공통의 경험이나 어려움을 겪고 있는 사람들을 찾는다:** 힘든 시기에 사랑하는 이들이 우리를 격려해주는 것도 좋지만 우리가 무슨 일을 겪고 있는지 그들이 항상 완벽히 이해하는 것은 아니다. 그럴 땐 전에 당신과 같은 처지에 있었던 사람들을 찾아라.

이전에 당신의 일을 했던 사람과 연락하여 상사의 변덕스러운 기분을 어떻게 헤쳐 나갔는지 물어도 좋다. 당신과 비슷한 상황에 처해본 적이 있고 당신의 이야기를 들어주고 새로운 시각을 제시하는 사람을 찾는 건 회복탄력성의 강력한 원천이 된다.

② **의무가 아닌 전통을 만든다:** 인맥에 속한 사람들과 만나도록 정해진 일정을 짜서 연결을 유지해라. 종종 이런 기회는 일종의 전통이자 사회적 유대를 위한 불가침의 영역이 될 수 있다.

컨설팅 회사의 한 고위 리더는 수십 년 동안 친한 대학교 동창들과 함께 매년 한 번씩 주말 여행을 떠난다고 말했다. "1년에 딱 한 주뿐이지만 다들 어떤 상황에 처해 있든 모두 약속을 지켜요." 그들은 아이를 낳고, 다른 나라로 이민을 가고, 심지어 건강에 위기가 닥쳤을 때에도 모두 이겨내고 이토록 긴 인연을 유지했다. 늘 일상을 함께하는 것이 아니기 때문에 오히려 편견 없이 서로의 어려움을 나누고 이해할 수 있었다. 그리고 이러한 동지애는 그룹 채팅으로도 이어져 일 년 내내 거의 매일 서로에게 든든한 지원을 할 수 있었다.

③ **받은 대로 남에게 베푼다:** 다른 사람들에게 공감 어린 지원을 해준다. 다른 사람에게 문제가 있다면 나서서 그걸 해결해주려고 들기 쉽다. 하지만 귀 기울여 경청하는 것만으로도 큰 가치를 만들어줄 수 있다.
조언을 해주려 들기 보다는 "정말 힘들겠군요"나 "당신에게 얼마나 힘든 일일지 상상이 가요" 같은 간단한 말을 해주는 것도 좋다. 말은 적게 하고 더 귀 기울여 들어라.

현실적인 도움을 줄
롤모델 찾기
—

감정을 해소하는 것도 좋지만 결국에는 앞으로 나아갈 현실적인 방법이 필요할 것이다. 이때 인간관계는 두 가지 측면에서 도움이 된다. 첫째, 앞으로 나아가기 위한 실제 모델을 제시한다. 비슷한 상황을 겪어본 사람에게 어떻게 대처했는지 물을 수 있다. 둘째, 좋은 인간관계는 앞으로 나아갈 의욕을 준다. 나에게 동기를 부여함은 물론, 자기 연민에 빠져 허우적거리는 대신 새로운 일을 시도할 수 있는 용기를 줄 수도 있다.

회복탄력성이 높은 사람들은 다른 사람들의 아이디어를 더욱 광범위하게 활용하여 앞으로 나아갈 다른 길을 상상할 수 있다. 그리고 소소한 순간들에 이를 빠르게 적용하여 미세 스트레스가 확대되는 걸 막을 수 있다. 우리 자신의 문제를 조금 더 잘게 쪼개 관리할 수 있는 수준까지 만들고, 힘겨운 일을 진행시킬 새로운 길을 찾고, 행동에 나설 동기를 얻는 데 도움이 되는 사람들과 관계를 구축하여 회복탄력성을 키우자.

공감은 당신을 아끼는 사람이라면 누구로부터든 나올 수 있다. 당신의 인맥 속에는 나아갈 길을 알아보고 따라가도록 도울 사람이 있다. 해당 상황의 구체적인 내용을 이해할 수 있는 사람을 찾아라. 회사가 어떻게 돌아가는지 알거나 당신에게 미세 스트레스를 유발하는 특정 사람과 상호작용을 해본 적 있는 사람일 수도 있다. 그런 사람들이 주는 조언은 구체적이고 실천 가능하다.

한 사람이 여러 가지 역할을 수행할 수도 있다. 예를 들어 공감어린 경청자가 나아갈 길을 계획하도록 도울 수도 있다. 하지만 한 사람이 여러 역할을 하는 데 너무 의존하지 않도록 인맥 내에 다양한 사람을 둘 필요가 있다는 것을 잊지 말자.

제조업체의 리더인 이사벨은 미세 스트레스가 쌓일 때면 회사 동료와 가족 모두에게 의지한다. 어떤 상황에서는 다른 회사에서 비슷한 일을 하는 형제자매로부터 도움을 받기도 한다.

이사벨은 언니에게 전화를 걸어 "언니, 나 지금 직원들이 새 시스템에 적응하게 하는 데 애를 먹고 있어. 사람들이 변화에 참여하게 만들고 싶을 때 어떤 전략을 썼어?"라고 물어본 적이 있다. 작은 규모의 그룹을 감독하다가 더 크고 광범위한 조직을 이끌게 되었을 때에는 권한 위임에 경험이 있는 오빠에게 의지하기도 했다.

10퍼센트의 조언 | 2
누구에게 상담할까?

① '확실한 태도를 보이는' 상담자들을 둔다: 이런 사람들은 어떤 길을 택하고 무엇을 버릴지 알아보도록 도와준다. 당신이 그런 사람들에게 의지하는 건 그들이 신랄한 조언을 해줄 것을 알기 때문이다.

그들은 단순히 당신의 생각을 테스트하는 대상이 아니다. 이들은 당신이 옳은 결정을 내리도록 도와줄 것이라 믿을 수 있는 사람이다. 당신이 믿는 전문 멘토일 수도 있고, 당신과 이 상황을 잘 아는 직장 동료일 수도 있고, 삶에서 비슷한 어려움을 겪어본 당신의 부모님일 수도 있다. 당신의 인맥 중에서 누가 본론으로 바로 들어가 결정을 내릴 수도 있도록 도와주는지, 누가 "그런 일에 시간 낭비하지 마"라든가 "내가 너라면 바로 들어가서 승진시켜 달라고 요구할 거야" 같은 말을 하는지 생각해보고 그런 목적을 위해 그 사람에게 의지해라.

② 진실을 말하는 사람을 찾는다: 진실을 말하는 사람이란 당신에게 솔직할 것이라고 믿을 수 있는 사람, 듣기 힘든 말을 하더라도 당신이 묵살하지 않을 사람을 말한다. 몸에 좋은 약은 입에 쓴 법이다. 진실을 말하는 사람

은 더 큰 그림을 보는 데 있어 반드시 필요한 사람이다.

우리와 인터뷰한 한 사람은 승진에서 누락된 뒤 자기 연민에 빠져 힘들어할 때가 있었다고 한다. 그러자 하루 이틀 정도 공감을 보이던 남편이 돌연 진실을 말했다. "큰 틀에서 보자면 당신은 불평할 거 하나도 없어. 좋은 회사에 다니고 있고 가족들 모두 행복하잖아. 그만 잊어버려."

남편만큼 가까운 사람일 필요도 없다. 우리 연구에서 밝혀낸 10퍼센트의 사람들은 커리어 초기에 함께 일했던 상사나 자신을 처음 고용한 사람에 대해 종종 이야기했다. 그들은 듣기 힘든 진실일지라도 그 사람들이 말해준 것을 존중했기 때문에 그 사람과의 관계를 계속해서 중요하게 여길 수 있었다고 이야기했다.

그중 한 고위 관리자는 이렇게 설명했다. "일에 관한 솔직한 이야기를 나눠야 할 때, '이걸 어떻게 하면 좋을까요? 이런 일을 전에 겪어본 적 있으세요?' 같은 질문에 새로운 시각이 필요할 때 함께 일했던 선배를 찾았어요. 그만큼 신뢰가 매우 돈독했으니까요."

다른 시각에서 보면
문제의 답을 찾을 수 있다

—

장애물을 만나면 패닉에 빠지기 쉽지만 좀 더 넓은 시각으로 바라보면 더 긍정적인 해결책을 찾을 수 있다. 이런 식으로 시각을 넓히는 것을 **최악의 경우를 떠올리는 데서 벗어난다**de-catastrophizing고 표현한다. 그런데 혼자 힘으로 그렇게 하는 것은 너무나 어렵다. 다른 사람들의 도움으로 한걸음 물러서고, 상황을 다르게 규정하고, 더 넓은 시각에서 우리의 문제를 바라볼 때 그 상황을 더 잘 이겨낼 수 있다.

찰리는 자신이 중요한 회의에 배제된 것을 알고 당장 이사의 사무실로 쳐들어가고 싶었다. 화가 점점 더 끓어오르는 것을 깨달은 그는 일단 자신의 업무 그룹에 속해 있지 않으면서 자신이 신뢰하는 동료에게 전화를 걸었다. 그는 찰리와 같은 상처를 받지 않았기에 냉정하게 그의 시각을 바꾸도록 도움을 주었다. "오늘은 아무것도 하지 마세요. 당신의 상사가 지금은 많은 일을 감당하고 있잖아요. 당신이 포함되지 않은 응당한 이유가 있거나 그저 실수였을지도 몰라요." 그것은 정말이지 옳은 조언이었다. 나중에 상사와 대화를 나누고 보니 오히려 찰리가 필요 없는 회의에 들어가 시간을 낭비하는 것을 막아준 것이었다.

언제든 상황은 우리가 걱정하는 것만큼 나쁘지 않은 경우가 많다. 어려움을 극복하는 것이 더 큰 목표를 향해 나아가는 과정의 일부라고 생각할 때 더욱 그렇다.

일이 버거울 땐
가까운 사람과 나눠라
—

중요한 고객으로부터 방금 들어온 요청, 팀의 인원 부족으로 인한 힘든 시기, 부담이 큰 이사회 앞 발표 등, 직장에서 갑자기 일이 확 늘어난 경험을 떠올려보라. 그런 기간을 어떻게 이겨냈는가? 보통의 사람 같다면 아마 그 일을 어떻게든 해내기 위해 기를 쓰고 노력했을 것이다. 몇 시간씩 야근을 하고, 가족과 온전히 시간을 보내려 애쓰는 와중에도 집중력을 분산시키며 틈틈이 일을 처리하고, 아니면 개인적으로 계획했던 일들을 모두 취소했을지도 모른다. 하지만 이런 특별한 노력에는 대가가 따른다. 직장이나 가정에서 책임의 급증으로 인해 더 열심히 일하다 보면 모든 일이 어그러지며 자기 삶에 대한 통제력을 잃기 십상이다.

당신이 갖춘 인맥에 도움을 청하는 것이 훨씬 더 회복탄력성이 뛰어난 접근법이다. 앞서 언급했던 마취과 의사 마이클의 예를 생각해보자. 팬데믹 당시에 업무량이 말도 못하게 늘어났지만 그는 혼자 힘으로 모든 걸 해내지 않았다. 그는 다른 부서장들과 다져놓았던 끈끈한 업무 관계를 이용해 업무량 급증을 공동으로 관리했다. 다른 동료가 행정 직원을 '빌려주어' 마이클 부서의 일정 관리나 다른 운영상 업무를 돌봐주었다.

"정말 중요했던 두세 번의 기점에서 그들의 도움이 없었다면 우리는 완전히 붕괴되었을 거예요." 이 힘든 시기에 마이클이 특히 잘했던 것은 작지만 구체적으로 도움을 요청한 것이었다. 그는 나서서 도와줄 믿음직한 사람들이 있다는 걸 아는 것만으로도 그 시기에 가장 중요한 일에 집중할 수 있었다고 말했다.

나의 핵심 가치관을 기억하라

① **새로운 렌즈를 통해 세상을 바라본다:** 당신이 하는 일과 관계가 거의 혹은 전혀 없는 멘토나 친구에게 의지하는 것도 좋다. 이런 외부인의 새로운 시각은 덜 감정적인 시각에서 바라본 큰 그림을 상기시킴으로써 매일 받는 미세 스트레스를 줄이는 데 도움을 준다.

다른 사람들로부터 얻는 시각 중에서도 특히 효과적인 것이 바로 "그만해!" 같은 형태다. 우리가 과도하게 고민하고, 스트레스 받고, 자기 비판이 심해져 빠져나올 수 없을 때 다른 사람이 해줄 수 있는 직설적인 조언 말이다. 평상시 늘 내 편이 되어주고 다정한 배우자나 가까운 친구가 자기 의심에 빠져들고 있는 우리를 막아서면서 "너무 생각을 많이 하고 있어. 그런 생각 당장 그만둬"라고 말하는 것이 이에 속한다.

② **자신의 핵심 가치관을 강화한다:** 미세 스트레스의 공격을 받고 있을 때는 자신의 핵심 가치관을 명심하도록 도와주는 사람들과 유대를 쌓아라. 아주 오랫동안 알고 지내서 당신의 직업적 지위 같은 것에는 아무 관심도 없지만 한 인간으로서 당신을 매우 아끼는 친구 같은 사람도 좋다.

독서 모임, 기도 모임, 또는 자원봉사 단체도 가치관을 공유하지만 서로 다른 삶을 살아온 사람들과 유대를 제공한다. 10퍼센트의 사람 중 한 명은 어린 시절 친구와 농구를 함께 하면서 커리어와 관련해 어려운 결정에 대해 의논한 이야기를 해주었다. "열심히 농구를 하다가 친구가 제 이름을 부르더니 이런 말을 하더군요. '야, 네가 언제부터 그렇게 멋있는 직함 같은 것에 집착했냐?' 그 말이 맞았어요. 제가 하는 일이 직함보다 훨씬 더 중요하죠."

현명하게 도움 청하기

① **인맥 속 사람들을 먼저 적극적으로 돕는다:** 사람들에게 도움을 청하거나 다른 사람들을 돕겠다고 나서기 위해 위기 상황까지 기다릴 필요가 없다. 시급한 사안이 없을 때라도 사람들을 도울 방법을 찾아보면 앞으로 서로 도움을 주고받을 기반을 다질 수 있다.

다른 사람들에 대해 좋게 말하거나 다른 사람들이 함께 있는 자리에서 잘 한 사람을 칭찬하고 공을 돌리는 등의 원칙을 정해 실천하는 것처럼 간단 한 것도 좋다. 작은 행동이 신뢰와 호혜를 가져다 주고 책임의 급증이 일 어날 때 믿고 의지할 수 있는 인간관계의 씨앗이 된다.

② **동료들이 나를 도울 가치가 있는 사람이라 여기게 만든다:** 꼭 당신의 책 임이 아닐 때라도 다른 사람들이 필요로 할 때 시간을 할애하거나 문제 해결을 도우며 꼭 필요한 것 이상의 도움을 제공하면 좋다. 당신이 먼저 **그런 동료**가 된다면 다른 사람들도 당신이 도움을 필요로 할 때 기꺼이 도와주려 나설 것이다. 그들의 도움이 나중에 결실을 가져오리라는 것을 알기 때문이다.

③ **공통의 목표를 가진 사람들을 찾아낸다:** 당신과 목표와 관심사가 비슷하 여 기꺼이 당신을 도울 수 있는 사람들이 있다면 인간관계를 다지는 노력 을 기울여라. 눈에 빤히 보이는 것 외에도 공통의 목표가 있는지 찾아라. 업무와 관련이 없을 수도 있다. 예를 들어 함께 운동하는 사람들 사이에 서 아이들 카풀을 함께할 사람이 있는지 알아볼 수 있다.

어려운 상황도 단번에 반전시키는
웃음의 힘

—

웃음이 활기를 되찾아준다는 건 누구나 직관적으로 알고 있다. 하지만 웃음이 가져다주는 생리적 효과는 상대적으로 덜 알려져 있다. 웃음은 기쁨과 즐거움 같은 감정의 신경 경로를 활성화시켜 세로토닌 수치를 높이고 코르티솔 같은 스트레스 호르몬을 제한한다. 말 그대로 항우울제 역할을 하지만 부작용마저 없다.[17] 그리고 다른 사람들과 함께 웃을 때 가장 신나게 웃을 수 있다는 증거도 있다. 언어학자 돈 닐슨Don Nilsen에 따르면 우리가 혼자 있을 때 소리내어 웃는 일은 거의 없다.[18]

이것은 미세 스트레스의 영향으로부터 자신을 보호하는 데도 바로 적용된다. 웃음은 긴장을 해소하고, 생각을 더욱 맑게 해주며, 창의력을 높여주고, 다시 사람이 된 듯한 기분을 느끼게 한다. 한 고위 리더는 이렇게 말했다. "혈압을 낮춰주는 것 같다니까요? 마치 '일하면서 항상 스트레스를 받을 필요는 없어. 일하는 것도 즐거울 수 있다고' 하는 느낌이에요."

재미있는 사람이 되기 위해 다른 사람에게서 들은 농담을 달달 외울 필요는 없다. 일상의 미세 스트레스의 해독제로서 유머를 공유할 간단한 방법도 많다.

한 HR 임원은 다양한 친구들이 모인 그룹에서 서로에게 곧잘 재미있는 문자 메시지를 보낸다고 이야기했다. 그가 진지한 회의에 참석 중인데 친구 한 명이 보낸 문자를 보고 씩 웃었다고 치자. 가벼운 대화인데도 그런 걸 보면 일하면서 마주치는 어이없는 순간들에 잘 대처할 수 있는 힘이 난다고 한다.

또 다른 리더는 세상 사람 모두가 자기 편이 아닌 것 같다는 느낌이 들 때면 언제든 전화를 걸 수 있는 친구 이야기를 했다. 전화를 걸어 하소연을 하다보며 잠시 후 그 친구가 "좋아. 그 이야기는 이제 그만"이라고 말하고는 재미있는 농담을 늘어놓는다고 했다. "정말 우스꽝스럽고 말도 안 되는 이야기일 때도 있어요. 하지만 자기 연민으로 빠지는 나를 잡아주는 고마운 농담이죠."

유머 잘 구사하는 법

① **온라인으로 유머를 공유한다:** 웃음에 있어서는 짧은 순간도 중요하다. 유머 감각이 통하고 언제든 우리의 기분을 즐겁게 해줄 수 있는 친구들과 온라인으로 유대를 유지하면 하루 24시간 업무 대기 상태에 있어야 하는 문화를 극복하는 데 아주 큰 도움이 된다.

"아침에 출근 준비를 하느라 집안을 바쁘게 돌아다니고 있는데 친구에게 문자 메시지가 올 때가 있어요. 그러면 잠깐 멈춰 30초짜리 틱톡 영상을 보는데, 영상이 끝날 때쯤엔 눈물까지 흘리며 웃고 있죠. 그러면 그날 찾아오는 미세 스트레스가 어떤 것이든 너무 괴로워하지 않을 수 있어요." 한 임원은 이렇게 말했다. 가족 단체 채팅방을 만들어 가족과 농담을 주고받는다고 말한 사람들도 많았다. "제 링크드인 포스트의 조회수를 십대

딸들에게 자랑스레 보여줬더니 한 아이가 그러더군요. '아빠 완전 인플루언서네요!' 그래서 딸아이랑 같이 신나게 웃었습니다."

② **힘든 상황을 가볍게 여긴다**: 10퍼센트의 사람들은 어떤 상황이나 심지어 불합리하게 행동하는 이해관계자들도 유머의 대상으로 삼는 방법을 곧잘 찾아낸다.

우리와 인터뷰한 한 사람은 마감 기한을 맞추기 위해 팀원들이 밤낮을 가리지 않고 주말에도 일했는데 결국 제때 끝내지 못한 것에 대해 관리자에게 질책을 받았던 한 회의 시간에 대해 이야기했다. 그건 누구에게도 기분 좋을 수 없는 순간이었다. 그런데 관리자가 회의실을 나가자마자 그가 잔뜩 기죽은 팀원들을 향해 이렇게 말했다. "뭐, 잘 끝났네요!" 그러자 방안 사람들이 모두 웃음을 터뜨리며 팽팽하던 긴장이 누그러졌다.

③ **자신을 낮추는 유머를 이용한다**: 가벼운 자기 비하는 그 상황에서 직급을 배제하고 사람들이 상처받기 쉽고 연약한 당신의 진짜 모습을 볼 수 있게 해준다. 이런 식으로 사람들을 무장해제 시키는 유머는 팀원들 사이에서 유대감을 조성할 수도 있다.

한 리더는 다른 부서에 속한 동료와 갈등을 빚었던 순간을 이렇게 설명했다. 그 동료는 열띤 논쟁이 오가는 중에 "이런, 나 설명 너무 잘했네요!" 같은 말을 하며 상대방의 마음을 누그러뜨리는 능력을 갖고 있었다. 그 말을 듣고 나니 두 사람 모두 웃음을 터뜨릴 수밖에 없었다고 한다. 유머를 가미함으로써 어떤 아이디어나 방식을 두고 벌어지는 갈등이 지나치게 개인적인 모욕으로 변질되는 것을 막을 수 있었고, 논쟁이 너무 과열되는 것은 두 사람 모두 그 주제에 관심이 많기 때문이라는 사실을 인식하도록 도와주었다.

큰 판을 읽을 줄 아는 사람과 있으면
회복탄력성이 높아진다

—

누군가 지나가듯 던진 말을 두고 근심 걱정하거나, 엉뚱한 때에 엉뚱한 사람에게 엉뚱한 말을 했다고 걱정하거나, '의도치 않게 누군가의 기분을 상하게 하지 않았을까?' 걱정하며 작성한 이메일을 다시 읽어보는 등의 경우에 미세 스트레스가 반복해 발생한다. 내가 속한 집단에 깔려 있는 미묘한 정치 상황을 제대로 이해하지 못한 것 아닌가 하는 기분이 들면 집중력이 흐트러지는 것은 물론 머릿속에서 그 상황을 재연하고 또 재연하느라 잠을 못 이루기도 한다.

정치적 문제를 해결하기 위해 사내 정치에 능한 사람들과 반드시 긴밀한 인간관계를 맺으려 노력할 필요는 없다. 서로 다른 포지션에 있는 다양한 사람들과 인맥을 맺음으로써 자연스럽게 정치 역학을 파악할 수도 있기 때문이다. 만일 나의 다양한 인맥 중에 나보다 정치적 상황을 더 잘 파악하는 믿을 만한 동지가 있다면, 자신감을 가지고 업무에 집중할 수 있다. 다른 사람들이 무심코 던지는 말과 행동의 이면에 무엇 뜻이 숨겨져 있는지 걱정하며 비생산적으로 보내는 시간도 줄어든다. 그리고 나의 위치에 대해 보다 안심할 수 있다.

의료 업계에서 선임 관리자로 일하고 있는 엔리코는 새 상사와 나눈 대화와 관련해 불편한 기분이 들었을 때 이전 직장 출신의 동료 그룹에 조언을 구했다. 엔리코와 상사가 극비 사안에 대해 의논하고 있을 때 상사가 "그런데 우리 이 사안에 대해 너무 가볍게 이야기하고 있는 것 아닌가요?" 하는 말을 던졌다. 엔리코는 상사의 그 말이 대체 무슨 뜻일지 고민하고 또 고민했다. '날 못 믿는 걸까?' 하는 생각도 들었다.

이때 엔리코의 이전 동료들이 상사의 의도에 대해 다른 시각을 갖도록 도와주었다. 동료들은 상사 역시도 극비 사안에 대해 이야기하는 상황이 부담스러웠을 것이며, 오히려 엔리코에 대한 신뢰가 있기에 그런 말을 꺼낸 것 같다고 말해주었다. 엔리코는 우리에게 이렇게 말했다. "상사의 그 말을 그런 식으로 생각해볼 기회가 없었다면 아마 새벽 1시에 뒤척이며 답도 없는 고민을 하는 바보 같은 짓을 또 하고 있었을 겁니다."

10퍼센트의 조언 | 6

인맥 이렇게 관리하자

① **인맥왕과 인맥을 맺는다**: 어느 조직이든 다른 사무실과 다른 부서의 사람들을 잘 알고 그 조직 출신의 다른 사람들과도 연결이 잘 되어 있는 타고난 인맥왕들이 있기 마련이다. 그들은 정치 상황을 이해하는 데 아주 큰 도움이 된다.

한 고성과자는 자신이 매일 하는 대화 중 가장 귀중한 것이 회사 주차장에서 사무실까지 타는 아침 셔틀 버스에서 IT 부서의 누군가와 나누는 잡담이라고 했다. "종일 사무실에 앉아있을 때와는 완전히 다르게 회사 전체에 대한 감각을 익힐 수 있었습니다." 그가 말했다.

인맥왕의 비공식적인 인맥망에 속하도록 해라. 예를 들어 10퍼센트의 사람 중 한 명은 함께 일하지 않는데도 HR 직원과 오랜 인간관계를 유지했다. 새 이니셔티브를 제안하는 데 있어 불확실한 점이 있을 때면 그 HR 직원은 항상 로드맵을 제시해 주었다. "이 사람부터 시작해서 저 사람의 지지를 얻으세요. 그러면 이 위원회까지 올라갈 수 있는 충분한 지원을 받을 수 있을 거예요." 이런 내부 정보는 대단히 귀중한 시각이 되었다. 그 답례로 HR 부서에서 새 이니셔티브를 제안할 때면 그가 항상 지지해주었다. "서로를 존중하는 인간관계를 구축한 거죠." 그의 말이다.

② **믿고 찾는 동료 인맥망을 유지한다:** 이것이 회사에서 가장 가까운 동지들이어야 할 필요는 없다. 당신에게 자신의 경험과 시각을 공유할 사람을 찾으면 된다.

출판 회사의 한 유망한 인재는 그 회사에서 20년 근속하여 은퇴에 가까워진 한 동료에게 정기적으로 의지한다고 말했다. "그는 온갖 정치적 다툼을 다 지켜본 분이에요. 직감과 경험이 정말 대단하고, 마감 기한에 어떻게 대처할지, 어떤 사람들이 정보에서 소외되는 것을 못 견디는지 등등의 문제에 대해 아낌없이 의견을 공유해주세요."

휴식 시간을 함께 보낼
사람을 찾아라

—

최고의 성과를 내기 위해서는 휴식이 필수다. 한 연구에 따르면 휴식을 취하고 복귀했을 때 스트레스가 낮아지고, 감정적 피로가 줄고, 에너지 수준이 개선되어 더 잘 집중할 수 있게 되므로 전체적인 행복감이 높아진다고 한다. 많은 사람들이 휴식이 모든 것을 완전히 내려놓고 잠시 떠나는 것을 의미한다고 생각한다.[19] 하지만 10 퍼센트의 사람들은 대부분 다른 사람들과 함께 취하는 휴식은 크게 몰입하는 활동 중이라 할지라도 더 큰 혜택을 준다고 말한다. 다른 사람들과 함께할 때는 개인적이거나 직업적 미세 스트레스에 대해 고민하는 걸 멈추기가 쉽기 때문이다.

금융업계의 임원인 브라이언트는 가족과 교회, 모터사이클 클럽에서 시간을 보내며 긴장을 해소한다. 직장에 있을 때는 일에 온 정신을 집중하고, 가족과 함께할 때는 가족에게만 몰두한다. 특히 모터사이클 라이딩은 그가 미세 스트레스로부터 벗어날 수 있는 유일한 활동이다. 라이딩 클럽과 함께라면 그는 완전히 스트레스를 날릴 수 있다. "그냥 남자들이 잔뜩 모여 시속 110~120킬로미터로 달리는 게 다예요. 제가 다른 사람들과 모여서 하는 활동은 딱 한 가지인데 그게 바로 라이딩이에요. 제 인생 최고의 즐거움이죠. 세계 최고의 스트레스 해소제예요." 그의 말이다.

10퍼센트의 조언 | 7

취미를 함께하면 얻을 수 있는 것들

① **공통의 오락 활동을 중심으로 인맥을 쌓는다:** 오락을 위한 인맥을 갖추면 좋아하는 활동을 중심으로 다른 사람들과 함께 어울리며 재충전을 할 수 있다.

한 컨설턴트는 매년 한 번씩 명상 워크숍에 간다. 이 그룹은 하루 중 정해

진 시간 동안은 침묵을 지키고 다른 시간에는 서로 소통하며 유대를 맺을 수 있다. "이 그룹이 저의 전반적인 건강과 행복에 있어 필수적이라는 걸 깨달았어요. 이제 그룹 사람들을 너무 잘 알게 되어서 내 본모습을 완전히 드러낼 수 있죠. 매년 이 워크숍이 너무나 기다려져요." 그가 말했다.

② **다른 사람들과 함께 자기 개발을 추구한다:** 한 과학자는 매년 1월 1일이면 그 해에 읽고 싶은 책의 목록을 만들었지만 매년 결심을 지킨 적이 없었다. 그러던 중 직장에서 한 달에 한 번 점심시간에 만나는 독서 모임에 들어갔다. 이제는 책을 읽을 동기가 생겼을 뿐만 아니라 독서 모임에 가입하지 않았다면 만나지 못했을, 조직 내 다른 부서의 사람들과 유대를 맺게 되었다.

③ **확장 인맥에 투자한다.** 10퍼센트의 사람들은 자신의 직업 또는 개인적 삶에 반드시 필수적이지 않은 사람들과 사회적 관계를 맺고 유지하는 것을 대단히 중요하게 생각한다.

캐롤은 코로나 팬데믹 당시에 자신이 사는 곳에 만들어진 야외 커피 모임에 들어갔다. 누군가가 그 동네 공원 게시판에 공고문을 올렸고 사람들이 속속 이곳을 찾기 시작했다. 그들은 일주일에 한 번 공원에서 만나 서로 멀찍이 거리를 두고 커피를 마시며 편안하게 대화를 나눈다. "처음에는 화제가 온통 팬데믹에 대한 것이었어요. 하지만 시간이 흐르면서 삶에 대해 색다른 시각을 얻기에 아주 좋은 곳이 되었죠." 한 언론사 임원은 그 지역 노래 모임에 가입했는데 처음에는 아는 사람이 한 명도 없었다. 하지만 그는 매주 즐거운 마음으로 참석하며 이전에는 존재하는지조차 몰랐던 공동체의 일원이 되었다. 그는 내향적인 사람이지만 노래 중간, 중간에 수다를 떨고 함께 웃는 건 그리 힘든 일이 아니었다.

회복탄력성 인맥의 강도 평가하기

대부분의 사람들이 정말로 힘든 시기에 나를 도와주었던 사람 몇 명을 떠올릴 수 있을 것이다. 당신의 일상 속 회복탄력성 인맥은 얼마나 튼튼한가? [표 6-1]을 활용해 나의 회복탄력성 인맥을 발견해보자.

첫 번째 열의 질문 옆에 일상 속에서 이런 지원을 해주었던 사람들의 이름을 적는다. 그리고 마지막 열에는 그들이 당신을 어떻게 도와주었는지 간단한 설명을 써본다.

그런 다음 완성한 표를 검토한다. 이 회복탄력성 인맥은 현재도 유효한가? 지금도 튼튼한가? 명단에는 다양한 사람들의 이름이 적혀 있는가? 빈 칸은 없는가? 예를 들어 배우자의 이름만 반복해 적혀 있는 건 아닌지 확인할 필요도 있다. 한 사람에게 과도하게 의존한다는 건 당신의 회복탄력성 인맥이 그다지 회복탄력적이지 못하다는 뜻이다! 힘든 시기를 맞이하기 전에 탄탄한 인맥을 구축하지 못하면 차질이 생겼을 때 휘청거리기 쉽다.

[표 6-1] **나의 회복탄력성의 원천**

회복탄력성의 원천	이름	그들이 내게 준 도움
감정을 배출하고 균형을 지킬 수 있도록 **공감 어린 지원을 해준 사람**은 누구인가? 이 사람은 감정 배출을 도와주고, 함께 위로할 수 있고, 그저 당신의 이야기를 들어줄 누군가가 있다고 느끼게 해준다.		

회복탄력성의 원천	이름	그들이 내게 준 도움
나아갈 길을 알아보도록 도와준 사람은 누구인가? 현실적인 조언이 필요할 때 이 사람은 여러 제안을 해주고, 비슷한 일을 어떻게 처리했는지 설명해주고, 당신이 고려할 수 있는 몇 가지 선택지를 깨닫게 해준다.		
다른 시각을 제시한 사람은 누구인가? 너무 오래 생각하거나 자기 연민에 빠지려 할 때 이 사람은 상황이 생각만큼 심각하지 않다는 걸 깨닫게 해준다.		
직장이나 가정에서 책임의 급증을 관리하도록 도와준 사람은 누구인가? 일이 버거워져 힘들 때 이 사람은 자원이나 인재, 혹은 자신의 시간을 투입해 당신이 헤쳐 나가도록 도와줄 수 있다.		
사람이나 정치 상황을 이해하도록 도와준 사람은 누구인가? 이 사람은 당신보다 경험이 많거나 시야가 넓고 다른 사람들의 행동을 더 잘 이해하도록 도와줄 수 있다.		
자기 자신이나 처한 상황을 웃어넘길 수 있게 도와준 사람은 누구인가? 이 사람은 유머를 심어주어 긴장을 해소시킬 수 있다.		
고민을 내려놓고 어려움으로부터 잠시 휴식을 취하게 도와준 사람은 누구인가? 지금 당신의 어려움과 아무 관계가 없는 일, 즉 스포츠나 등산, 여행 등을 이 사람과 함께함으로써 정신과 육체를 잠시 쉴 수 있다.		

진정성 있는 관계의 소중함

—

회복탄력성 인맥망은 하룻밤 사이에 만들어지는 게 아니다. 지금까지 설명한 것처럼 10퍼센트의 사람들은 일뿐만 아니라 운동, 자원봉사, 사회 또는 종교 공동체, 여러 가지 클럽, 아이들을 통해 만난 다른 부모 등 삶의 많은 부분에서 진정성 있는 관계를 만들고 유지한다.

이런 영역에서 이루어지는 상호작용은 중요한 다차원성을 제공하여 우리의 정체성을 넓히고 자신의 삶을 바라보는 조리개를 열어준다. 이렇게 우리는 다른 사람들과의 상호작용을 통해 회복탄력성을 키울 수 있다.

우리에게 폭격처럼 쏟아지는 수십 가지의 미세 스트레스를 인식하지 못하는 것처럼, 인간관계가 얼마나 중요한 해독제가 되는지도 모르기 쉽다. 우리의 회복탄력성을 키워주는 건 상호작용 그 자체다. 우리의 계획이 옳음을 확인해주고, 어떤 상황에 대한 시각을 바꿔주며, 웃을 수 있게 도와주고, 진정한 나 자신이라고 느끼게 해주거나 아니면 그저 다시 일어서서 시도하라고 격려해주는 대화 말이다.

다른 사람들과의 연결은 그냥 있으면 좋은 것이 아니라 우리의 전반적인 건강과 행복에 있어 필수적인 요소다. 다음 장에서는 이와 같은 연결이 우리의 신체 건강을 지키는 데 얼마나 중요한 역할을 하는지 알아볼 것이다.

인간관계를 통해 회복탄력성 강화하기

당신의 인간관계는 어려움에 처했을 때 지원을 받을 수 있을 정도로 넓고 깊은가? 다음 두 단계를 통해 알아보자.

① **1단계. 당신이 필요로 하는 회복탄력성을 가장 많이 제공하는 원천을 파악한다:** 이 장에서 설명한 것처럼 회복탄력성을 주는 인간관계에는 일곱 가지가 있다. 이런 원천이 모두에게 똑같거나 보편적으로 중요한 것은 아니다. 누군가는 웃음을 중시할 수 있고 누군가는 공감을 더 원할 수 있다. 회복탄력성을 향한 우리의 니즈는 사람마다 다르며 우리만의 독특한 이력과 성격, 직업 및 개인적 상황에 따라 정해진다. 하지만 전체적으로 볼 때 우리가 만드는 인간관계는 힘든 시기에 의지할 수 있고 매일의 어려움을 헤쳐 나감에 있어 길잡이로 삼는 도구 상자와 같다.

[표 6-2]의 맨 왼쪽 열에 적힌 일곱 가지의 회복탄력성 원천 중 당신이 가장 강화하고 싶은 세 가지를 정해라. 가장 개발하고 싶은 것에 체크 표시한다.

② **2단계. 인맥망을 강화할 방법을 계획한다:** 전 단계에서 파악한 회복탄력성의 세 가지 원천에 대해 생각해본다. 회복탄력성을 돕는 인간관계는 두 가지 방식으로 의도적으로 키울 수 있다. 기존의 인간관계를 더욱 굳건히 하거나 새로운 것을 시작하는 것이다.

두 가지 방법을 모두 사용하되 인맥을 넓히면 다차원성이 키워진다는, 즉 인간관계와 유대가 더욱 풍요로워진다는 사실을 명심하라. 다차원성이 커지면 자신의 어려움을 다른 시각으로 바라볼 수 있고, 목적의식이 강해지거나, 일상의 어려움을 잠시 내려놓을 수 있게 된다. 그러므로 자신의 전형적인 업무, 가족, 친구와 그 외의 영역 모두에서 기존과 새로운 인간관계를 키우는 것을 게을리하지 말자.

이제 앞으로 더욱 투자하고 싶은 사람이나 그룹의 이름을 적자. 그들과의 인간관계를 더욱 깊게 만들고 싶다면 세 번째 열에 적는다. 새로이 만들고 싶은 인간관계라면 마지막 열에 적어라.

[표 6-2]에 적힌 예시를 참고해 나의 회복탄력성 인간관계를 적어보자.

[표 6-2] **회복탄력성의 원천이 되는 나의 인간관계**

인간관계의 역할	1단계: 강화하고 싶은 회복탄력성의 원천이 되는 인간관계 찾기	2단계: 인맥망 강화하기	
		기존 인간관계를 깊게 만들 전략 찾기	새로운 사람이나 그룹과 인간관계를 시작할 전략 찾기
① 공감 어린 지원 제공			
② 어려움이 있을 때 새로운 시각 제공	V		일과가 끝나면 다른 부서의 동료와 기차역까지 같이 가는 원칙 세우기
③ 나아갈 길을 알아보도록 도움	V	기술적 문제 해결의 비공식적 시험 대상을 찾기 위해 가까운 부서의 동료 세 명과 소통하기	
④ 직장이나 가정에서 책임의 급증 관리를 도움			
⑤ 사람이나 정치 상황을 이해하도록 도움			
⑥ 힘든 상황에서 유머를 찾도록 도움			
⑦ 일을 잠시 내려놓고 활력을 되찾게 도움	V	월 1회 독서 모임 시작하기-한동안 보지 못한 사람 20명에게 초대장을 보내고 누가 참석하는지 알아보기	

- 회복탄력성은 **직장에서의 높은 성과와 번아웃을 피하는 능력**과 관련이 있으며 **신체 또는 정신적 질병까지 몰아낼 수 있다.**

- 회복탄력성은 타고나는 것도, 우리 내면 깊은 곳에서 찾아야 하는 것도 아니다. 그것은 힘든 시기에 인간관계로부터 얻는 특정한 유형의 지원과 도움으로부터 나온다. **다양한 인간관계를 구축하고 거기에서 지원을 얻을 방법을 안다면** 일직이거나 개인적인 어려움을 이겨낼 가능성이 높아진다.

- 이런 상호작용은 다음과 같이 미세 스트레스의 순간에 회복탄력성을 찾도록 도와준다.

  - 감정을 표출하고 균형을 유지할 수 있도록 공감과 지원을 제공한다.
  - 나아갈 길을 알아보고 따라가도록 도와준다.
  - 어려움에 주춤할 때 객관적 시각을 제공한다.
  - 직장이나 가정에서 책임의 급증을 관리하도록 도와준다.
  - 사람이나 정치 상황을 이해하게 해준다.
  - 우리 자신이나 상황을 너무 진지하지 않게 받아들이고 웃어넘기게 해준다.
  - 고민을 내려놓고 어려움으로부터 잠시 휴식을 취하게 해준다.

- 회복탄력성이 높은 사람들은 **힘든 구간을 벗어나기 위해 어떤 형태의 회복탄력성 지원이 필요한지** 잘 안다. 매일 닥쳐오는 미세 스트레스를 헤쳐 나가려면 단순히 깊은 우정이나 가족의 공감이 아닌 다양한 종류의 지원이 필요하다.

- 매일의 미세 스트레스를 이겨내기 위해서뿐만 아니라 중대한 어려움으로 인해 꼭 필요할 때 얻을 수 있도록 **회복탄력성 인맥망을 개발하고 유지해야** 한다.

7장

미세 스트레스에
맞서는 무기 2.
건강

끊임없이 밀려드는
미세 스트레스에 맞서 신체 건강을 되찾고
유지하기 위한 네 가지 단계

주요 연구기관의 리더인 레베카는 7년 전 자신의 신체 건강이 바닥을 쳤던 시기에 대한 이야기를 들려주었다. 당시 그는 파트타임으로 MBA 과정을 마무리 중인 동시에 1시간 통근 거리에 있는 직장에서 풀타임으로 근무 중이었다. 그렇게 바쁜 생활을 하다 보니 점점 더 몸에 나쁜 습관에 빠져들었다. 길고 긴 퇴근길에 남편에게 저녁을 어떻게 하면 좋을지 물으면 남편은 아내의 일을 쉽게 만들어주겠다며 "오는 길에 햄버거나 포장해 와"하고 답하곤 했다. 하루 종일 온갖 미세 스트레스의 공격에 시달리다 수행 능력이 다 고갈되어 버린 레베카는 그 말에 반대할 여력이 남아 있지 않았다. 집에 도착해서 건강한 음식을 요리하는 것이 불가능했지만 남편 역시 절대 자기가 요리를 하겠다고 먼저 나서는 법이 없었다. 그래서 그들은 패스트푸드를 먹었다. 그것도 아주 많이. 오늘은 어떤 패스트푸드를 고를까, 생각하는 것이 그의 하루 중 제일 신나는 시간이었다.

문제는 그게 전부가 아니었다. 한때 활기찬 생활을 하던 레베카에게 운동은 점점 먼 옛날의 기억이 되었다. 그는 자신이 매우 유해한 습관에 빠져들었다는 걸 알고 있었지만 벗어날 방법이 보이지 않았다. 레베카의 삶은 수많은 미세 스트레스와 그로 인한 부차적 영향으로 채워져 있었고 그것은 그를 자꾸만 나쁜 길로 이끌고 있었다. 이를테면 남편이나 친구들 모두 운동과 올바른 식습관 같은 데 별로 관심이 없었다. 그들은 맛있는 음식과 술에서 즐거움을 찾았고 사교 활동도 그것을 중심으로 돌아갔다. 주말이면 술을 마시며 좋아하는 미식축구 팀을 응원하는 파티를 찾아다니기 바빴고, 친구들과 동네 술집에서 만나 술을 한잔한 뒤 밤늦게 식당에서 저녁을 먹는 일도 많았다. 레베카는 그 그룹의 일원이 되기 위해서는 그런 자리에 참석해야만 한다고 느꼈다. 개인적으로는 좋아하는 친구들이었지만 한데 뭉치면 다들 서로의 최악의 습관에 부채질을 하는 것 같았다.

당시 레베카가 알지 못했던 것이 있는데, 그런 파티에 함께 가자는 제안이나 초대 자체도 하나의 미세 스트레스여서 감정적 에너지와 정체성에 조금씩 위협을 가하고 있었다는 것이다. 그럼에도 레베카가 그들의 뜻을 따른 건 친구들과의 모임이 유일한 사회적 스트레스 배출구였기 때문이었다. 하지만 그 과정에서 레베카는 점점 더 불행해지고 있었다.

레베카를 오늘 만난다면 아마 예전의 우울한 모습은 찾을 수 없을 것이다. 우리와 인터뷰를 했을 때 그는 활기가 넘치고 건강했다. 그는 과거 어느 시점에선가 자신의 모습이 자신이 원하는 것이 아니라는 사실을 깨달았다고 했다. "제가 어울리는 사람들이 저의 건강에 유익한 사람들이 아니라는 걸 느꼈어요."

마침내 그는 자신과 같은 것을 중시하지 않는 사람들을 중심으로 삶을 꾸리고 있었다는 사실을 이해했고, 이 그룹 안에는 남편도 포함되어 있었다.

그를 올바른 길로 돌려보낼 마법의 묘약 같은 건 없었지만 목표와 포부를 공유하는 직장의 동료들과 우정을 키우는 것이 중요한 역할을 했다. 직장 친구들은 조금씩 건강을 우선시하는 쪽으로 레베카를 유도했다. 이혼 소송 중이라는 사실을 동료들에게 털어놓자 그들은 시내로 이사오면 통근 시간이 절반으로 줄고 운동할 시간이 생겨날 것이라고 조언했다. 레베카는 하루 중 작은 순간들에 건강한 습관을 채워 넣기 시작했다. 예를 들어 협업 중인 다른 부서 동료의 '함께 걸으면서 일하자'는 제안에 동의하여 산책하며 회의를 한 것이다. 처음에는 걷는 동안 회의 내용에 집중할 수 있을까 걱정했지만 책상에 앉아있을 때 보이는 다른 서류나 화면, 전화 같은 사소한 방해 요소로부터 멀어지자 집중력이 더 높아지는 것을 느꼈다. 그렇게 그는 프로젝트에 집중하는 동안에도 운동 한 시간을 더할 수 있었다.

그리고 점심을 먹으면서 동료들과 일에 대한 의논을 하기 시작했는데 시간이 흐르면서 주제가 조금 더 자유로워졌다. 대화는 인간관계, 결혼생활, 자녀, 연로하신 부모님 같은 주제로 이어졌고 그들은 기쁜 일과 힘든 일들을 나누며 우정을 키웠다. 이 점심시간은 너무나도 중요해져서 아무리 바빠도 매일 한 시간씩 비워두는 것을 일과의 우선순위로 삼게 될 정도였다.

그들이 몸매를 유지하거나 체중을 감량하는 비법 같은 것을 이야기한 적은 거의 없었다. 그저 시간을 함께하며 긍정적인 영향력이 서로에게 배어든 것이 전부였다. "샐러드를 먹거나 하는 식으로 서로에게 조금 더 건강한 음식을 먹으라고 권했던 것 같아요. 6개월 정도 그렇게 해서 7~9킬로그램 정도 체중이 줄었죠." 레베카가 말했다.

레베카의 신체적 건강의 변화는 그 자신의 변화하겠다는 의지만큼 함께 어울리는 사람들의 영향이 컸다. 시간이 흐르면서 변화는 놀라울 정도였다. 그리고 그 자신의 건강에 긍정적인 영향을 미치는 새로운 동반자도 생겼다. "우리는 함께 요리하기를 좋아해요. 제가 '흠, 오늘밤엔 정말로 햄버거가 끌리는데'라고 말하더라도 그이가 '아니, 그건 안 되지. 같이 더 맛있고 몸에 좋은 걸 만들어보자'라고 말하죠. 패스트푸드를 마지막으로 먹은 게 언제인지 기억도 안 나요."

대부분의 사람들이 미세 스트레스가 커지면 가장 먼저 포기하는 것이 아마 신체 건강일 것이다. 너무 바쁘거나 너무 피곤해서 한때 우리의 삶에서 중심을 차지했던 활동들을 서서히 내려놓게 된다. '올해는 꼭 10킬로미터 달리기에 나가겠어!'라든가 '올해는 출산 전

몸무게로 꼭 돌아갈 거야'라든가 '올해는 다시 테니스를 시작하겠어!' 같은 새해 다짐을 하며 상황을 바꿔놓으려 하지만 그런 결심이 오래 지속되기는 매우 힘들다.

신체 건강 목표를 달성하지 못하면 '나는 의지가 너무 약해' 혹은 '나는 집중력이 부족해'라며 자신을 탓하거나 '하루 중에 낼 시간이 없어'라며 바쁜 삶을 핑계 삼기 쉽다. 하지만 신체 건강을 우선시하기를 포기하면 오래 지속되는 부차적인 영향을 받을 수 있다.

이 장에서는 미세 스트레스가 가져다주는 신체적 피해에 맞서는 능력에 있어 인간관계가 왜 그리 중요한지 설명할 것이다. 10퍼센트의 사람들이 택하는 더 나은 건강으로 가는 길을 살펴보고, 신체적 건강과 행복을 얻고 유지하는 실용적인 방법에 대해서도 알아볼 것이다.

인간관계가 좋은 사람이
더 건강하다?

—

사회적 관계망은 왜 우리의 건강과 수명에 강력한 영향을 미칠까? 긍정적인 사회적 상호작용이 우리의 생명 활동에 미치는 직접적인 영향도 한몫을 한다. 연구에 따르면 사회적 상호작용은 그 자체로 신체적으로 건강한 행위다. 자신을 지지하는 관계를 맺으면 우리의 면역계와 내분비계, 심혈관계 기능에 도움이 되며 우리의 신체에 가해지는 스트레스의 피해를 줄일 수 있다.[20] 가족과 친구, 공동체와 만족스럽고 가까운 관계를 맺고 있는 사람들은 더 건강하고 더 오래 산다.[21]

이것이 쉽지 않은 이유가 있는데, 건강하고 활동적인 삶을 사는 게 그 어느 때보다도 중요해지는 시기인 중년에 접어들면서 많은 인간관계들로부터 서서히 멀어지기 때문이다. 인맥과 건강에 대한 한 연구에 따르면 35~40세가 신체적 활동과 올바른 식습관과 관련해 동기를 부여하고 건강을 개선시키는 활동에 함께 참여하는 사람들과 유대가 점점 약해지는 변곡점의 시기임을 알 수 있다.[22] 게다가 이 시기는 대부분의 사람들이 업무와 개인적으로 어마어마한 책임을 지게 되는 시점으로 매일 미세 스트레스가 물밀 듯 밀려오는 때이기도 하다. 이와 같은 전형적인 패턴을 따라 살고 있다면 건강 습관을 더욱 강화시켜주는 인간관계가 가장 필요한 시기에 인간관계가 그 어느 때보다도 적어지는 것이다.

그런데 10퍼센트의 사람들에게는 남들과 다른 점이 있었다. 그들은 건강을 따로 챙기는 것이 아니라 다른 사람들과의 인간관계를 통해 건강한 활동을 매일의 일상에 엮어 넣는다. 그들은 이전의 패턴으로 퇴행할 가능성을 줄이기 위해 행동과 인간관계에 동시에 변화를 꾀했다. 그리고 부정적인 선택을 유발하는 인간관계나 상황을 의식적으로 멀리하고, 본 목표로 가는 경로를 벗어나지 않게 도와주는 긍정적이고 진정성 있는 인간관계를 맺었다. 목표 체중이 있든 10킬로미터 달리기에 도전하든, 신체 건강을 위해 서로의 경험을 공유하고, 새로운 도전을 제시하며, 서로를 응원했다.

인터뷰를 진행하며 우리는 사람들에게 전보다 건강해졌던(물론 사람마다 개인적으로 건강의 의미와 목표는 달랐겠지만) 시기에 대해 생각해보고 그런 다음 그들이 어떤 것을 실천에 옮겼는지뿐만 아니라 건강을 개선하는 데 있어 인간관계가 어떤 역할을 했는지도 들려달라고 했다. 우리가 만났던 그렇게도 바쁜 사람들은 어떻게 삶에 새로운 습관을 녹여 넣고 나쁜 습관으로 되돌아가는 걸 피했을까? 그들의 답변에는 하나의 패턴이 있었는데 그것은 [그림 7-1]과 같이 대략적으로 표현할 수 있었다.

[그림 7-1] **인간관계를 통해 긍정적인 건강 궤도 확립하기**

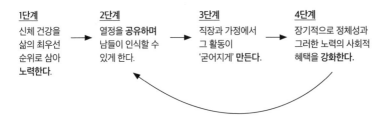

레베카의 이야기를 다시 읽어보면 그가 수년간 건강을 등한시하다가 다시 건강을 되찾기 위해 걸었던 길이 [그림 7-1]과 유사함을 알 수 있다.

10퍼센트의 사람들은 운동과 올바른 식습관을 통해 신체 건강을 다지는 일이 다른 사람들과의 관계와 밀접히 연관된다는 사실에 집중한다. 마음챙김, 명상, 숙면, 질병 예방, 스트레스 관리 같은 다른 신체 관련 목표도 마찬가지다.

지금부터는 건강을 유지하며 미세 스트레스에 효과적으로 대처하는 사람들의 전형적인 궤도가 어떤 모습인지, 이들은 어떻게 인간관계를 맺고 있으며, 건강 관리와 인간관계가 어떤 관련이 있는지 자세히 알아보겠다.

1단계: 신체 건강을 최우선 순위로 삼기
—

보통은 적절한 때에 어떤 자극을 받아 건강을 더 이상 소홀히 할 수 없다고 느끼고서야 건강을 돌보게 된다. 어떤 사람들은 가까운 친구나 친척이 뇌졸중, 심장마비, 또는 고혈압 같은 건강상 이상을 경험했을 때 압박을 느낀다. 또 누군가는 술을 너무 많이 마셔서 힘든 하루를 보냈거나 무심코 올라간 체중계에서 본 숫자에 충격을 받았을 때 건강해져야겠다고 결심하기도 한다. 그리고 인맥 속 누군가가 건강을 우선시했을 때 얻은 혜택을 보고 마음을 먹는 사람들도 있다.

이런 식으로 다른 사람들로부터 받는 영향은 이 과정에서 중요하다. 인간관계는 개인적 건강의 개선이라는 추상적인 개념을 목적의식 가득한 일련의 행동으로 바꾸는 데 도움이 된다. 가족, 친구,

직장 동료 등 누구나 결정적인 영감을 줄 수 있다. 그리고 그러한 영감은 부정적인 원천에서도 나올 수 있다. 일하면서 점심을 때우는 경우가 많아 몸무게가 늘고 무기력해진 상사라든가 직장에서 늘 피곤하고 지쳐 보이는 동료처럼 '저 사람처럼 되지는 말아야지' 하는 생각이 드는 대상이 대표적인 예다.

우리와 인터뷰했던 한 사람은 아버지가 5년간의 투병 끝에 돌아가셨는데, 자기도 지금처럼 앉아서만 지내다가 아이들에게 짐이 될까봐 두려워졌다고 했다. 많은 경우 이렇게 새로운 자극과 개인적인 인간관계가 합쳐져 첫 번째 단계를 시작해야겠다는 생각을 하게 된다.

건강을 우선순위로 삼으면 다음과 같은 세 가지 측면에서 우리에게 도움이 된다.

① **우리 두뇌가 행동에 나서게 만든다:** 중요한 목표 달성에 주의를 집중하면 우리의 잠재의식이 성공을 돕기 위해 나선다. 연구에 따르면 우리의 신경 경로가 의사결정에 영향을 미친다. 한 가지 목표를 세우면 우리는 잠재의식이 그것을 주도하고 있다는 사실을 깨닫지 못한 채 어느 정도 달성을 위한 동기를 부여받게 된다.

② **우리를 건강하지 못하게 만드는 여러 가지 부정적인 사고 패턴을 드러내 보여준다:** 때로 우리는 건강한 사람들을 보고 우리는 절대 저렇게 되지 못할 것이라고 생각한다. 아니면 우리의 몸이 저들과

는 어딘가 다르기 때문에 신체 건강은 손에 넣을 수 없는 것이라고 생각하기도 한다. 하지만 건강을 우선순위로 삼기 위해 진정한 노력을 기울이면 우리가 부적절한 비교를 하고 있거나 부정적인 생각을 하고 있음을 깨닫고 건강 개선을 위한 행동에 나설 수 있다.

③ 무언가에 우선순위라는 이름표를 붙이면 시간을 배정하기가 쉬워진다: 아침에 30분간 러닝머신 위를 달리는 것이 일을 시작하는 시간을 늦출 뿐이라고 생각한다면 그렇게 하루를 시작하는 것을 정당화하기가 힘들다. 살면서 상당한 건강 개선을 이루었던 시기에 대해 설명해달라고 했을 때 모든 사람들이 공통적으로 했던 대답이 바로 건강을 다른 것과 같거나 더 높은 우선순위로 격상시키는 것이었다.

제조회사의 고위 리더인 클린트는 갑상선에 작은 수술을 한 것을 계기로 건강의 우선순위를 조정했다. 두 아이의 아빠로서 회사에서도 바쁜 일과에 시달리던 그는 말 그대로 아침에 눈을 뜬 순간부터 밤에 베개에 머리를 대기까지 매 순간에 일 아니면 가족에 온 신경이 집중되어 있었다. 바쁜 와중에 가족과의 시간을 끼워넣는 건 언제나 대단히 힘들었다. 자기 건강을 우선순위로 삼는 건 생각만 해도 불가능한 일 같았다. 하지만 갑상선 수술은 그에게 새로운 시각을 가져다주었다.

수술 후 그는 빠르게 회복하고 싶었고, 약해진 건강으로 인해 앞으로 가족과 보내는 시간을 조금도 잃고 싶지도 않았다. 하지만 몇 년씩 운동을 거의 하지 않아서 급하게 시작하기는 무리였다. 그래서 먼저 걷기를 시작했고 처음에는 짧은 거리만 걸었지만 곧 멀리 걸을 수 있게 되었다. 물론 작게 시작함으로써 건강으로 가는 여정을 시작할 동기를 얻었다고 할 수 있다. 하지만 이번에는 시작하는 데 그치지 않고 건강 습관을 계속 이어나갔다.

그의 궤적은 레베카와 같은 패턴을 따랐다. 그는 먼저 건강을 되찾고 싶다는 사실을 가족에게 알리며 자신의 목표를 공표했다. 그리고 아침 조깅을 마치기 전까지는 이메일을 확인조차 하지 않는 등 실천을 도울 자신만의 루틴을 만들었다. 그렇게 하니 자신을 위한 노력을 먼저 해치우기 전까지는 업무로 인한 미세 스트레스에 빨려 들어가지 않을 수 있었다. 그리고 시간이 흐르면서 자신을 조금 다르게 바라보게 되었다.

그는 매일 밤 피로에 지쳐 침대에 쓰러지는 사람이 아닌 에너지 넘치는 사람이라고 스스로를 생각하기 시작했다. 그리고 그렇게 강화된 정체성을 무기 삼아 건강해지는 데 더 많은 시간을 배정했다. 그는 아침 걷기도 힘들어하는 수준에서 주말이면 달리기를 좋아하는 친구들과 함께 5킬로미터, 10킬로미터를 달리는 수준으로 바뀌었다. "더 나은 제가 된 것 같은 기분이었어요." 클린트의 말이다.

우선순위를 바꿔라

① **여러 영역에서 우선순위를 바꾼다:** 일, 가족, 친구 등 삶의 모든 영역에서 건강의 우선순위를 높이기 위한 의식적 노력을 기울여라. 다른 영역에서는 건강에 나쁜 활동을 계속하면서 단 한 영역에서만 건강한 우선순위를 목표로 삼는다면 변화가 오래 지속되기 힘들다.

클린트는 아내의 적극적인 협조를 받아 조깅을 시작했고, 아내는 그의 그런 노력을 중심으로 가족의 일정을 짜는가 하면 그가 운동을 시작하고 결심이 약해지지 않도록 꾸준히 압력(때로는 말 그대로 침대에서 그를 끌어내기도 했다)을 가했다. 그는 또한 아침 조깅을 마치기 전까지는 이메일 계정에 로그인하지 않을 것이라고 동료들에게 선언하기도 했다.

② **역할 모델을 찾는다:** 당신의 인맥 속에 건강 목표 달성에 성공했거나 잘 진행 중인 사람들을 찾아보아라. 그들이 무엇을 하고 있는지, 그것이 그들의 에너지와 기분에 어떤 영향을 주고 있는지 파악한다.

사실 일상적으로 달리기를 즐기는 옛 친구와 우연히 만난 것이 클린트가 조깅을 처음 시도하게 된 계기였다. 우리와 인터뷰했던 한 사람은 상사가 매일 아침 7시에 운동을 하기 때문에 한 시간 동안 연락할 수가 없을 것이라고 모두에게 선언했을 때 신선한 충격을 받았다고 했다.

한편 수십 년간 건강하지 못한 삶을 살다 건강을 해치고 고생 중인 사람, 즉 당신이 절대로 본받고 싶지 않은 일종의 반反 역할 모델을 찾아보는 것도 좋은 방법이다. 이것 또한 꽤 강력한 동기가 될 수 있다.

③ **자신에게 진정으로 의미 있는 우선순위를 찾아 격상시킨다:** 주변 사람들과 자신을 비교하고 싶은 충동이 들어도 이겨내자. 정말로 중요한 건 우리

자신의 여정이지 그들의 것이 아니다.

마흔 살이 된 데이비드는 지난 10년간 살이 많이 찌고 건강이 엉망이 된 것을 깨달았다. 일터의 친구들은 그가 한때 자랑했던 식스팩 복근이 이제 '원팩'이 되었다고 놀렸다. 하지만 그는 식스팩을 되찾겠다는 목표 대신(그 목표는 너무 힘들었을 것이다) 자신에게 맞는 색다른 목표를 세웠다. "그 해 여름에 가족끼리 하이킹을 가기로 했는데 아들보다 뒤처지고 싶지 않았습니다." 그가 말했다.

구체적인 목표를 세운 데이비드는 주말마다 무거운 배낭을 메고 동네를 걸으며 몸이 무게에 익숙해지게 했다. 그는 조금씩 속도와 거리를 늘렸고 결국 그해 여름 하이킹에서 10살 된 아들과 보조를 맞출 수 있게 되어 대단히 기뻤다.

2단계: 결심을 공표하기

—

자칫 결심한 일을 이루지 못한 것을 사람들이 알아챌까 봐 새로운 건강 목표를 남들 몰래 시작하려는 마음이 들기 쉽다. 그런 충동이 들면 이겨내라. 가족, 친구 또는 동료들이 우리가 건강 관련 목표를 위해 노력 중인 것을 알게 되면 우리를 도우려 할 것이다. 비밀로 하는 목표는 이런 종류의 지원을 가져올 수 없다.

개인의 목표보다 더 강력한 것이 바로 공통의 목표이다. 이것은 다른 사람들의 정서적, 실질적 지원과 응원이라는 부가 혜택도 가져온다.

10퍼센트의 사람들 중 특히 성공적으로 건강을 관리하고 있는 이들은 상호작용과 인간관계를 잘 활용하고 있었다. 공통의 목표와 공개적인 지원은 건강한 선택을 장려하여 그것이 우리의 정체성의 일부가 되도록 도와준다. 이와 같은 공통의 목표가 인생 최초의 마라톤 완주처럼 대단한 노력이 필요한 경우도 있지만 함께 걷기, 일주일에 한 번 함께 요가 하러 가기, 또는 올바른 식습관을 위한 의식적 노력 기울이기처럼 상대적으로 쉬운 경우도 많다.

건강 목표를 밝히고 주변 사람들에게 공유할 때 얻는 세 가지 중요한 혜택이 있다.

① **사람들의 격려와 정서적 지지를 얻게 된다:** 다른 사람들이 우리를 응원하고 있다는 것을 알게 되면 목표 달성에 필요한 힘든 일을 하려는 의욕과 동기가 커진다.

② **목표를 달성하겠다는 책임감을 자연스레 더 느끼게 된다:** 우리와 이야기 나눈 한 사람은 수면의 질을 높이고 싶어서 매일 밤 9시면 전화기를 침실 밖 복도에 놔두겠다고 남편에게 공언했다. 그가 잠자리에 들기 전에 마지막으로 이메일 한 개만 더 확인하고 싶은 충동이 들 때면 남편이 눈살을 찌푸리는 것만으로도 그 충동을 자제하는 데 큰 도움이 되었다.

③ **주위에 더 건강해지고 싶어 하는 이들이 있다는 걸 깨닫게 된다:** 이러

한 발견은 함께 운동하고, 더 건강한 음식을 먹는 등 신체 건강을 증진할 활동을 같이 할 수 있는 동료를 찾게 한다.

대형 계약 서비스 제공 회사에서 프로젝트 관리자로 근무 중인 43세의 윌리엄은 운동할 시간도 없고, 자신의 식습관에 대해서도 별다른 생각을 해본 적이 없었다. 그가 일하는 곳은 사람들이 주말이나 밤늦게까지 일하는 것을 자랑으로 여기는 문화였다.

윌리엄은 평소에 열심히 일하면서 되도록 야근을 줄이려 애썼지만, 근무 중에 받는 미세 스트레스가 너무나도 커서 수행 능력이 떨어진다는 고민을 가지고 있었다. 밤과 주말에도 일을 하는 것 말고는 다른 선택의 여지가 없었기에 친구들과의 약속을 취소하거나 개인적인 우선순위를 포기해야 했다. 직장에서는 머리가 깨질 듯 아팠고, 짜증이 난 상태로 온종일 지내는 날도 많았다.

윌리엄은 날씬한 편이었기에 자신이 건강하다고 생각하고 있었다. 병원에 갈 일도 거의 없었는데 언젠가 한 번 갔을 때 자신에게 고혈압이 있다는 것을 발견하고 큰 충격을 받았다.

윌리엄이 몇몇 동료들에게 고혈압 진단을 받았다고 이야기하자 그들도 과중한 업무 문화로 인해 비슷한 영향을 받고 있는 것 같다고 털어놓았다. 그들은 논의 끝에 '스트레스 해소를 위한 휴식 시간'을 갖기로 했다. 업무 중간 커피를 마시는 시간에 둘러앉아 일에 관한 이야기를 나누는 대신, 15~20분 정도 회사 밖으로 나가 함께 산책을 하거나 잠깐 차를 타고 호수가 있는 근처 공원으로 가 업무 외의 다른 이야기를 나누자는 계획이었다.

처음 몇 번은 멋쩍고 어색했다. 사실 그들은 업무 외적으로는 서로에 대해 아는 것이 거의 없었다. 하지만 시간이 흐르면서 대화는 점점 자연스러워졌고 깊고 진정한 유대로 발전했다. 그렇게 변화가 시작되었다. 짧은 휴식은 새로운 시각을 제공했고 사기를 북돋워주었다. 그렇게 몇 주가 지나자 팀의 업무 해결 방식이 전보다 창의적으로 변하고 생산성도 높아졌다는 걸 사람들이 알아차리기 시작했다. 같은 사무실에서 일하는 다른 사람들도 그들이 긍정적으로 변화했다는 걸 눈치 채고 이 스트레스 해소 시간에 함께하고 싶어 했다. 윌리엄과 동료들은 다른 사람들도 그들만의 긴장 해소 휴식과 점심 시간을 조직하도록 도왔다.

윌리엄의 두통과 수면 문제가 서서히 사라졌고 불안감도 줄어들었다. 물론 아직 미세 스트레스를 많이 받고 있었지만 업무의 우선순위를 전보다 잘 수립할 수 있었다. 또한 여자친구에게 짜증을 내는 횟수도 줄었다. 그리고 약을 먹지 않았는데도 혈압이 내려가기 시작했다.

건강을 개선하거나 유지하려는 노력을 홀로 해야 하는 것이라고 여긴다면 그 의욕을 지키기가 힘들 수 있다. 주변 사람들과의 관계를 이용해 그들의 도움을 받는다면 중요한 건강 목표를 달성할 능력을 크게 높일 수 있을 것이다.

우선순위를 선포하라

① **목표나 어려움을 투명하게 밝힌다**: 실패할지도 모른다는 생각을 하면 다른 사람들에게 목표를 알리지 말아야겠다는 생각이 들 수 있지만, 우리가 첫 걸음을 떼고 꾸준히 목표를 향해 나아가도록 도와줄 공동체를 형성하고 싶다면 솔직하게 이야기해야만 한다.

공식적으로 선언할 필요는 없다.(물론 그래도 되지만) 대화를 나누는 중에 목표가 어려워서 도움이 있으면 좋겠다고 넌지시 이야기해라. 그 편이 쉽다면 가까운 친구들부터 시작해라.

어떤 사람은 사무실의 자기 칸막이 벽에 달력을 걸고 운동을 한 날에는 녹색 동그라미를 치고 하지 않은 날에는 빨간색 X표를 그려 대단히 티 나지 않게 자기 목표를 알렸다. 다른 사람들이 알아차렸는지는 알 수 없었지만 그런 식으로 자신의 진행 과정을 공개한다는 것 자체가 대단한 동기 부여가 되었다.

또 누군가는 체중 감량 목표를 세운 다음 매달 말에 진행 상황을 아내에게 보고하겠다고 이야기했다. 매월 한 번씩 목표에 대한 이야기를 나눠야 한다는 사실을 아는 것만으로도 성공하고야 말겠다는 결심을 유지할 수 있었다.

② **가족에게 도움을 청한다**: 가족은 사랑과 애정을 바탕으로 강력한 동기 부여를 해준다.

인터뷰에 참여한 한 사람은 가족에게 체중 감량 목표를 알리고 텔레비전을 보는 동안 간식 먹기처럼 앞으로 제한할 활동을 이야기했다. 가족들은 그가 결심을 어겼을 때(예를 들어 과자 그릇을 들고 텔레비전이 있는 방으로 들어갔을 때) 신나게 그를 놀리기만 했지만 그 같은 반응만으로도 목표로 가는 길을 벗어나지 말자고 상기하기에 충분했다. 또한 가족은 이른 아침 아이 돌보기, 교대로 헬스장 가기, 아니면 퇴근길에 신선한 채소나 과일 사오기 등 자신의 일정을 조정하여 도움을 줄 수도 있다.

③ **다른 사람들과 함께 노력한다:** 공개적인 노력은 다른 사람들과 공유했을 때 더 강력한 힘을 발휘한다. 여럿이 함께 노력하면 서로 지지하고 책임을 일깨우는 인맥망을 즉시 만들어낼 수 있다.

윌리엄의 스트레스 해소 휴식이 효과가 있었던 것은 윌리엄 개인의 노력이 아니라 집단으로서의 노력이었기 때문이다. 우리가 만났던 또 다른 사람은 자전거를 타겠다는 결심을 친구들과 함께하는 그룹 활동으로 바꾸었다. 그룹의 유대감이 돈독해지면서 그들은 지역 주변으로 즐거운 자전거 여행도 추가로 집어넣기 시작했다. 몇몇은 비가 오는 날에도 훈련을 계속할 수 있도록 실내용 자전거도 샀고, 시간이 흐르면서 주말마다 점점 더 오랜 시간 자전거를 탈 수 있었다.

3단계: 가까운 사람의 도움을 받아 꾸준히 실천하기

—

건강을 개선시키는 행동을 결심하고 시작하는 것도 힘들지만 그것을 계속 유지하기는 훨씬 더 힘들다. 이때도 역시 결심을 유지하는 비결이 꼭 의지력에 있는 것만은 아니다. 우리에게 결심을 지켜야 한다고 일깨워주는 팀원들, 반드시 지켜야 하는 운동 시간을 두고 거짓말을 하지 않게 도와주는 가족들, 우리의 성공을 함께 축하해주는 동료들, 그리고 우리의 변화를 돕기 위해 자기 자신의 행동을 변화시킬 뜻이 있는 진정한 친구들 같은 인간관계의 도움을 받을 필요가 있다. 그들은 다함께 끈끈한 지원망을 만들어 우리가 퇴보하는 걸 막고 지속적인 동기와 노력의 불꽃이 꺼지지 않게 해준다.

신체 건강 목표를 위한 노력을 굳히면 다음 세 가지 측면에서 도움이 된다.

① 매일의 작은 의사결정이 나만의 것에 그치지 않게 된다: 행동과 결심이 굳어진다는 것은 동기가 조금씩 사그라질 때 우리를 격려하고 지지해줄 사람들이 주변에 있다는 뜻이다. 단순히 요가 수업을 빼먹지 말고 가라고 말해줄 사람이 있다는 것이 아니다. 함께 요가를 하는 것이 우정의 핵심이 되는, 요가 수업에서 만나고 싶은 사람이 있다는 점이 중요하다. 요가를 함께하면서 어려운 동작이 나오면 겸연쩍은 웃음을 나누고, 수업 전과 후에 가벼운 대화를 나누고, 그 결과 기분이 좋아질 수 있는 그런 사람 말이다. 이런 경우 요가 수업에 가지 않겠다는 결정은 그런 사람들에게 영향을 미치게 되고, 우리는 그런 사람을 실망시키고 싶지 않아진다.

② 주변 사람들이 신체가 건강하면 얼마나 기분이 좋은지 상기시켜준다: 결심을 놓아버리면 우리가 원하는 최고의 모습이 될 수 없다거

나 에너지가 넘치면 얼마나 기분이 좋은지 상기시켜주는 긍정적인 역할 모델은 왜 건강 목표가 노력을 들일 가치가 있는지를 다시금 일깨워준다.

③ **행동이 굳어지면 다른 사람을 향해서 일종의 책임감이 생긴다:** 우리 자신을 위해서는 하지 않는 일이라도 주변의 다른 사람을 위해서는 하는 경우가 종종 있다. 그렇게 하기가 힘들 때에도 우리의 인맥은 꾸준히 노력하면서 계속 시도하도록 도와줄 수 있다.

그러므로 행동이 굳어지려면 우리의 변화를 돕기 위해 자기 자신의 행동을 바꿀 의향이 있는 사람들의 도움을 받자. 그런 사람들은 지원망을 만들어 우리가 퇴보하는 것을 막고 지속적인 열정과 노력의 불꽃을 지켜준다.

친구들과 매주 농구하는 것을 우선순위로 삼고 있는 제임스는 친구들에게 어떤 평계를 대도 아무 소용이 없다는 걸 알고 있다. "이번 주는 내가 좀 피곤해서 못 가겠다"라고 하면 친구들은 이렇게 말할 것이다. "야, 우리도 다 피곤하거든! 그래도 나올 수 있잖아. 어리광 부리지 마." 그 역시 친구들이 빠지려고 들면 욕을 잔뜩 해준다.

늘 앉아있는 무기력한 생활을 하다가 마라톤을 달리는 활동적인 사람으로 바뀐 스테이시는 매우 힘든 훈련 과정을 동료들과 함께 거칠 때 생겨나는 책임의식에 대해 이렇게 설명했다. "사소한 평계를 대며 빠지는 사람이 될 수는 없어요. 주변 사람들의 압박이 느껴졌지만 왠지 그게 즐겁게 다가왔어요. 그 힘든 일을 모두 함께 하고 있으니까요."

가족은 때로 우리 자신보다 우리를 더욱 명확하게 파악하고, 신체 건강이 우리를 더욱 기분 좋게 할 뿐만 아니라 가족의 일원이자 부양자, 친구로서 역할을 더 잘 수행하게 만든다는 사실을 깨닫도록 도와줄 수 있다. 제임스는 아내에게 "당신은 살이 쪘을 때 짜증도 더 잘 낸다"는 말을 들었다고 했다. 우리와 인터뷰했던 또 다른 사람은 운동을 빼먹었을 때 유머와 집중력을 잃고 하루 종일 에너지도 떨어지는 것 같다는 말을 남편이 해주었다고 했다. 이와 같은 말은 일종의 목적의식을 더해 우리의 길을 막는 피할 수 없는 장애물을 극복하도록 한다.

10퍼센트의 조언 | 10

우선순위를 유지하는 비결

① **협상 불가능한 시간을 정해둔다**: 직장이나 가정에서 일이 너무 많더라도 자신과의 약속을 지킬 수 있도록 활동이나 우선순위를 구성한다.

제임스는 주 1회 농구 시간을 지킬 수 있도록 업무 일정을 짜는 비서에게 부탁을 했다. "출장이 필요하면 어디든 날 비행기 태워 보내도 좋아요. 하지만 매주 목요일 밤에는 농구 약속이 있으니 그 전까지 반드시 날 집으로 돌려보내줘야 해요." 매주 이 두 시간 동안 그는 업무 스트레스를 잠시 잊어버리고 함께 농구를 하는 친구들과 경쟁하며 즐거운 시간을 보낸다.

그런 식으로 스트레스가 조금씩 줄어들어 관리할 수 있는 수준까지 작아지자 수면의 질도 개선되었다. 그리고 하루 중 생기는 미세 스트레스에 더 쉽게 대처하는 자신을 발견했다.

"또 다른 위기가 닥쳤다는 말을 들으면 어떻게 대응할지 차분히 생각합니다. 그러면 사람들이 고개를 끄덕이고는 제 말을 따라 행동하죠. 사내 정치와 내분이 정말 많이 사라진 것 같아요. 이제는 제가 전보다 더 권위 있는 사람처럼 보이게 되었는지, 사람들이 제 아이디어를 중심으로 모이는데에도 도움이 됩니다."

② **다른 사람들과의 관계를 통해 새로운 눈으로 자신을 바라본다:** 신체 건강을 위한 노력을 지속하는 사람들에게 미묘한 차이점이 있다면 자신들이 극복하려고 하는 부정적인 부분뿐만 아니라 그러한 노력의 긍정적 부분에 집중한다는 것이다. 그들의 인맥망은 단순히 그들이 체중을 줄이도록 돕는 데 그치지 않고, 그들이 만들고 있는 새로운 정체성과 긍정적 변화, 즉 그들이 만들고 있는 더 나은 버전의 자신의 모습을 알아보도록 돕는다. 숀은 "겨울을 앞둔 어느 날이었어요. 같은 동네에 사는 아빠들이 모여 한집 뒷마당에 스케이트장을 만드는 일을 하게 되었죠. 우리는 일을 하는 동안 새로 부임한 상사라든가 명절에 발생하는 가족간 갈등, 사춘기에 접어든 아이들에 대처하는 방법 등을 자연스럽게 논의하게 되었습니다. 그 후로 우리는 서로에게 굉장히 좋은 대화 상대가 되었어요"라고 자신의 경험을 말했다. 그들은 여름에는 배구 네트를 세우고 함께 경기도 했다. 그렇게 든든한 도움을 주고받을 방법을 찾아냈고, 서로 깊은 유대를 맺는데 큰 도움이 되었다.

표면적으로 그들은 같은 동네에 산다는 것 외에는 공통점이 거의 없었지만 함께 스케이트장을 짓고 그 후에는 아이들과 함께 매주 모이다 보니 유대가 생겼다. 그들은 서로에게 어릴 때 이후로 가져본 적 없는 절친한 동네 친구가 되었다.

숀의 식구가 늘자 처음 장만한 집이 너무 비좁아졌고 그들은 몇 킬로미터 떨어진 더 고급스러운 동네의 더 큰 집으로 이사갈 수도 있었다. 하지만 그는 동네 아빠들 모임을 떠나는 것을 상상조차 할 수 없었다. 그래서 이사를 하는 대신 더 어렵고 돈이 많이 드는 방식, 즉 늘어난 식구를 감당할 수 있도록 집 옆에 작은 건물을 하나 더 세우는 것을 선택했다.

"매주 이 친구들을 만나면 제가 가진 문제들을 다른 시각으로 바라볼 수 있어요." 그가 말했다. 그들이 함께하는 활동은 항상 신체 활동 위주였기 때문에 그들은 스스로를 신체적으로 활발한 그룹의 일원이라 여기게 되었고, 이는 그룹의 다른 사람들이 하는 활동에 보조를 맞추고 싶은 욕구를 더욱 드높였다. 하지만 스케이트를 타고 배구를 하는 것만이 전부가 아니었다. 중요한 것은 공통적인 열정이나 목표를 공유하는 사람들과 진정한 관계를 다지는 것이었다.

③ **자신과 가장 가까운 사람들을 건강한 활동에 참여시킨다:** 사람들은 종종 가족이나 친구와 보내는 시간과 운동을 완전히 다른 행동이라고 여긴다. 하나를 선택하면 다른 하나를 포기할 수밖에 없다고 말이다. 반드시 그래야 할 필요는 없다. 이 두 가지를 하나로 합칠 수 있다.

우리와 인터뷰한 한 사람은 아이가 다니는 유치원의 다른 부모들과 숲속을 걷는 모임을 만들었다. 그들 모두 풀타임 근무를 하기 때문에 유치원에서 개최하는 학부모 행사에 참석하기는 어려웠지만, 이런 방법을 쓴 다음부터는 서로 친해질 기회와 신체 활동을 한데 묶을 수 있었다. "제 인생에서 우선순위 중 하나인 친구와 보내는 시간은 물론, 또 다른 우선순위인 가족과 보내는 시간을 충족시킬 수 있는 아주 명쾌한 해결책이죠." 그의 말이다.

4단계: 건강한 사람이라는
새로운 정체성 획득하기

—

건강한 행동이 머무는 곳이 바로 자기 정체성이다. 10퍼센트의 사람들은 긍정적인 신체 건강 행동을 유지하는 실력이 뛰어나다. 다른 사람들과의 인간관계를 통해 새로운 정체성을 만들어내기 때문이다. 이를테면 러너라든가, 사이클리스트, 비건, 마음챙김 전문가, 명상을 하며 침착을 유지할 수 있는 사람 등이다.

어떤 행동이 우리 정체성의 일부가 되고 이런 행동을 다른 사람들과의 진정성 있는 인간관계에 끼워 넣으면 그것은 건강을 위해 하기 싫어도 억지로 해야 하는 일처럼 느껴지지 않게 된다. 실제로 어떤 사람들의 정체성은 다른 사람들과 함께하는 명상이나 요가 같은 행동에 매우 긴밀히 연결되어 있어서 매일 이런 그룹에 참여하지 않으면 삶의 균형을 잃었다고 느끼기도 한다.

Coaching Break 10
부정적 행동 관리하기

우리에게 스트레스를 유발하거나 건강에 안 좋은 행동을 하게 만드는 사람들은 우리와 가장 가까운 친구나 자녀 또는 배우자인 경우가 많다. 예컨대 결혼은 우리의 삶에서 가장 중요한 지지와 지원의 원천 중 하나이지만 많은

사람에게 미세 스트레스의 원인이기도 하다.

건강하지 못한 생활을 하는 친구들은 우리를 비슷하게 행동하게 만들기도 하며 알코올 섭취, 비만, 올바르지 못한 식습관 등을 유발하기도 한다. 연구에 따르면 우리와 연결된 사람이 비만이면 우리도 비만이 될 가능성이 높다고 한다.[23]

이와 같이 인맥망 속 도움이 되지 않는 행동들은 우리의 부족한 의지만큼이나 건강을 해치는 데 큰 영향을 주는 경우가 많다. 그저 '함께 하는 것'이기 때문에 의문을 품지 않고 부정적 습관에 빠지는 것이다. 주변 사람들의 부정적인 영향력을 이겨내기 어려운 이유는 우리가 그들을 사랑하고, 필요로 하거나 매일 그들과 함께 일하고 있어 그 관계에서 쉽게 빠져나올 수 없기 때문이다.

어떻게 해야 할까? 정답은 바로 그들과의 관계에서 우리의 행동을 바꾸는 것이다. 다음과 같은 방법을 써 보자.

① **상호작용을 긍정적 환경으로 옮긴다:** 예를 들어 함께 걷기처럼 긍정적 영향력을 발휘하는 상황에서 사람들과 더 많은 시간을 보내고, 식당이나 술집처럼 부정적 영향력이 있는 곳에서는 시간을 덜 보내자. 인간관계가 건강에 나쁜 행동을 중심으로 돌아간다면 이러한 변화는 힘들 수 있으며, 그럴 때는 약간의 창의성을 발휘해 더 건강한 대안을 찾아야 한다.

우리와 만났던 한 사람은 토요일 아침마다 팬케이크 식당에서 친구들과 모여왔던 터라 변화를 주기가 힘들 것이라고 생각했다. 하지만 체중을 줄이기 위해 노력 중이라고 친구들에게 솔직히 털어놓고 대안을 구하자 모두가 돌아가며 각자의 집에서 커피를 마시자는 데 동의했다. 그렇게 몇 달이 지나자 그룹에 속한 몇 사람이 그러한 시도가 자신의 건강에도 도움이 되었다면서 장소를 변경하자고 제안해준 데 고마움을 표했다.

② **다른 사람들도 행동을 바꿀 것을 요청한다**: 주변 사람들이 몸에 좋은 음식을 먹고 있지 않다면 그렇게 하기가 특히 더 어려울 수 있다. 그리고 다른 사람들이 당신과 상호작용하는 방식을 바꾸지 않는다면 당신의 삶에서도 건강한 행동을 시작하기가 힘들 수 있다.

우리와 인터뷰했던 한 사람은 자신이 아침에 운동을 할 수 있도록 남편에게 30분만 늦게 출근해달라고 부탁했다. 대도시에 사는 또 다른 사람은 지도에 자신이 사는 아파트를 중심으로 직경 1마일(1.6킬로미터)의 원을 그리고는 가족들에게 그 원 안에 있는 장소 정도는 자신에게 태워달라고 하지 말고 걸어서 가라고 부탁했다. 시간이 흐르면서 그 원은 점점 더 커졌고 가족들이 자주 걷는 습관을 들임에 따라 그 역시 목표로 한 걸음수를 채우기가 쉬워졌다.

③ **더 건강한 인간관계를 도입한다**: 당신과 건강에 대한 관심사가 비슷한 사람이나 그룹과 어울리는 시간을 늘려라.

우리와 인터뷰한 한 사람은 이렇게 말했다. "특정한 친구를 만나면 항상 술을 너무 많이 마시곤 했어요. 일단 술이 들어가기 시작하면 아무도 우리를 말리지 못했죠. 그래서 저는 와인 두 잔 정도 마시고 나면 술잔을 내려놓는 또 다른 친구를 그 자리에 초대했어요. 그래서 그 친구가 술자리를 파하고 일어설 때 함께 따라 나서서 과음하는 걸 막을 수 있었죠." 또는 자주 만나는 친구들이 운동을 별로 안 좋아한다면 조금 더 활동적으로 움직이는 것을 좋아하는 사람들을 찾아 영입해라. 그들과 함께라면 그룹이 더 많이 움직이게 만들 수 있고, 혹시 그렇게 할 수 없다면 더 건강한 활동에 관심이 있는 다른 친구들을 찾아 모임을 결성하는 것도 좋다.

이러한 정체성의 인식은 삶의 다른 부분에서 나타나는 미세 스트레스를 밀어내는 데에도 직접적인 역할을 한다. 우리 삶 안에는 일 이상의 것들이 있다. 10퍼센트의 사람들은 자신의 에너지나 집중력을 업무에만 쏟지 않기 때문에 하루 중 언제든 닥쳐올 수 있는 미세 스트레스가 다른 사람들만큼 큰 충격으로 다가오지 않는다.

이렇듯 일 외에 또 다른 정체성을 가지고 있다면 업무에서 얻은 미세 스트레스를 밀어낼 활동을 하기 위한 에너지를 따로 남겨둘 용기가 생긴다. 처음에는 '건강 관리'라는 하나의 목표로 시작한 일이라도 점점 활동 자체를 즐기는 마음, 인간관계 등으로 목적이 확장되고, 이것이 선순환이 되어 단순히 체중 감량 같은 목표에 책임감을 갖게 되는 것 이상으로 지속 가능해진다. 여기에서 중요한 건 단순히 알코올이나 체중 같은 부정적인 요소를 제거하라는 사회적 압력이 아니라 건강해지겠다는 **긍정적인 이끌림과 욕구**에 있다.

새로운 정체성을 세우고 사회적 혜택을 얻는 것이 미세 스트레스의 부정적 영향을 줄인다는 주장을 뒷받침하는 근거는 더 있다.

① **장기적으로 우리를 지지하고 응원하는 인간관계는 생물학적으로도 도움이 된다**: 한 연구에서 참가자들에게 감기 바이러스를 주사하고 조사해보니 보다 효과적인 개인적 인맥을 갖춘 사람들이 바이러스에 저항력이 더 큼을 알 수 있었다.[24]

긍정적인 개인의 상호작용은 우리의 면역계와 내분비계, 심혈관계 기능에 도움을 주는 반면, 질이 떨어지는 상호작용은 염증을

일으키고 면역 반응을 손상시킨다는 연구 결과도 있다.[25]

② 어떤 활동은 다른 성향의 사람들과 인간관계를 형성하도록 돕는다:

우리는 비슷한 사람들로 주변을 채우는 경향이 있기 때문에 삶의 목표에 의문을 품거나, 힘든 순간에 대해 생각하는 방식을 바꾸거나, 내가 가진 것에 대해 객관적인 시각에서 바라보는 것이 어려울 수 있다. 그러므로 나와 다른 생활 태도를 가진 사람들, 이를테면 비건 생활 방식, 스윙 댄스, 수영 등에 관심 있는, 배경이 다른 사람들과 상호작용하면 삶을 바라보는 새로운 방식에 눈을 뜰 수 있다.

스스로에게 이런 질문을 해보자. "어떤 문제에 맞닥뜨렸을 때 그것을 완전히 다른 시각으로 바라본 사람과 이야기를 나눠본 적이 마지막으로 언제인가?"

직장에서 운동을 통해 다른 사람들과 유대를 맺으면 인맥망을 넓히는 데에도 도움이 된다. 엔지니어링 이사인 수프리야는 일주일에 한 번씩 점심시간에 직장 내 극기훈련에 참여한 적이 있다. 그는 직장에서 스포츠 활동을 하는 사람들이 최고의 인맥을 자랑한다고 이야기했다. "그들은 평상시 하던 일을 통해서는 절대 개발할 수 없는, 마치 촉수 같은 인맥을 갖추고 있어요." 우리와 인터뷰했던 다른 사람들은 일터가 아닌 곳에서 운동을 하는 것이 평소라면 만날 일이 없는 사람들과 가까워질 수 있는 방법이라고 비슷한 이야기를 했다.

건강을 매개로 새로운 관계를 맺는 법

① **비슷한 생각을 가진 사람들을 찾는다.** 신체 건강 목표를 이용해 공통의 관심사를 가지고 있지만 평소에 만나기 힘든 사람들과 상호작용하라.

조제트는 20년 동안 일밖에 모르던 IT기업의 임원이었는데 무거운 책임을 내려놓고 개별 기여자 역할로 내려온 이후 크나큰 자아 정체성의 위기를 맞았다.

"제가 뭘 하는 사람인지 모르겠더군요. 정말로 이상했어요. 저는 아주 강한 A유형 성격(적대적이고 경쟁적이며 원하는 바를 획득하려 애쓰는 성급한 성격-옮긴이)이었어요. 일을 멈추지 않고, 언제나 더 많이 하고, 필요 이상으로 하고, 내가 나서서 우리 모두를 위기에서 구해내야 직성이 풀리는 사람이었죠."

그는 매일 요가를 하기 시작하면서 경쟁적이지 않고 서로를 응원하는 사람들을 만나게 되었다. "완벽하지 않아도 괜찮고 실패에서도 의미를 찾을 수 있는 환경에 속하게 되니 마음이 아주 후련해지는 기분이었어요. 요가 덕분에 저는 지금 균형이 잘 잡혀 있어요. 이제는 '저는 못 하겠어요'라든가 '저는 안 하겠어요'라는 말을 꽤 잘 할 수 있게 되었죠. 제 자신의 완벽하지 못한 점이나 한계도 있는 그대로 받아들일 수 있게 됐고요." 시간이 흐르면서 요가의 정신이 조제트의 정체성에 녹아든 것이다.

② **자신의 약한 모습을 드러내 보인다.** 우리와 다른 사람들 앞에서 자신을 열고 약한 모습을 인정하면 직장이나 인간관계 속에서 맞닥뜨리는 어려움에 대해 새로운 전망을 얻을 수 있고, 우리가 살면서 당연하게 여겼던 긍정적인 점들을 다시금 알아볼 수 있다.

신체적으로 아주 고된 경주 대회 등을 앞두고 함께 훈련하거나 체중 감량 모임에서 자신의 약점을 고백하는 등의 활동을 통해 새로운 인간관계에서 돈독한 우정과 신뢰를 쌓았다고 이야기한 사람들이 종종 있었다. 기업 임원인 애나는 자선 모금을 위한 100킬로미터 걷기에 참여하기 위해 직장 동료들과 함께 훈련한 경험을 이야기해 주었다. 거기 참여한 사람들은 대부분 회사에 갓 들어온 사람들로 서로를 잘 몰랐다. 하지만 수 킬로미터씩 힘겹게 함께 걸으면서 분위기가 많이 달라졌다. "힘든 순간이 찾아오는 게 보였어요. 한참 동안 말도 없이 조용해지는 걸 알 수 있는데, 그러면 다른 사람들이 힘을 북돋고 이끌어주죠." 그들은 자기 자신과 다른 사람들에 대해 알게 되었고, 사람들이 힘들 때 어떻게 대응하는지도 알게 되었다. 애나는 지금도 그 사람들과 가까운 사이로 지낸다고 했다.

③ **인간관계를 위한 공간을 만든다**: 단순히 신체 활동을 넘어 다른 사람들과 소통하기 위한 노력을 들여라. 어떤 행사나 운동 전과 후에 잠시 시간을 내어 사람들과 대화를 나누고, 두 가지 측면에서 이야기를 해보자. 첫째, 함께하는 활동 중에서 어떤 부분이 즐거운지 또는 어떤 부분이 힘든지 이야기한다. 둘째, 삶에서 운동 외에 다른 어떤 일들이 벌어지고 있는지 이야기한다.

우리와 인터뷰했던 많은 사람들이 이런 식으로 대화를 확장하며 오랜 시간에 걸쳐 돈독한 우정을 쌓았다고 했다. 100킬로미터 걷기를 위해 훈련했다고 앞서 언급한 애나는 워킹맘이라 사는 곳의 다른 엄마들과 소통을 할 기회가 없었다. 하지만 그 걷기 그룹에 다른 엄마들이 몇 명 있어서 운동 전과 후에 워킹맘으로서의 어려움과 즐거움에 대해 이야기를 나누며 그들과 유대를 맺기 시작했다. 몇몇 동료들이 자신을 응원해주고 필요하면 도움을 줄 수 있을 것이라는 사실을 알게 되자 업무를 볼 때도 자신감이 더 커졌다.

연구에서 만난 사람들 대다수가 나이가 들면서 신체 건강의 우선순위가 점점 아래로 내려갔다고 털어놓았다. 시간이 없어서 어쩔 수 없었다고 했다. 하지만 10퍼센트의 사람들은 그런 식으로 생각하지 않았다. 그들은 다른 사람들과의 인간관계를 통한 신체 건강을 위한 노력이 자기 정체성의 일부라고 느꼈다. 그들은 건강한 행동을 하지 못할 때 힘들어한다.

단번에 신체 건강을 포기하는 사람은 없다. 시간이 흐르면서 우리의 시간과 에너지, 정서적 여유를 갉아먹는 미세 스트레스의 공격에 의해 조금씩 놓아버리는 것이다. 다른 사람들과 관계를 맺으며 신체 건강을 우선시하면 미세 스트레스에 강력한 해독제가 될 수 있고, 그것만으로도 삶의 질이 나아질 수 있다. 이렇게 우리를 지지하고 응원하는 강력한 인맥망을 갖추었을 때의 혜택은 우리의 신체 건강을 넘어선다.

다음 장에서는 인간관계가 건강만큼이나 소중하고도 강력한 무언가를 우리 삶에 준다는 것을 알아볼 예정이다. 그것은 바로 목적의식이다.

건강 유지 활동을 위한 계획 세우기

신체 건강을 높이기 위한 활동을 시작하여 지속할 수 있는 방법을 알아보자. 먼저 우선순위로 삼고 싶은 건강 목표를 정한다. 다시 달리기를 시작한다든가, 헬스장에 나간다든가, 체중 5킬로그램을 감량한다든가, 자신에게 중요한 것이라면 뭐든지 좋다.

그런 다음 내가 선택한 목표를 달성할 수 있는 방법을 구체적으로 생각하여 가시화시킨다. 목표와 방법을 정했으면, 이것을 계속하기 위해, 즉 '굳히기' 위해 인간관계나 생활습관을 어떻게 관리할지 적는다. 그리고 마지막으로 이 모든 계획이 이루어진다면 새롭게 얻을 자신의 정체성과, 추가적인 사회적 혜택 등에서 어떤 변화가 일어날지 구체적으로 상상한다. [표 7-1]은 이 과정을 정리한 것이다.

한 가지 더 기억할 것은 적극적으로 할 일에 못지않게 중요한 것이 '우리 삶에서 제거할 것들'이라는 점이다. 10퍼센트의 사람들이 신체 건강에서도 성공을 거둔 것은 부정적인 상호작용, 그중에서도 특히 스트레스를 유발하거나 건강에 나쁜 행동을 하게 하여 자신을 본궤도에서 벗어나게 만드는 사람들과의 부정적 상호작용을 관리할 수 있었던 덕이 크다.

[표 7-1] **건강을 유지하기 위한 계획**

추구하는 요소	단계	예시	계획한 것과 함께할 사람
우선순위	**신체 건강을 우선순위로 삼기**: 자신에게 중요한 신체 건강 목표 고르기	주3회 헬스장 가기, 움직이는 속도 높이기, 콜레스테롤 수치 낮추기, 체중 5킬로그램 빼기	
가시화	**가시성 높이기**: 누구와 목표를 공유할 것인가?	배우자나 가족과 이야기 나누기, 동료들과 함께 운동 행사에 등록하기, 온라인 토론방에 게시물 올리기	
굳히기	**지지 구조 세우기**: 일정을 조정하거나 미리 마련해둔 팀이나 클럽 구조에서 지지를 얻을 수 있는가? 어떻게 하면 협상 불가능한 시간을 따로 정해 목표 달성을 위해 노력할 수 있는가? 내가 약속을 지키게 만들 사람은 누구인가?	비서에게 주2회 트레이너와 훈련 일정 잡도록 요청하기, 자전거 탈 시간 마련하기, 목요일 밤을 따로 떼어 친구들과 농구하기, 친구들과 주말 아침 걷기 계획 세우기	
	책임의식 확립하기: 출석하고 다른 사람들과 서로 응원하는 데 책임의식을 느낄 수 있도록 그룹이나 클럽에 가입하거나 프로그램에 합류할 수 있는가? 다른 사람들과 유대를 깊이 하기 위해 어떤 사소한 의사결정을 내릴 수 있겠는가?	동료들과 달리기 대회 등록하기, 라이딩 클럽 들어가기, 친구들과 체중 감량 프로그램 시작하기, 스피닝 수업 끝나고 바로 귀가하지 않고 함께 운동한 사람들과 커피 마시기	
	일석이조 효과 얻기: 자신에게 중요한 사람들을 어떻게 나의 건강 활동에 참여시킬 것인가?	친구들과 하이킹 가기, 부모와 자녀가 함께하는 축구 팀 들어가기, 배우자와 함께 헬스장 가기	
	부정적인 행동을 하게 만드는 사람들 관리하기: 잘못된 방향으로 가게 만드는 사람들이 있는가? 그렇다면 그런 사람과의 관계를 어떻게 관리할 것인가?	목표로부터 멀어지는 것이 아니라 도움이 되는 방식으로 더 많은 시간을 보낼 수 있도록 인간관계에 변화 꾀하기	
정체성과 사회적 혜택	**생각하기**: 이런 변화가 자아상에 어떤 영향을 미칠 것이라고 예상하는가? 이런 변화는 개인적으로나 일적으로 나에게 도움이 되는 방면으로 인간관계를 확장시킬 것인가? 그런 변화는 더 깊고 진정성 있는 인간관계를 만들도록 도와줄 것인가? 새로운 시각을 제시할 것인가?	동료들과 함께 회사 극기 훈련에 참여하거나 회사 달리기 대회에 나가 더 다양한 동료들과 관계 맺기	

- 30대 중반이 되면 많은 사람들이 한때 활기와 신체 건강을 책임져주었던 활동으로부터 멀어지기 시작한다. 너무 바빠서 이어갈 수가 없는 것이다. 그렇게 신체 건강이 악화되면 그에 따른 여파로 힘들어지기 시작한다.

- 이런 숙명을 피하는 사람들이 반드시 의지력이 더 세거나, 하루 중 남는 시간이 더 많거나, 집중력이 더 좋은 것은 아니다. 그들이 신체 건강을 개선하기 위해 따라가는 궤도를 살펴보면 다음과 같이 활동과 인간관계가 밀접하게 서로 얽혀 있는 전형적인 패턴이 나타난다.

  ① 신체 건강을 우선순위로 삼는다.
  ② 자신의 열정을 공유하며 남들이 볼 수 있게 한다.
  ③ 직장과 가정에서의 인간관계를 통해 활동이 굳어지게 만든다.
  ④ 자신의 건강과 행복에 초점을 맞춘 활동과 다른 사람들과의 관계를 통해 정체성을 강화하고 넓힌다.

- **10퍼센트의 사람들은 인간관계와 신체 건강을 유지하는 활동을 엮는다.** 우리를 건강하게 만들어주는 활동을 고수하기를 중시하는 것은 그런 활동을 공유하는 사람들과 유대를 느낄 수 있기 때문이다. 그러면 이런 연결은 건강을 추구하는 활동을 계속 해내갈 수 있게 만든다. 다른 단기적 해결책, 예를 들어 체중 감량 그룹 같은 것은 해낼 수 없는 일이다.
  건강을 위한 활동과 인간관계를 하나로 엮으면 건강해지고 싶다는 긍정적인 이끌림과 욕구를 만들어내고, 이런 노력은 과도한 알코올 섭취라든가 체중 증가 같은 부정적인 습관을 없애라는 사회적 압력을 넘어서는 효과를 발휘한다. 다른 사람들과 긍정적인 연결을 통해 습관을 유지하기가 더 쉬워진다.

8장

미세 스트레스에 맞서는 무기 3. 목적의식

다른 사람들과 더 진정성 있는 유대를 맺고
미세 스트레스를 견딜 수 있을 정도로 만들어
일상에서 의미를 창출하기 위한 다섯 가지 방법

출발 직전에 출장이 취소된 마르코는 의도치 않게 귀한 휴가 하루를 얻었다. 출장을 위해 일정을 비워뒀기 때문에 반드시 출근해 마쳐야 할 시급한 일도 없었다. 평상시에는 아이들이 일어나기 한참 전에 출근하고 없었지만, 이 날은 부지런히 등교할 준비를 하는 아이들과 대화 몇 마디라도 나눌 수 있을까 싶어서 주방을 서성거렸다. 하지만 아이들은 아빠를 무시하고 준비하느라 바빴다. 아내도 집안일 몇 가지를 부탁하고는 급하게 차를 몰고 출근해 버렸다. 이 귀한 하루를 어떻게 쓰면 좋을까? 10년 전이라면 친구에게 전화를 걸어 테니스나 치자고 했겠으나 무릎을 다친 이후로 테니스는 그만둔 상태였다. '이게 뭐람. 날씨가 이렇게 좋고 해야 할 일도 없는데 어디 갈 데도, 전화를 걸 사람도 없네.' 그는 차라리 출근을 할까도 생각했다.

빈 집을 어슬렁거리며 돌아다니던 중 마르코는 깨달음을 얻고 정신이 번쩍 들었다. 지난 몇 년간 그는 가족을 비롯해 한때 그에게 크나큰 즐거움을 가져다주었던 모든 활동에서 서서히 멀어졌다. 일이 너무 바빠서 어쩔 수 없었다. "시간이 흐르면서 그냥 이런 저런 취미를 내려놓고 싶은 유혹이 들더군요. 일종의 소용돌이에 빨려 들어가는 것 같아요. 젊을 때는 얼른 승진하고 큰돈을 벌고 싶어서 일과 커리어에 몰두하게 됩니다. 그러다가 아이가 생기면 육아와 직장 일 사이에서 시달리며 자신을 위한 일을 할 시간은 남지 않게 돼요." 마르코가 말했다.

지난 몇 년 동안 그는 야외에서 하는 많은 활동을 조금씩 포기했다. 그의 하루는 온갖 미세 스트레스로 가득한 장애물 코스 같았다. 그 외에도 이제는 집안 관리를 힘들어 하면서도 요양원을 거부하고 집에 머물기를 고집하는 연로하신 부모님을 돌보는 것은 물론, 지난 2년 동안 세 번이나 바뀐 새 영업 관리자를 파악하는 과정을 거치고 있었다. 다른 일은 할 시간이나 에너지도 없이 그저 하루하루 자신을 막아서는 미세 스트레스를 헤치고 나아가기에 급급했다. 그래서 그는 불행하지 않게 사는 선에서 만족하고 있었다. 하지만 그것은 삶의 강한 목적의식과 의미를 갖는 것과는 완전히 다른 이야기였다.

연구를 하다 보니 마르코와 같은 이야기가 곳곳에 넘쳐났다. 기업에서 성취하고 승진하는 데에만 몰두하던 사람들이 어느 날 갑자기 정신이 퍼뜩 들면서 한때 바라던 것과는 너무 다른 곳까지 와버

렸음을 깨닫는 것이다. 그들은 입을 모아 "딱 한 걸음 너무 멀리 와 버렸다"고 말했다. 중요한 변곡점을 지나쳐 더 많은 주택 담보 대출을 받고, 조금 더 긴 출퇴근 시간을 감내하거나 출장을 더 많이 다녀야 하는 승진을 받아들였는데 그것이 삶의 행로를 바꿔버렸다고 말이다.

그들의 개인적 삶의 이야기는 일 이야기뿐이었다. 무언가가 빠져 있었다. "대학교 다닐 때와는 완전히 다른 사람이 되어 버렸어요. 삶의 불꽃이 사라졌죠." 한 사람이 우리에게 한탄했다.

'목적의식'을 뭔가 덧없거나 도저히 시간을 내어 생각할 수조차 없는 것처럼 여겨 거의 생각하지 않는 경우가 많다. 하지만 그건 큰 실수다. 목적의식이란 추상적인 개념처럼 들리지만 미세 스트레스를 이겨내는 능력에서 대단히 중요한 역할을 한다.

목적의식과 전반적인 행복 사이의 관계를 연구한 영국의 과학자 앤드루 스텝토Andrew Steptoe와 데이지 팬코트Daisy Fancourt는 나이가 들수록 목적의식이 더욱 더 중요해진다고 주장한다. "인생이 살 만한 가치가 있다는 생각을 지니는 것은 사회적 정서적 유대가 조각나고, 사회적 참여가 떨어지고, 건강 문제로 인해 개인의 선택지가 줄어드는 중장년 이후에 특히 중요합니다."[26]

우리가 하는 일에서 강력한 의미를 찾게 되면 미세 스트레스를 다른 관점에서 보게 되며 전보다 좀 더 견디기 쉬워진다. 삶에서 목적의식이 강한 사람들은 부정적 감정을 조절하는 능력이 더 커져서 두려움이나 불안에 떨 가능성이 낮아진다.[27] 또한 역경이 닥쳤을 때

용기 있게 다시 일어서서 앞으로 나아가기가 더 쉽다.[28]

목적의식을 찾고, 알 때의 혜택은 단순히 아침에 침대에서 일어날 이유가 생기는 것을 넘어선다. 목적의식이 있으면 심장마비나 뇌졸중으로 인한 사망 확률이 유의미하게 낮아진다는 연구 결과도 있다.[29] 또한 삶의 의미는 숙면과 더 나은 회복탄력성으로도 이어진다.[30] 심지어 강한 목적의식을 가진 사람이 더 오래 산다는 증거도 있다.[31]

신경과학은 목적의식이 두뇌 기능에도 영향을 준다는 사실을 알려주었다. 한 연구에서는 목적의식이 강하면 두려움과 불안을 담당하는 부위인 편도체의 반응이 조금 느려지고, 집중력 분배, 의사 결정, 충동 조절 같은 고차원의 기능을 담당하는 전측대상회피질이 더욱 활성화된다는 사실을 밝혀냈다.[32] 이것이 시사하는 바는 무엇일까? 목적의식이 공포 반응을 낮추고, 이성적인 생각이 우선하도록 해주어 스트레스가 큰 상황을 더 잘 관리하게 한다는 것이다.

또 다른 연구에 따르면 삶의 목적의식이 크다고 답변한 사람들이 기억력, 실행 기능, 그리고 전반적 인지력 시험에서 더 높은 점수를 받았다.[33] 목적의식은 미세 스트레스에 맞서도록 돕고, 더 적극적으로 사고하게 해준다. 목적의식이 강한 사람들은 부정적 감정을 조절하는 능력이 더 뛰어나 두려움이나 불안의 영향을 받을 가능성이 비교적 낮다.[34] 또한 역경이 닥쳤을 때도 일어서서 앞으로 나아가는 쪽을 택한다.[35]

우리는 인터뷰를 진행하는 동안에도 목적의식이 갖는 신경학적,

생리학적 효과를 확인했다. 우리와 인터뷰했던 사람 중에 명확한 목적의식을 가진 사람들은 미세 스트레스를 남들과 다르게 경험하는 것처럼 보였다. 그들은 정체성 자체가 업무 위주로 돌아갔던 사람들에 비해 사소한 일에 집착하거나 힘들어하지 않았다. 또한 50만 달러 보너스를 받으려면 가족 전체가 이사해야 한다는 사실을 깨닫고 과감히 그것을 포기했던 매튜처럼 삶에서 포기해야 할 것과 중요한 것을 잘 파악했다. 이처럼 긍정적인 균형이 시간이 흐르며 더욱 축적되면 엄청난 건강과 행복의 혜택을 경험했다.

물론 우리의 행복에 목적의식이 중요하다는 사실을 안다고 해서 목적의식을 찾기가 반드시 쉬워지는 건 아니다. 많은 사람들이 일상적으로 겪는 어려움을 헤쳐 나가느라 바빠서, 가치 있는 목적의식을 찾고 집중하는 데 시간을 쓰는 호사를 누릴 수 없다고 생각하기 때문이다.

그래도 이야기를 계속 들어보라. 당신이 매튜보다는 일 말고 다른 아무 할 일이 없었던 마르코와 비슷한 편이라면 우리가 희망을 제시할 수 있다. 당신도 목적의식을 찾을 수 있고, 그러기 위해 엄청난 삶의 변화나 색다른 경험을 거쳐야 할 필요도 없다. 오히려 우리가 인터뷰한 사람 중 가장 행복한 사람들은 우리가 너무나도 일상적이고 지루하다고 할 법한 활동에서 목적의식을 찾는 데 뛰어났다.

삶의 목적의식을 어떻게 찾을까?

—

인간관계를 통해 목적의식을 창출하는 것은 세 가지 구체적인 혜택을 제공한다. 첫째, 힘든 상황에서 끈기 있게 노력하게 도와준다. 힘든 시기를 싸워 이겨낼 더 광범위한 이유를 알기 때문이다. 둘째, 미세 스트레스가 아무리 감정적 대응을 유발하더라도 보다 이성적으로 행동하게 도와준다. 신경과학 연구에 따르면 목적의식은 우리 두뇌의 두려움을 관장하는 부분에서 나오는 반응의 속도를 늦추고 의사결정과 충동 조절을 도와주는 고차원적인 기능을 발동시킨다.[36] 그리고 마지막으로 목적의식은 미세 스트레스를 좀 더 견디기 쉽게 만들어준다. 힘든 시기를 지나는 동안 그것을 버티고 이겨내야 할 이유를 상기시켜주기 때문이다.

이 장에서는 지금 바로 목적의식 구축을 시작할 수 있는 현실적인 방법을 논하고자 한다. 삶을 완전히 뒤엎을 필요 없이 직장이든, 가정이든, 공동체 속이든 인간관계를 통해 목적의식을 찾고, 일상적인 인간관계 속에서 실천할 수 있는 다섯 가지 목적의식 생성 방법을 알아보겠다.

다른 사람들을 도울 기회를 잡는다

—

작은 것이라도 남들에게 내어주는 행위는 확실한 목적의식을 만들어낼 수 있다. 그것이 옳은 일이라고 배웠기 때문이 아니다. 다른 사람을 돕는 일이 왜 목적의식을 만들어주는지 과학적인 설명도 가능하다. 그것은 과학자들이 종종 행복주의와 쾌락주의적 행동의 차이점이라고 제시하는 바에 뿌리를 두고 있다.[37]

행복주의적(eudaemonic, eu는 '선'을 뜻하며 daimon은 '정신 또는 영혼'을 뜻함) 활동은 외부에 초점을 두며 우리가 남들에게 내어주는 것이 포함되어 있다. 이 용어는 아리스토텔레스가 '미덕과 우수성, 우리의 최고의 모습의 추구'라고 설명한 것에서 유래되었다.[38] 반대로 쾌락주의적(즐거움을 뜻함) 활동은 내면에 초점을 두며 보다 일시적인 욕구 충족과 관련이 있다. 최신 전화기를 사고, 비싼 돈을 들여 맛있는 음식을 사먹고, 새 영업 계약을 따내는 것 등이 쾌락주의적인 활동일 수 있다. 그 자체로 나쁜 것은 하나도 없다. 하지만 쾌락주의적 보상으로 인생이 지배된다면 장기적인 행복으로 이어지지 않는 선택을 내릴 수 있다.

신경과학 분야에서 새로이 밝혀진 바에 의하면 나눔처럼 쾌락주의를 초월하는 활동이 장기적으로는 더 큰 행복으로 이어진다고 한다. 한 연구에서 자기공명영상스캔MRI을 이용해 실험 참가자가 돈을 주거나 받을 때 두뇌에서 보상을 관장하는 복부선조영역에서 어떤 신경 활동이 일어나는지 관찰했다.[39] 어떤 사람들은 돈을 주는 상황에 관한 질문(예: 돈을 준다면 누구에게 주시겠습니까, 그리고 그 이유는 무엇입니까?)을 받았을 때 높은 보상 활동이 일어났고, 또 어떤 사람들은 돈을 받는 상황에 관한 질문(예: 돈을 받는다면 어디에

쓰겠습니까, 그리고 그 이유는 무엇입니까?)을 받았을 때 보상을 관장하는 부분에서 높은 활동이 나타났다. 그런데 시간이 흐르면서 흥미로운 패턴이 나타났다. 1년 뒤 각 그룹에서 경험한 우울 증상을 측정하자 돈을 주는 상황에서 두뇌가 반응을 보였던 참가자들은 우울 증상이 줄어든 반면, 돈을 받는 상황에서 보상을 받았다고 느꼈던 사람들은 우울 증상이 늘어났다.[40]

쾌락주의적 활동은 더 많은 쾌락주의적 활동을 낳는다. 물질적 부를 얻으면 더 많은 물질적 부를 원하게 된다. 학자들은 이를 '쾌락의 쳇바퀴'라고 부른다.[41] 하지만 쾌락주의적 활동을 통해 얻은 기쁨은 두 가지 이유로 쉽게 사라진다. 첫째, 열망이 커진다는 것은 새 옷, 차, 집, 전화기, 컴퓨터 등등에도 금세 익숙해져 또 다른 새것이나 더 좋은 것을 얻는 즐거움을 추구하게 된다는 뜻이다. 둘째, 다른 사람들과 비교를 하다 보면 큰 집이든, 좋은 휴가든, 최고 기업과의 면접이든 다른 사람들이 가진 것과 쾌락주의적으로 우리가 원하는 것을 자꾸만 찾게 된다.

쾌락의 쳇바퀴는 물질적인 것뿐만 아니라 우리가 어떤 사람이 되어야 하는지에 관한 사회적 기대치에도 영향을 받는다. 완벽한 부양자나 부모 등등이 되고 싶은 욕구는 좋은 의도에서 나오기는 하지만 이러한 목표는 동시에 우리를 같은 쳇바퀴 속으로 밀어 넣는다.(4장에서 정체성을 위협하는 미세 스트레스와 관련해 이야기한 바와 같이 말이다)

우리의 수행 능력을 고갈시키는 미세 스트레스는 거의 항상 우리를 실패로 몰고 간다. 생산성을 발휘할 수 있는 시간이 한정되어 있고 단 한 가지 미세 스트레스만도 몇 시간씩 파급효과를 일으킬 수 있기 때문이다. 이 경우에도 우리의 부족한 점만 떠올리고 자책하며 실패할 수밖에 없는 경우가 많다. 이미 들이고 있는 수고와 노력은 최소화시키고 할 수 없는 일을 가지고 자책만 거듭하는 것이다. 성공의 기준을 점점 더 높이면서 그에 미치지 못하면 우리 자신만 탓한다. 이러한 미세 스트레스의 악순환은 우리를 지치게 한다.

10퍼센트의 사람들도 성공이라는 물질적 함정에서 자유로울 수 없다. 그들 역시 회사에서 고성과자로 인정받으며 그에 따르는 높은 보상을 받고 있기 때문이다. 그럼에도 그들은 물질적 획득을 자기 정체성의 중심점으로 삼지 않는다. 그들의 목적의식은 돈이나 사회의 기대 같은 것들과 분리되어 있고 그것이 쾌락주의적 삶의 압박을 초월할 수 있게 해준다.

우리 연구에서 리더들이 업무상 목적의식의 원천에 대해 가장 열정적으로 이야기할 때는 다른 사람들을 멘토링할 때와 관련이 있는 경우가 많았다. 금융 서비스 기업의 고위 직원인 나탈리아는 신입 직원을 도우며 대화를 나눌 때 업무 관련 목적의식의 새로운 원천을 찾았다고 했다.

나탈리아는 신입 직원들이 리더들과 커피를 마시며 대화를 나누는 시간에 멘토로 자주 참여하고 있었다. 직원들과 대화를 할 때는 그 나름대로의 원칙이 있었다. 먼저 자신의 커리어 발전 과정을 설명하고, 회사의 성과 기반 문화를 논의한 다음, 신입 직원에게 출신과 배경에 대해 몇 가지 형식적인 질문을 던지는 것이다. 그도 이런 대화를 즐기지 않은 것은 아니지만 그런 시간은 일종의 자기 홍보라고 여겼다. 아래 직원들의 눈에 조금 접근하기 쉬운 리더라는 이미지를 만들고 HR 팀으로부터 호의를 얻을 생각이었다.

그런데 제니라는 이름의 신입 직원을 만나 그런 대화를 나누었을 때에는 자신보다 제니의 이야기에 더 흥미가 생겼다. 제니는 30대 초반이었는데 최근에 대학교를 졸업했다. 어린 나이에 아이를 낳고 뒤늦게 직업 전선에 뛰어든 그는 홀로 아이를 키우고 있었는데 좋은 회사에 취업을 하게 되어 너무 기쁘다며 정말로 열심히 일하고 싶어 했다. 그런데 직장 일과 가사 사이에서 균형을 어떻게 잡아야 할지 걱정하고 있었다. "어떤 조언이든 해주신다면 정말 감사하겠어요." 제니는 나탈리아에게 이렇게 말했다.

나탈리아는 자신이 제니의 커리어에서 정말 큰 차이를 만들어낼 수 있을 것이라고 생각이 들어 이렇게 제안했다. "나도 정기적으로 지금처럼 커피 한 잔 하며 대화를 나누고 싶어요. 아니, 혹시 다른 사람들도 몇 명 더 초대해 자유롭게 대화할 시간을 마련한다면 도움이 될까요? 그룹으로서 서로에게 좋은 이야기를 많이 해줄 수 있을 것 같아요." 제니는 역할 모델이라고 생각한 사람과 진정한 인간관계를 맺을 수 있는 기회를 대단히 반가워했다. 한편 나탈리아는 단순한 지시와 성과만 논하는 온보딩 회의나 주기적인 성과 검토가 아니라 아래 직원들과 더욱 의미 있는 방식으로 관계를 맺을 길이 생겼다고 생각했다.

"제가 힘들게 얻은 경험과 세월을 돌연 다른 식으로 바라보게 되었어요. 저는 진정한 멘토로부터 도움을 받은 적이 없었는데 그게 얼마나 소중한 것인지 알겠더군요." 나탈리아의 말이다. 어린 직원들과 인간관계를 맺음으로써 나탈리아는 새로운 것에 눈을 떴다. 신입 직원들은 일에 대해 색다른 시각을 갖고, 기술적으로 다른 도구를 쓸 줄 알았으며, 협업하는 방식도 달랐다. 그 역시 그들로부터 배울 점이 많았다.

나눔은 다양한 형태를 띤다. 누군가의 기여에 감사할 수도 있고, 누군가에게 마음을 담아 안부를 물을 수도 있고, 공감을 보일 수도 있고, 작은 쪽지를 전하거나, 기사 같은 것을 공유할 수도 있다. 남들에게 줄 것이 별로 없다고 생각하는 젊은이라면 누군가에게 멘토가 되어달라고 부탁하는 것만으로도 그 사람의 지위를 인정해주는 셈이 된다.

연구를 하다 보니 나눔이 주는 중요한 혜택을 모른 채 살아가는 사람들이 많았다. 자신이 줄 수 있는 것에 대해 창의적으로나 광범위하게 생각하지 않아서 그렇다.

나눔과 기여 실천하는 법

① **예기치 못한 도울 기회가 있다면 잡는다:** 주차장에서 무거운 장바구니를 들어준다든가, 놀이공원에서 부모 잃은 아이를 돕는 것처럼 모르는 사람에게 도움을 준 기억이 있을 것이다. 작은 일이지만, 의무도 아니지만 남을 도우러 나서는 우리의 행동은 그들이 미세 스트레스를 줄이는 데 도움이 되고 우리에게도 도움이 된다. 우리가 의도치 않게 남들에게 미세 스트레스를 주는 경우와는 정반대인 것이다.

다른 사람들의 미세 스트레스 해소를 도우면 우리 자신의 회복탄력성이 키워진다. 우리와 만났던 한 사람은 동네 약국에서 코로나 백신 접종 예약을 하려던 한 할아버지를 도와준 일에 대해 이야기했다. 그 할아버지는 복잡한 과정에 당황하여 어쩔 줄 모르고 있었는데, 그가 서있던 줄에서 벗어나 몇 분간 그 할아버지를 도와 예약을 해드렸다고 했다. 그 일은 그날 그가 직장에서 하루 종일 맞서 싸웠던 무수히 많은 미세 스트레스에 대한 시각을 완전히 바꾸어 놓았다. "그저 작은 선의를 베푼 것뿐인데 제 기분이 정말로 좋아졌어요." 그의 말이다.

② **목적의식을 몇 곱절 키워줄 기회를 찾는다:** 10퍼센트의 사람들은 여러 방면에서 목적의식에 기름을 부어줄 활동을 선택하고, 그 선택에 따라오는 부가적인 혜택도 기꺼이 누린다. 알리시아는 자녀가 다니는 학교 도서관에서 봉사활동을 하는 것이 숭고한 일이며 나눔을 베푸는 일이라는 사실을 알고 있었다. 그것은 학교에서 아이들을 만나는 것은 물론, 지역사회 봉사와 교육의 중요성을 몸소 보여줄 수 있는 기회였을 뿐 아니라 봉사에 참여하는 다른 학부모들도 만나 어울릴 수 있는 기회였다. "안 그래도 제가 만나보고 싶은 사람들이었거든요." 그렇게 그는 하나의 활동으로 봉사

활동과 가족의 가치관, 우정이라는 세 마리 새를 잡을 수 있었다.

③ **작은 순간에 목적의식을 찾는다:** 한 임원은 매주 성가대 연습에 빠지지 않고 참석한다. 그 이유는 처음 보는 악보를 읽는 능력이 뛰어나 새로운 노래를 배울 때 다른 알토 성가대원들이 그에게 크게 의지한다는 말을 들었기 때문이다. 한 알토 성가대원은 새 노래를 배울 때마다 더 빠르게 악보를 익힐 수 있도록 꼭 그 옆에 앉는다고도 했다.

사소하더라도 우리가 좋은 기여를 한다는 것을 깨달으면 미세 스트레스의 거센 공격을 받을 때에도 노력을 이어나갈 동기가 생긴다. 다른 사람들의 노력을 알아차리고 감사 인사를 하는 단순한 행동도 작은 순간 속에서 목적의식을 찾도록 도와준다. 다른 사람들을 돌아보고 그들의 노력을 인정해주는 사람이 되는 것이다.

직장에서 사람들의 노력과 기여에 대한 감사함도 없이 다음 문제나 목표를 향해 서둘러 달려가지 않도록 주의하자. 타워스 왓슨Towers Watson에서 실시한 세계적 규모의 한 연구에 따르면 직원 참여도를 높여주는 요인 중 단연 1위가 직원들의 행복과 건강에 대한 관리자들의 진정한 관심이었다.[42]

동료들을 진심으로 돌아봐주고 그들의 노고에 감사하는 사람이 됨으로써 기분이 좋아지는 것은 보너스다. 보고서를 완성하기 위해 야근을 하거나 관리자에게 보일 프레젠테이션에 대해 동료로서 피드백을 해주는 것 등에 대해 고마움을 표시하는 것 정도로 간단한 일이라도 좋다.

자신에게 의미 있는 역할과
목표를 찾는다

—

다른 사람들이 생각하는 성공이나 재미의 기준에 맞춰 아무 성취감 없는 역할에 빠지는 경우가 많다. 우리의 연구에 따르면 일상에서 목적의식을 찾은 사람들은 자신이 생각하기에 가장 중요한 역할이 무엇인지 정의 내린 다음, 그러한 역할을 뒷받침하는 방식으로 다른 사람들과의 상호작용을 구성했다. 그리고 또 다른 중요한 요소로, 미세 스트레스를 유발하거나 자신이 직장이나 삶에서 원하는 모습으로부터 멀어지게 만드는 상호작용으로부터 벗어나려는 의식적인 의사결정을 내렸다.

평생 육상 선수로 살아온 이블린은 사회에서 내린 엘리트 선수의 정의를 통해 자신을 규정지었다. 수십 년 동안 그는 개인 최고 기록을 통해 자신의 성공을 측정했다. 이러한 기쁨을 남들과 함께 나누기도 했지만 기쁨을 나눌 수 있는 그룹은 점점 더 작아졌고 결국엔 함께 시간을 보내는 선수 몇 명만 남게 되었다. 1분 1초를 다투며 치열하게 훈련하다 보니 캄캄한 새벽에 스스로를 채찍질하며 홀로 달리는 일이 잦았고, 그가 그렇게도 소중히 여겼던 대학교 시절 팀 동료들과 나누었던 웃음이나 공감 같은 것은 더 이상 찾을 수 없었다. 한 해라도 기록 갱신을 하지 못하면 동기나 훈련이 부족했다며 스스로를 탓했다.

결국 그는 개인 최고 기록이 자신에게 아무 의미가 없다는 것을 깨달았다. 그건 그가 생각하는 재미가 아니었다. 그가 달리기를 하며 좋아했던 것은 고등학교와 대학교에서 팀의 일원으로 생활하던 것이었다. 그것이 그가 추구하고 싶었던 목적의식이었다. 이것을 깨달은 후 그는 딸과 딸의 가장 친한 친구, 그리고 그 친구의 엄마와 함께 달리기 시작했다. 처음에는 아무도 그와 보조를 맞추지 못했지만 그는 속도와 거리를 그들에게 맞췄다.

네 사람의 그룹은 점점 규모를 확장해 여성 러닝 그룹으로 발전했다. 달리기는 이블린이 그토록 좋아했던, 사람들과 의미 있는 관계를 맺기 위한 수단이 되었다. 그는 초보 러너들에게 멘토가 되어주고 모두가 사랑하는 활동을 함께하며 시간을 보내는 데서 즐거움을 찾았다. 이러한 변화와 함께 그는 여전히 자신을 러너라고 여겼지만 더 이상 엘리트 선수로서의 지위를 지키기 위해서 달리지 않았고 자신을 거세게 몰아붙이지도 않았다.

그는 새로운 목적의식을 찾았다. 이것이 바로 10퍼센트의 사람들과 인터뷰를 하면서 우리가 발견한 마법 같은 순간이었다. 그들은 다른 사람들과 함께하며 삶을 더욱 풍요롭게 하는 방법을 찾았다. 그저 **이미 하고 있는 활동**을 아주 조금 바꾸었을 뿐이었다. 그들은 목적의식으로 채워진 삶을 즐겼으며, 의미 있는 삶이라는 개념을 언젠가 달성할 목표쯤으로 여기며 미뤄두지 않았다.

목적의식을 흐리는 요소를 알아보고
위험 신호에 대처하기

다른 사람들과의 상호작용이 목적의식을 창출해주는 것이 아니라 미세 스트레스를 유발하는 것처럼 느껴질 때가 있다. 이럴 땐 멈추고 방향 설정을 다시 해야 한다. 목적의식을 파괴하는 위험 신호의 예시와 해결 방법을 알아보자.

① **자신이 어떤 차이를 만들고 있는지 모르겠다. 일을 하는 이유를 못 찾겠다:** 자신이 차이를 만들지 못했다고 느낀다면 새로운 시각을 제시할 다른 사람들에게 도움을 청해라. 영업사원이라면 고객으로부터 가치를 창출해주었다는 칭찬을 듣고 나서 자신의 일에 대해 다르게 생각할 수도 있고, 아니면 배우자가 업무상 어려움을 다른 시각에서 바라보고 당신이 해내고 있는 긍정적인 기여를 짚어줄 수도 있다.

동료나 고객, 당신과 가까운 사람들과 대화를 해보라. 당신이 하는 일이 얼마나 가치 있는지 다시금 깨닫고 놀랄지도 모른다.

② **회사의 가치관이 나와 맞지 않는다:** 관리자들이 고상한 의도를 이야기하면서도 내리는 의사결정은 그것을 반영하지 못할 수도 있다. 이런 식의 단절이 느껴진다고 해서 방향을 완전히 바꾸려 애쓰지는 마라. 혼자 힘으로는 회사의 문화를 바꿀 수 없을 것이고, 자신의 가치관과 더 잘 맞는 다른 조직을 찾아 바로 떠날 수 없을지도 모른다.

회사 문화는 보통 미세 환경 단위로 존재하기 때문에 그룹마다 조금씩 다를 수 있다. 사람들의 가치관이 자신과 조금 더 잘 맞는 곳을 찾아봐

라. 다른 부서 사람들과 함께 작업하는 프로젝트에 참여하거나 다양한 직원들이 수강하는 강좌를 듣는 것도 좋다. 우리와 인터뷰한 사람들은 업무 외의 자원봉사 등에서 균형점을 찾는 방식도 쓰곤 했다.

③ **업무 외에는 아무도 나를 모르는 것 같고 인간으로서 나에 대해 관심 갖지 않는 것 같다**: 다른 사람들이 나의 가치를 인정해주지 않는 것 같다고 느끼거나 주변의 다른 사람들이 그렇게 느끼는 것 같다는 생각이 들면 자신을 조금 드러내 보여라. 직장에서 개인적인 부분을 표현하는 것이 꺼려지거나 내향적인 성격이라 해도 입체적인 모습을 표현할 안전한 방법을 찾을 수 있다.

예를 들어 한 관리자는 팀 회의를 시작할 때마다 한 곡은 젊은 세대가 좋아하는 곡, 다른 한 곡은 조금 나이든 세대가 좋아하는 곡으로 노래 두 곡을 틀곤 했다. 이렇게 하니 사람들이 그 노래에 대해 이야기를 하면서 자기 이야기를 꺼내는 데 도움이 되었다.

④ **신뢰가 부족하거나 진정한 내 모습을 드러내기 어렵다고 느낀다**: 신뢰는 대부분 가까운 사이에서 생기지만 반드시 그렇게 되어야 할 필요는 없다. 신뢰가 빠져 있다고 생각한다면 그것을 구축할 수 있는 체계적인 방법들이 있다.

우리 연구에서는 신뢰를 쌓을 열 가지 행동을 찾아낸 바 있다. 다른 방법들도 있지만 그 중에서도 말과 행동을 일치시키고, 자기가 갖춘 지식의 경계를 명확히 밝히고, 지식을 약간이나마 내어주며, 신중하게 행동하는 방법을 권한다.[43] 이와 같은 신뢰 구축 행동을 그룹으로 공유하면 목적의식에 영향을 주는 상호작용에 신뢰를 구축해 넣을 수 있는 첫걸음이 된다.

10퍼센트의 사람들이 일상에서 목적의식을 얼마나 명확하게 찾고 설명하는지 보면 놀라울 따름이다. 그들은 자신이 매일 세상에 사소한 기여를 하는 데서 기쁨을 얻었다. 그들의 이야기는 각양각색이었다.

생명공학 회사의 한 리더는 딸에게 성공적인 여성의 본보기가 되기 위해 의식적으로 노력했다. 우리와 인터뷰했던 또 다른 고위 임원은 회사의 독특한 문화를 다음 세대에 전달하는 데서 소명을 찾았다. 인원 감축 과정에서 해고되는 직원들이 최소한의 존엄을 지키도록 돕는 것을 최우선시했던 관리자도 있었다. 그리고 한 투자은행가는 투자금을 모으는 데 대단한 목적의식 따위는 없지만 팀원들을 개발하는 데서 큰 의미를 얻는다고 했다.

이런 사례를 통해 우리는 한 가지 깨달음을 얻을 수 있다. 10퍼센트의 사람들은 다른 사람들과 관련하여 인생 역할과 우선순위를 정의하고 성취한 다음, 그러한 역할을 뒷받침하는 활동을 의식적으로 만들어내고, 그렇지 못한 활동에서 벗어남으로써 개인적 목적의식을 찾았다는 점이다.

10퍼센트의 조언 | 13

나의 역할 모델을 찾는 법

① **긍정적인 역할 모델과 부정적인 역할 모델을 구한다:** 높은 수준의 삶을 사는 것 같은, 당신이 존경하는 사람에 대해 생각해보라. 그들이 일상에

서 목적의식을 어떻게 추구하는지 파악해보자. 그리고 신체 건강을 다뤘을 때와 마찬가지로 당신이 되고 싶지 않은 사람을 생각해보자.

한 유명 컨설턴트는 회사에서 가장 성공적인 영업 전문가 중 한 명의 은퇴식에 갔던 일을 우리에게 이야기해 주었다. 그 은퇴자는 오랫동안 말 그대로 깨어있는 모든 시간을 회사에 바쳤고 은퇴 이후에 할 일이 아무것도 없었다. 그래서 몇 차례나 은퇴를 미루다가 결국 정해진 은퇴 연령에 이르러 회사에서 강제할 때가 되어서야 마지못해 회사를 나갔다고 한다. "저는 그 사람처럼 되고 싶지 않습니다. 그는 돈을 더 버는 것 말고는 매일 아침에 일어나 침대 밖으로 나갈 이유가 없었어요." 컨설턴트가 우리에게 한 말이다.

② **한때 자신이 어떤 사람이었는지 스스로에게 상기한다**: 한때 당신의 삶을 움직였던 역할과 우선순위를 스스로에게 상기하려면 과거를 돌아봐야 할 수 있다. 과거의 열정에 다시 불을 붙여 새로운 그룹에 뛰어들어라. 함께하는 사람들이 달라지더라도 예전의 자신으로 돌아갈 수 있다.

40대의 한 관리자는 최근에 비행을 다시 시작했다고 말해주었다. 그는 20대 초반에 경비행기 조종사 자격증을 땄는데 시간이 흐르면서 기술이 녹슬게 그냥 놔두었다. 그러던 중 최근 이사를 한 뒤 그 지역 민간 비행장이 집과 아주 가깝다는 것을 깨닫고 그 지역 조종사 클럽에 들어가기로 결심했다. "말 그대로 하늘에서 완전히 다른 시각으로 바라보면 이것보다 나은 스트레스 해소법이 없어요." 그는 진짜 보너스는 열정 넘치는 사람들과 어울리게 된 것이라고 했다. 이제 그는 주말 아침마다 격납고에서 다른 비행기 조종사들과 어울릴 시간을 기대하고 있다. "그 사람들과 비행에 관한 이야기를 나누고 있자면 얼마나 재미있는지 몰라요. 일상 속에서 여러 가지 압력에 시달리는 상황과 딴판이죠."

작은 순간 속에서 목적의식을 찾는다

—

목적의식을 발견할 작은 순간들을 활용하지 않고 지나치는 경우가 너무 많은데, 그 이유는 두 가지다. 목적의식이 무언가 거대하고 숭고한 노력을 통해서만 나온다고 생각하거나, 언젠가 상황이 조금 나아지면 목적의식을 추구할 짬이 날 것이라고 여기며 지금은 좀 미뤄도 괜찮다고 생각하는 것이다.(당연히 그런 날은 오지 않는다.)

우리 연구에서 행복한 사람들은 다른 사람들과 함께하는 현재의 작은 순간들을 잘 알아보고 최대한 활용하는 능력이 뛰어났다. 그 방법으로는 다음과 같은 것들이 있었다.

- 업무와 관련 없는 질문을 던지고 상대방의 열정이나 공통적인 시각 또는 가치관을 알아내며 인간관계를 넓힌다.
- 한 가지 일이 끝나면 바로 다음 일을 서두르는 대신 5분 정도 시간을 내어 동료나 이웃과 이야기를 나눈다.
- 매 순간에 자신을 솔직히 드러내어 남들도 그렇게 하기를 유도한다.

이런 방식을 쓰면 다른 사람들과 소통할 수 있는 작은 순간들을 찾아내어 진정성 있는 인간관계를 구축할 수 있었다.

작은 순간들을 추구하는 사람들의 인맥망은 종종 새로운 통찰을 선사하기도 한다. 멘토, 배우자, 자녀, 영적 조언자, 코치 등은 우리가 깨닫지 못하고 있던 목적의식의 원천을 알려줄 수 있다.

테드는 농업 용품을 판매하는 팀의 영업 관리자다. 그는 교회에서도 활발히 활동하고 교회 업무를 보며 목사님과 정기적으로 만난다. 2주에 한 번 정도 목사님은 테드에게 "형제님의 영혼은 건강합니까?" 같은 질문을 던진다. 그는 이 질문을 진지하게 받아들이고, 매일 일을 할 때도 생각한다. 덕분에 테드는 다른 사람들이 쉽게 놓치는 곳에서 목적의식을 발견할 수 있다. "저는 판매상과 저의 관계, 제가 농장 일을 돕는 고객들과 저의 관계, 그리고 제 동료인 영업사원들과의 관계가 이 세상의 다른 사람들에게 긍정적인 에너지를 공급해줄 수 있는 원천이라고 생각합니다." 테드는 목사님과 대화를 나누면서 자신의 재능을 발견하여 주변 사람들의 삶을 개선할 수 있었다고 믿는다.

10퍼센트의 조언 | 14

일상에서 소중한 것을 발견하라

① **과도하게 계획적인 삶을 피한다:** 직장과 가정에서 처리할 일이 많다 보면 과도하게 계획되고 구조잡힌 삶을 사느라 업무 외의 인간관계를 다질 여유가 남지 않게 된다. 우리는 바빠서 눈코 뜰 새 없게 되면 가장 먼저 좋은 인간관계 맺기를 포기하곤 한다. 그리고 왜인지는 모르겠지만 한 번 망가진 인간관계는 되돌릴 수 없을 것처럼 느낀다. 그런 일이 벌어지지 않게 하려면 맞서 싸워야만 한다.

우리와 인터뷰한 크리슈나는 지나치게 꼼꼼한 계획을 세우기보다는 가능할 때마다 흘러가는 대로 따라가려는 의식적인 노력을 한다. "다음 주에 시내에 새로 생긴 식당에 가기로 했거든요. 30명쯤 되는 친구들에게 '우리 화요일에 거기 갈 건데 같이 갈 사람?' 하고 SNS 메시지를 보냈죠. 그랬더니 1년 넘게 보지 못했던 친구들이 나타났어요. 만일 제가 특정한 사람들과만 식당에 가길 고집한다고 상상해보세요. 첫째, 다들 바빠서 일단 몇 주 뒤에나 약속을 잡을 수 있을 겁니다. 그리고 둘째, 오랫동안 못 본 친구를 다시 만나는 기쁨과 놀라움은 절대 누리지 못했을 거예요!"

SNS, 이메일 등 다양한 형태로 멀리 떨어진 사람들에게, 그것도 실시간으로 손쉽게 연락을 취할 수 있다. 역사상 지금처럼 어떤 일을 누구와 함께할지 원하는 대로 정하기 쉬운 때는 없었다. 과도하게 계획적으로 사느라 삶의 사소한 순간이 가져다주는 우연과 행운을 놓치는 일은 없도록 하자.

② **스쳐 지나가는 순간들에 집중한다**: 우리의 삶에서 중요한 일들 중에 놀랄 만큼 많은 수가 집중하지 않으면 놓치기 쉬운 사소한 순간에 벌어진다. 최대한 현재에 집중하고 그 현재의 경험이 자신과 다른 사람들에게 얼마나 의미 있는지 인식하자. 누군가에게 믿고 있다고 이야기해주는 것처럼 단순한 행동도 이에 해당한다.

IT기업 리더인 조세핀은 팀원들과 상호작용할 때 의도적으로 관심을 최대한 기울이려 애쓴다. 그는 스스로에게 이렇게 질문한다. '나는 나의 팀원들을 믿는가? 그들은 그 사실을 알고 있는가? 나는 그들에게 권한을 위임하는가?' 그는 '이런 순간들이 실제로 매일 일상에서 중요한 순간들'이기 때문에 사소한 눈맞춤도 놓치지 않기 위해 집중한다고 말했다.

우리와 인터뷰한 다른 사람들도 출장에서 돌아온 뒤 아이들과 함께 보내는 시간이나 커피 한 잔 마시며 동료들과 나누는 대화, 그 외에도 하루 중 최대한 그 순간에 집중하기 위해 노력하는 시간에 대해 이야기해 주었다.

③ **사람에 대해 알아볼 짧은 순간들을 찾는다:** 한 사람에 대해 알기 위해 꼭 긴 시간을 들여야 하는 것은 아니다. 그들과 매일의 상호작용 속에서 기회를 만들 수 있다. 대화를 할 때는 단 몇 분이라도 좋으니 질문을 던져 상대가 어떤 사람인지 이해를 넓힌다. 상대의 이야기에 동의하거나 반대하지도 말고, 좋아하거나 싫어하지도 말고, 자신이 말할 차례가 되면 어떤 말을 할지 생각하지도 말고 귀를 기울여라. 그렇게 이미 상호작용 중인 사람들이 가지고 있는 다른 측면들을 발견해보자.

호아킨은 자기 집의 체리나무를 중심으로 이웃들과 공동체가 형성되는 즐거운 경험을 한 이야기를 들려주었다. "이웃들이 밖에 나와 있기에 제가 다가가서 체리를 안겨주었더니 대화가 시작되었죠. 그런 작은 순간들에 함께할 수 있다면 이웃끼리 돈독해지고 유대가 생기는 것 같아요."

동료들과 함께
목적의식을 찾는다

—

서로 믿고 의지할 수 있고, 자신의 진정한 모습을 보이며 팀원들과 소통하고, 서로의 아이디어를 바탕으로 새로운 무언가를 창조할 수 있는 팀에 속해본 적이 있는가? 그렇다면 그런 집단이 놀라울 만큼 에너지와 목적의식으로 가득하다는 사실도 잘 알 것이다. 어떤 측면에서 보면 어떤 프로젝트를 진행하는지도 거의 상관이 없다. 함께 일하는 과정의 역학, 소위 '공동 창조'에서 목적의식이 만들어진다.

공동 창조에는 깊은 신뢰와 헌신, 친밀한 관계 같은 동조성이라는 요소가 포함된다. '우리는 이 어려움을 함께 헤쳐 나간다'는 이해가 생기는 것이다. 또한 사람들이 서로의 아이디어를 바탕으로 점점 쌓아 올리면서 '아하!'하고 좋은 아이디어가 나오는 순간이 생긴다. 그러면 지렛대가 무거운 물건을 순식간에 들어올리듯, 역학이 생겨나 한 사람의 힘만으로는 해낼 수 없는 수준의 혁신을 일으키기도 한다.

공동 창조는 깊은 수준의 인간관계를 동반하기에 우리의 삶에도, 팀으로서 함께 하는 다른 사람들의 삶에도 가치를 더해준다. 무언가를 위해 함께 일하고 노력하는 작은 순간들은 진정성 있는 연결을 만들어내어 우리의 하루를 가득 채우는 미세 스트레스 홍수에 해독제가 되어준다. 다른 사람들과 함께 무언가를 창조할 때 개인적으로나 집단적으로 우리는 더 강해진다.

엔지니어링 프로젝트를 담당하고 있는 관리자인 캐롤은 정기적으로 동료들과 함께 공동 창조의 만족감을 경험하고 있다. 그는 강한 압박을 받는 상황에서도 동료들과 함께 웃음을 터뜨렸던 순간에 느꼈던 감정을 설명해주었다. 한번은 팀 전체가 밤늦게 긴급 회의에 소집되었다. 그 늦은 시간에 일하고 싶었던 사람은 한 명도 없었지만 그들은 발생한 위기에 즉각적인 해결책을 찾기 위해 각자의 집에서 화상 회의에 참석했다. 캐롤은 그때 벌어졌던 일을 떠올렸다. "어깨에 담요를 둘둘 말고 소파에 앉아있던 동료 한 명이 농담을 했는데 거기 참석했던 사람 전부가 빵 터져서 웃음을 터뜨렸죠. 그때의 영상을 캡처해 놓은 사진이 있어요. 그런 생각이 들었거든요. '와, 이렇게 스트레스를 받는 상황에서도 함께 웃을 수 있다니, 정말 특별한 팀이구나!' 그런 팀과 함께 일하는 거, 그런 게 바로 목적의식이죠."

캐롤의 경험에서 이 팀의 동조성에는 서로를 위해 결과를 내겠다는 헌신, 다른 팀원들의 희생에 대한 인정, 그리고 그런 희생을 누릴 가치가 있는 사람이 되어야겠다는 욕구 등도 포함된다. "수천 시간씩 함께 일해온 사람들의 얼굴을 바라보노라면 그들을 실망시킬 수 없다는 책임감이 느껴져요. 나는 이 사람이 지난 3년 동안 금요일 밤을 포기했다는 걸 알고 있잖아요. 그것이 고귀한 희생이라는 걸 제가 아니까 그에게 좋은 일이 생기도록 돕고 싶어요. 절대 일을 망쳐서는 안 된다는 생각이 들죠."

한 그룹의 사람들과 진정한 연결을 통해 자신보다 더 크고 중요한 무언가에 속해 있다는 느낌을 받음으로써 캐롤은 그 일을 둘러싼 미세 스트레스를 떨쳐낼 수 있었다. "그 시점에서는 제가 무슨 일을 하는지도 별로 중요하지 않아요. '나는 이 사람들이 좋아. 나는 이 팀의 일원이니까 이 사람들을 실망시키지 않을 거야'하는 생각이 전부가 되는 거죠." 캐롤의 말이다.

목적의식으로 채워진 관계에서
멀어졌다가 다시 가까워지기

인터뷰 과정에서 사람들에게 어떤 인생 또는 커리어상의 움직임으로 인해 목적의식으로 채워진 활동과 인간관계로 들어갔거나 빠져나왔는지 물었다. 사람들은 [그림 8-1]을 보면서 이와 같은 삶의 변곡점에서 어떠한 결정을 통해 목적의식을 찾았거나 잃었는지 다양한 이야기를 들려주었다.

[그림 8-1] **어디에서 목적의식을 찾았거나 잃었는가?**

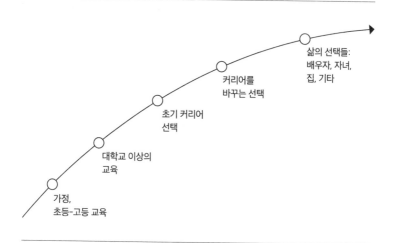

자신의 삶에서 이런 변곡점들을 돌이켜보라. 목적의식을 찾았던 인간관계나 상황으로부터 멀어지게 만들었던 변화의 순간을 찾아낼 수 있겠는가?

① 삶의 여러 시점에서 어떤 경험이나 활동이 현재의 인간관계를 만들었는지 짚어보자. 목적의식에 불을 붙인 것과 목적의식을 고갈시킨 것 모두를 생각해본다: 예를 들어 사회적으로 바람직하다고 여겨지거나 소득이 높은 커리어로 인해 신체적으로 건강하거나 영적으로 충만하게 해주었던 활동이나 공동체로부터 멀어졌다는 이야기를 한 사람들이 많았다. 반대로 대학원, 결혼, 신체적 정신적으로 힘든 일을 그만둔 것 같은 변곡점이 목적의식을 주는 활동이나 공동체에 들어가는 데 결정적인 역할을 했다고 말한 사람도 많았다.

② 과거에 했던 활동이나 소홀했던 인간관계 등에 다시 불을 붙일 기회를 찾아 삶을 더욱 입체적으로 만들고 목적의식을 되찾아라: 대부분의 사람들이 목적의식에 다시 불을 붙이기 되었던 흔한 계기를 한때 삶에 의미가 되어주었던 열정이나 사람들을 다시 접하는 것이었다고 답했다. 비슷한 생각을 지닌 사람들을 만날 수 있는 운동이나 봉사활동, 종교, 음악, 또는 지적 탐구 등의 활동을 다시 시작해보는 것을 생각해보라.

캐롤의 말에 따르면 그 팀은 팀원들이 서로의 아이디어와 에너지를 바탕으로 집단적 추진력과 창의력을 만들어낸다는 사실에서 더욱 재미를 얻는 곳이었다. 전체가 부분의 합보다 훨씬 커지는 곳 말이다.

살면서 거쳤던 최고의 업무 경험을 돌아보라. 분명히 당신은 서로 시너지를 내는 팀원들 사이에서 최고의 능력을 끌어내고 있었을 것이다.

공동 창조는 어떤 일을 하면서든 일어날 수 있다. 중요한 것은 '동조성'과 서로를 높은 곳까지 올려줄 수 있는 '비계 효과'다. 우리와 인터뷰한 사람들은 생명공학 플랫폼 구축, 다양한 경험을 가진 자원봉사자들과 함께 마음챙김 프로그램을 시작한 것, 지역 마스터스 클럽과 함께 수영한 것 등 매우 다양한 활동에서 공동 창조를 할 수 있었다고 이야기했다.

10퍼센트의 조언 | 15
공동 창조 경험 잘 활용하기

① **업무에서 잠시 벗어날 기회를 받아들인다:** 공동 창조를 경험하는 사람들은 종종 계획하지 않은 방식으로 펼쳐지는 해결책을 보다 쉽게 받아들인다. 할 일에 대해서 전반적인 인식은 하고 있지만 언제, 어떻게 같은 단편적인 측면에만 너무 집착하기 전에 함께 일하는 과정과 그 이유에 초점을 맞춘다.

때로는 업무에서 잠시 벗어나 팀원들과 소통을 해도 괜찮다. 잠시 시간을 내어 질문을 던지고 그 사람에 대해 알아보며 유머와 재미로 인간관계에 깊이를 더한다면 관계를 확장하고 그 사람을 더욱 전체적으로 이해할 수 있다. 이러한 상호작용에서 만들어지는 신뢰는 진정한 공동 창조 경험의 튼튼한 기반을 만들어준다.

② **동료들과 상호작용할 수 있는 일에 적극적으로 참여한다:** 목적의식을 주는 프로젝트에서 동료들과 함께 일할 기회를 찾아라. 작은 멘토링의 순간일 수도 있고 당신과 가치관이 같은 사람이나 당신이 성장할 기회를 주는

사람들과의 협업, 직장 동료들과 사회적 활동을 조직하기 위한 자원봉사 등도 좋다.

③ **예상치 못한 성장 기회에서 목적의식을 찾는다**: 성공의 정점에 있을 때 가치 있는 다른 일이나 커리어 대안을 찾아보라. 10퍼센트의 사람들은 상황이 나쁠 때가 아니라 좋을 때에도 커리어에 변화를 주는 것을 편안하게 여긴다. 현재의 역할에서 얻은 추진력 덕분에 다음 가능성으로 매끄럽게 넘어갈 수 있고, 그것은 그들의 목적의식과 더 잘 맞을 수도 있다.

우리와 인터뷰한 한 사람은 관리자 자리를 제안 받았을 때 자신이 보인 반응을 이렇게 설명했다. "저는 관리자가 되고 싶다고 요청한 적이 없었어요. 저는 관리자가 되고 싶지도 않았고, 관리자가 되는 걸 생각해본 적도 없었어요. 그런데 어느 날 회의 중에 당시의 제 상사가 이렇게 말했죠. '그래서 말인데, 당신을 관리자로 승진시킬까 해요. 잘 해낼 것 같은데. 그래도 괜찮겠죠?' 그래서 저는 '뭐라고요?'라고 대꾸했죠. 그런데 그거 아세요? 알고 보니 저는 사실 아주 좋은 관리자였습니다. 그리고 그 일을 통해 전에는 생각지도 못했던 엄청난 목적의식을 얻었어요."

가치관을 공유한다

—

우리와 인터뷰한 많은 사람들이 자신의 목적의식이 옳은 일을 할 능력에 달려 있다고 말했다. 그런데 여기에서 중요한 것은 다른 무언가를 하기 위해 물결처럼 밀려드는 압력을 밀어내는 것이 아니라 조직의 일원으로서 공유된 신념과 포부를 갖추는 것이었다. 친구나 가족, 동료들과 공유된 가치관을 실천하는 행동은 강력한 목적의식의 원천이 될 수 있다. 10퍼센트의 사람들은 공유된 목적의식을 통해 서로 연결될 길을 찾았다. 설사 겉으로 보기에 공유가 힘들 것 같은 상황에서도 말이다.

제조회사의 고위 리더인 조시는 가치관이 개인의 이익보다 우선하는 것을 확인할 때 깊은 목적의식을 느낀다고 설명했다. 그는 회사의 원칙 중 하나가 고객을 위해 모두가 노력하는 것이라고 했다. 그것이 각 개인의 결과에 어떤 영향을 미치든 상관없이 말이다. "우리 부서와 영업 부서, 제품 개발 부서간 싸움이 벌어지는 상황은 별로 없는 것 같아요. 우리가 집단적으로 초점을 맞춰야 할 곳이 어디인지 의견이 일치하거든요." 그가 말했다.

그런데 그가 전에 다녔던 회사에서는 이야기가 달랐다. 그곳에서는 사람들이 함께 노력한다고 말하긴 했지만 그것이 개인의 이익에 충돌할 때면 바로 결의가 사라지곤 했다. "사람들은 이렇게 말했죠. '그래요, 그게 옳은 일인 것 같긴 하지만 그래도 내 실적에서 빼가면 안 돼요.' 아니면 영업사원들은 이렇게 말했죠. '나한테 주어진 할당량이 있다고요. 어쨌거나 전 이걸 팔아야겠어요!'"

조시의 이런 경험은 다른 곳에서도 흔히 벌어진다. 많은 기업이 더 숭고한 포부를 이야기하지만 그걸 실천에 옮기지는 않으면서 직원들로부터 목적의식을 앗아간다. "이전 회사에서는 분기별 성과 검토 시간이 되면 25분 동안 수치만 가지고 사람을 잡았어요. 그걸 달성했느냐, 못했느냐, 문제 해결을 위해 무얼 했느냐? 하고 말이죠. 지금 회사는 달라요. 분기별 성과 검토를 하면 처음 5분 정도는 수치 이야기를 합니다. 하지만 나머지 20분 동안은 어떻게 하면 고객을 위해 더 좋은 서비스를 할지, 어떻게 팀을 구축하고 성장하도록 도울지 이야기를 나눕니다. 그런 두 가지 주제는 전에 다니던 회사에서는 논의해 본 적이 전혀 없었어요. 하지만 이 회사에서는 수치를 달성하는 건 우리의 책임이지만 그게 우리의 목적의식은 아닌 겁니다."

우리가 10퍼센트의 사람들로부터 배운 교훈 중 하나는 공유된 가치관 속에서 목적의식을 찾기가 쉽지만은 않다는 것이다. 사명이나 목적의식에 우리가 전적으로 동의할 수 있는 회사나 문화를 항상 찾을 수 있는 것도 아니다. 하지만 작은 순간들 속에서 다른 사람들과 연결할 방법은 찾을 수 있다.

젊은 직원들에게 멘토가 되어주는 것을 중시한다면 비슷한 생각을 가진 동료들을 찾아 함께 멘토십을 조직할 수 있을 것이다. 현재의 역할에서 문제 해결에 창의성이나 기술을 적용하는 것을 중시한다면 같은 생각을 가진 다른 사람들을 찾아 회의를 조직하거나 당신의 이러한 니즈를 충족시키는 다른 상호작용을 추구할 수 있을 것이다. 이런 상호작용은 새로운 일을 시작할 기회를 가져다줄 수 있고 여기에서 또 다른 의미를 찾을 수 있을 것이다.

우리가 만난 한 사람은 가치관을 중심으로 업무의 흐름을 재조정할 수 있는 탁월한 능력을 갖추고 있었다. 시간이 흐르면서 이러한 능력에 추진력이 생겼고, 결국에는 자신의 역할을 새로이 정의하기에 이르렀다. 이렇게 10퍼센트의 사람들은 다른 사람들의 기대를 충족시키는 데 집중하기보다 초기에 작은 투자를 통해 자신의 상황과 운명을 만들어 나간다.

목적의식에 맞춰 시간을 활용하라

목적의식을 창출할 수 있는 활동과 인간관계를 우선시하자. 자신의 목적의식을 얼마나 명확히 알고 있든 일상에서 여러 상황에 바쁘게 시달리다 보면 그것을 지키기 위한 전략을 갖추어야만 한다.

시간을 체계적으로 사용해라. 업무 외 목적의식의 원천에도 달력을 이용하며 시간을 확보하라. "주말에도 재미를 위해서나 사람들과 어울리기 위해서나 제가 원하는 일이 있다면 달력에 기록해놔요." 한 바쁜 임원은 이렇게 말했다.

규칙과 루틴은 삶에 목적의식 가득한 상호작용을 마련해 두도록 도와준다. 우리와 인터뷰한 한 사람은 한 달에 한 번 토요일에 친구들과 그 지역 푸드뱅크에서 봉사활동을 한다. 다들 그 약속을 지키기 위해 열심히 노력하는데, 그건 단순히 지역사회를 돕는 일에 관심이 많기 때문만이 아니라 친구들과 함께 모여 어떤 일을 할 기회를 소중하게 생각하기 때문이기도 하다. 그들은 일부러 그곳까지 카풀을 하며 오가는 길에 서로 어떻게 지내고 있는지 대화를 나누는 시간을 누린다.

목적의식에 맞는 삶을 계획하기

목적의식을 발견하고, 다른 사람들과의 관계를 통해 목적의식을 확장할 방법을 찾아보자. 이 활동의 목표는 완전히 새로운 인생 계획을 세우는 것이 아니다. 지금 내 삶의 어느 부분에서 목적의식을 찾을 수 있는지 알아보고, 목적의식과 부합하는 활동에 의식적으로 더 집중하는 것이 주된 목표이다. 또 목적의식이 부족한 활동을 찾아 조정하거나 없앨 수도 있다.

언론 회사의 고위 임원인 메레디스와 함께 실시한 분석을 이용해 이 활동을 차근차근 설명하고자 한다. [표 8-1]은 메레디스가 사용한 것이다. 그는 처음에 자신의 기본적인 목적의식이 직장(관리자로서)과 가정(어머니, 아내, 딸로서)에서의 역할에서 나온다고 했다. 각각의 역할은 종류별로 온갖 미세 스트레스를 가져온다. 그런데 우리가 이 표를 통해 목적의식의 원천과 목적의식을 고갈시키는 활동을 파악해보라고 하자 그는 새로운 통찰을 얻었다.

① **1단계. 기존의 활동을 목적의식의 추가 원천으로 확장한다:** 이미 하고 있는 일에 새로운 목적의식을 더할 방법을 찾아라. 어떤 활동을 통해 이미 다른 사람들에게 더해주고 있는 가치를 인식하거나 자신이 하는 일에 대해 의식을 좀 더 높이는 것처럼 간단할 수도 있다. 메레디스는 직장에서의 공식적인 역할에 대해서는 명확하게 파악하고 있었으나 팀원들의 멘토가 되는 것처럼 비공식적인 역할에 대해서는 별로 생각해본 적이 없었다. 그는 이 멘토 역할에 더 주의를 집중하기 시작했고, 팀원들의 니즈와 포부를 이해하는 데 더 의식적인 노력을 기울이며, 성과 검토처럼 목적의식을 고갈시키는 활동에 대해 시각을 바꾸기도 했다.

② **2단계. 인간관계 접점을 넓힌다**: 이미 하고 있는 활동을 통해 더 많고 다양한 사람들과 연결할 방법을 찾아라. 메레디스는 그래픽 디자인을 가르치는 자원봉사 활동에서 상당한 만족감을 얻고 있었지만 그 일을 하느라 친구들과 보내는 시간이 줄어든 것을 느끼고 안타까움을 느끼는 경우가 종종 있었다.

표를 보면 '친구' 열에 공백이 많은 것을 뚜렷이 알 수 있다. 메레디스는 자신이 이미 하고 있는 일에 친구들을 참여시킬 수 있을지 알아보기로 하고 한 친구를 그래픽 디자인 봉사 활동에 동원했다. 그래픽 디자인에 대해 이야기를 나누다 보니 자녀 교육과 인생 전반에 대한 솔직한 대화로도 이어졌다.

③ **3단계. 목적의식이 부족한 활동을 바꾼다**: 삶에서 목적의식이 빈약한 모든 활동을 없앨 수는 없을지 몰라도 작게 변화를 주어 큰 차이를 만들 수는 있다. 메레디스가 하는 일 중에서 별로 좋아하지 않는 부분이 있다면 바로 고객 관계였다. 그는 자신의 일에서 창의적인 측면과 함께 아이디어가 결실을 맺는 것을 좋아했지만 무언가를 판매하고 고객과 협상하는 것은 생각만 해도 얼어붙었다.

그런데 조직 내에서 높은 자리로 올라갈수록 고객 관계가 그의 일에서 점점 더 중요해졌다. 동료들과 논의를 거친 뒤 그는 앞으로 자신의 가치관에 더 잘 맞는 비영리 단체와 사회적 기업을 더 많이 상대할 수 있도록 고객 구성을 조금 바꾸었다. 이런 고객은 그의 업무 전반에서 차지하는 비율이 낮고 수익률도 떨어졌지만 상관없었다. 고객군을 조정한 뒤 이전에는 확실한 영업처럼 느껴졌던 것이 이제는 자신의 창의적인 재능을 이용해 다른 사람들을 돕는 과정처럼 느껴졌다.

[표 8-1] 이미 존재하는 목적의식을 찾는 방법

일상에서 목적의식을 더할 기회가 어디에 있는지 알아보려면 이미 하고 있는 일들을 인식해보자. 그런 다음 그것을 조금 바꾸거나 다른 사람들을 포함시켜 그런 활동과 연결을 통해 목적의식을 구축할 방법을 찾아보자.

메러디스는 이 표를 작성하면서 팀에게 멘토가 되거나 그래픽 디자인을 통해 맨토가 되는지는 일처럼 이전에는 인식하지 못했던 목적의식의 원천을 찾아냈다. 그런데 그것에 대해 조금 더 자세히 생각해보니 그 활동들을 통해서 목적의식을 더욱 확장할 수 있다는 사실도 깨달았다.

목적의식을 찾는 방법	직장 내					직장 외			
	직속 상사	기타 리더	동료들	직속 부하	고객, 사용자	배우자, 파트너	가족	친구	관심 그룹
1. 인생 역할과 우선순위 성취 잘 사는 삶에 중요하다고 느끼는 개인적 역할과 우선순위 성취				팀 멘토링	고객 관계			친구 동원	그래픽 디자인 가르치기
2. 다른 사람들과 나눔 시간과 재능을 이용해 다른 사람들을 도움				목적의식 확장	목적의식 확장(이익을 위한 것 아님)				
3. 일상에서 목적의식 알기 조리개를 열어 우리가 하는 일에서 더 큰 가능성이나 숭고한 목적의식 알아보기				목적의식 확장	목적의식 확장(이익을 위한 것 아님)	목적의식이 부족한 활동 바꾸기			
4. 공동 창조 동조성을 갖고 협력하며(깊은 신뢰와 헌신, 친밀한 관계) 비계가 되어주기(서로의 아이디어를 바탕으로 더 발전시키기)							목적의식 충만한 활동 추가: 가계도		
5. 공유된 가치관 실천하기 친구, 가족, 동료와 함께 공유된 가치관 실천하기									

④ **4단계. 목적의식이 충만한 활동을 추가한다**: 목적의식을 찾을 것이 확실한 한두 가지 활동을 추가하는 의식적인 선택을 해라. 시간적으로 엄청난 투자를 할 필요는 없지만 자신에게 의미가 있고 다른 사람들과 연결해줄 수 있어야 한다. 무엇보다도 메레디스는 자신이 공동 창조를 얼마나 즐기고 있었는지 잘 몰랐다고 했다. 그는 본능적으로 동료들과 함께 이런 식으로 협업하기 적절한 기회를 찾는 것을 우선시하고 있었다.

공동 창조의 즐거움은 가족과 친구들에게까지 확대되었다. 함께할 프로젝트가 생기는 것만으로 유대감을 얻을 수 있었다. 그는 친척들이 돌아가면서 리더 역할을 맡으며 대가족이 한데 모여 상세한 가계도를 만들기로 했다. 서로 조사한 바를 바탕으로 마침내 그들은 궁금했던 몇몇 가족사에 확실한 해답이 포함된 상세한 역사를 그려낼 수 있었다.

그는 부모님 각각에게 정식 인터뷰를 요청해 그들의 어린 시절에 대해 물어보고 인터뷰를 녹화했다. 또 다른 가족은 이런 인터뷰를 켄 번스Ken Burns 스타일(영상이 아닌 사진에서 원하는 인물에게 줌인하며 초점을 이동시키는 스타일-옮긴이)의 다큐멘터리로 만들었다. 그리고 메레디스는 가족들과 구글 드라이브를 공유하여 모두가 최신 가계도를 볼 수 있게 했다.

"제가 사랑하는 사람들과 이런 활동을 하며 결과물이 나오는 걸 보니 에너지가 생기더군요. 그건 단순히 제 주요 역할에서 시간을 빼앗아가는 것이 아니라 제 역할을 더욱 확장시켜 다른 사람들도 포함시키고, 다른 영역에서도 목적의식을 느낄 수 있게 해주었어요."

메레디스는 표를 작성하면서 이용해 자기 분석을 하며 자신의 협업 활동이 단순히 하면 좋은 일이 아니라 꼭 필요한 것이었음을 깨달았다. 그의 목적의식을 창출하고 충족시키는 데 매우 중요했기 때문이다.

목적의식과 먼 일은 거부하여
자신의 의사를 밝힌다

—

목적의식으로부터 멀어지게 만드는 일이나 기회를 거절하라. 가치관을 공유하지 않는 팀과 함께 일하기를 거부했다거나, 돈은 더 많이 벌 수 있지만 가족과 시간을 보낼 수 없게 되는 일자리를 사양했다거나, 윤리적이라고 할 수 없는 일을 해야만 하는 역할을 거절했다거나 하는 이야기를 여러 차례 들었다.

기존의 역할을 목적의식이 충만하도록 다듬은 경우도 있었다. 일례로 10퍼센트의 사람 한 명은 조직에서 리더십 개발을 맡아 리더들을 동원해 서로에게 가르침을 주게 하는 원칙을 바탕으로 새로운 모델을 만들기도 했다. "제가 혼자 프로그램을 운영하는 것만으로는 보람이 없었을 겁니다. 그래서 제가 원하는 방식으로 형태를 바꿨어요." 또 명상과 관련한 자원봉사 프로그램처럼 의무는 아니지만 맡고 싶은 일을 시작한 사람들도 있었다. 이런 활동은 그들의 일에 의미를 더해주면서 결국에는 비슷한 열정을 공유한 사람들과 연결되는 계기를 마련해주었다.

예기치 않은 휴가가 생겼는데 할 일을 찾을 수 없었다고 말했던 마르코는 일 말고도 삶에서 목적의식을 되찾을 방법을 찾았다. 그는 쓰레기와 잡초로 가득한 공원을 청소하는 지역 환경 단체에서 자원봉사를 시작했다. 다양한 연령과 배경의 사람들이 청소 날마다 모였고, 마르코는 그들이 환경에 대한 관심, 공동체를 위한 봉사 정신, 무언가를 성취하기 위해 토요일에 한데 모이는 데서 얻는 즐거움을 공유한다는 사실을 깨달았다. 그는 조금씩 그 단체에 더 많은 시간을 투자하기 시작했다. 아내와 함께 가입한 지역 테니스 클럽과 교회의 남자 신도 모임에서도 같은 과정을 반복했다.

마르코는 1년이 채 되지 않아 목적의식과 의미의 원천이 되어준 다차원성과 진정한 인간관계를 삶에 채워 넣을 수 있었다. 그리고 이 목적의식은 반대로 그가 일상에서 받는 많은 미세 스트레스를 딛고 일어설 수 있게 해주었다. 이전에 그가 중대하다고 느꼈던 사소한 일들이 이제는 그에게 전과 같은 영향을 주지 않았다. "별 것 아닌 일 같은데 직장에서 훨씬 더 행복해졌습니다. 이제 직장과 가족 내 책임 외의 영역에서 균형과 목적의식을 찾은 덕분이죠." 그가 말했다.

삶에 목적의식을 채우기 위해 반드시 자신이 무슨 이유로 이 세상에 태어나 살고 있나, 하는 심오한 고민을 해야 할 필요는 없다. 그래도 의식적인 노력은 필요하다. 우리와 인터뷰한 많은 사람들이 깨달은 것처럼 우리는 일상이라는 보이지 않는 물살에 휘말려 개인의 가치관을 찾을 수 있는 곳이 아니라 사회가 정의한 기대라는 해변으로 쏠려가기 쉽다.

우리의 수행 능력을 고갈시키고, 감정적 에너지를 빼앗고, 정체성을 위협하는 미세 스트레스의 공격을 헤쳐 나가다 보면 원하는 목적지에 닿기가 더 힘들어진다. 하지만 완전한 재정적 안정을 얻는다든지, 아이들이 성장하여 독립한다든지, 목적의식의 추구라는 호사를 누리기에 적당한 시간이 오기를 기다리다 보면, 정작 목적의식의 핵심에 자리하고 있는 인간관계를 구축할 몇 년의 기회를 놓치게 된다.

삶에서 목적의식을 창출하거나 따를 기회를 보지 못하고 일상 속의 미세 스트레스에 이리저리 휘둘리기는 너무 쉽다. 하지만 10퍼센트의 사람들은 목적의식을 다르게 바라본다. 그들은 홀로 고립되어 목적의식을 만들지 않는다. 다른 사람들과의 적극적으로 관계를 맺는다.

우리 연구에서 가장 행복한 사람들은 다음 네 가지 영역에서 두 개 이상의 그룹에 속해 있었다.

- **영적 영역**: 종교, 음악, 예술, 시, 그 외에 업무를 더 넓은 맥락에서 바라보게 해주는 미학적 영역을 둘러싼 상호작용
- **시민 및 자원봉사 영역**: 목적의식을 창출하고 비슷한 생각을 지닌 다양한 그룹의 사람들과 접촉하게 해주는 의미 있는 그룹
- **친구 및 공동체**: 운동, 독서 모임, 식사 모임 같은 단체 활동
- **가족**: 돌봄, 바람직한 행동 본보기, 전통과 대가족의 가치관 실천 등의 행동

목적의식은 단순히 우리가 하는 일이 아니라 어떤 사람들과 어떻게 일하느냐를 통해 드러난다. 우리의 인간관계는 다차원성과 다양한 시각을 더해주어 세상을 보다 넓은 시각에서 바라보고, 우리

에게 정말로 중요한 것이 무엇인지 명확히 깨닫게 도와주기 때문이다. 실제로 목적의식을 찾아 그에 맞게 사는 많은 사람들은 인간관계가 많은 영향을 미쳤다는 사실에 동의한다.

공통의 가치관을 공유하는 사람들과 함께할 때, 목적의식은 더욱 충만해진다. 그들은 우리가 누구인지, 그리고 우리의 최선의 모습은 어떤 것인지 일깨워주기 때문이다.

- 우리는 나와 사랑하는 가족을 부양하기 위해 일을 해야 한다. **하지만 오늘날 우리 사회가 생각하는 성공의 정의에 발맞추기 위해 더 열심히, 더 오래 일하며 딱 한 걸음만 더 나아가자는 생각의 함정에 빠진 것은 아닌지 돌아보자.**

- 우리가 하는 일에서 **특별한 의미를 발견한다면 미세 스트레스를 조금 더 견디기 쉽다.** 목적의식은 힘겨운 시기를 지나는 동안 애쓰고 버텨야 할 이유를 상기시킨다.

- 목적의식은 우리가 하는 일의 본질에서만 찾을 수 있는 것이 아니다. **직장 안팎에서 맺는 인간관계는 삶에서 의미를 찾는 데 핵심적인 역할을 한다. 단지 어떤 일을 하느냐가 아니라 다른 사람들과 어떻게 그 일을 하는가가 더 중요하다.**

- 삶을 완전히 분해해 점검할 필요 없이 **일상의 인간관계 속에 구축해 넣을 수 있는 다섯 가지 목적의식 생성 방법을 기억하자.**

    ① 다른 사람들을 도울 기회를 잡는다.
    ② 개인적으로 의미 있는 삶의 역할과 목표를 추구한다.
    ③ 사소한 순간에 진정한 연결을 찾는다.
    ④ 동료들과 함께 공동 창조한다.
    ⑤ 공통의 가치관을 통해 유대를 맺는다.

- **목적의식은 숭고한 일이나 세상을 구하는 등의 고결한 야망에만 담겨 있는 것이 아니다.** 10퍼센트의 사람들은 일상에서 타인과 진정한 유대를 나누는 사소한 순간을 통해서도 목적의식을 발견한다.

작게 생각하라

"클래식 록부터 요즘 노래까지 다양한 음악을 연주해요. 죽여주는 기타 솔로도 두어 곡 연주했죠." 피터가 자랑스레 말했다.

피터만큼 삶에서 작은 변화가 가져다준 효과에 크게 놀란 사람은 아마 없을 것이다. 피터는 40대 중반에 스무 살짜리 청년들로 구성된 밴드에 들어가 기타를 연주하게 된 신경외과 의사다. 처음부터 밴드에 들어가려 했던 것은 아니었지만 바쁜 커리어로 인해 소홀해지기 전까지 그가 너무나도 사랑했던 활동을 다시 시작하기 위해 일련의 작은 시도를 한 끝에 벌어진 일이었다.

그는 오래된 기타를 튜닝하고 새 음반이나 몇 개 사려고 동네 음반 매장에 드나들다가 주말마다 모여 음악을 연주하는 밴드에서 함께 공연할 사람을 찾는다는 전단지를 발견했다. 전단지에는 "재능은 조금 부족할지 몰라도 소리는 짱짱합니다!"라고 적혀 있었다. 피터는 충동적으로 밴드에 지원하기로 결심했다. "수술과는 완전히 다른 일입니다. 수술할 때는 머릿속으로만 생각하고 엄청난 집중력을 발휘해야 하죠. 하지만 이 친구들하고 만날 때면 모든 걸 내려놓고 신나게 발산합니다. 정말로 즐거워요."

우리와 인터뷰할 때 피터는 열정으로 가득 차 있었다. "대체 무슨 생각으로 밴드에 지원한 겁니까?" 우리가 물었다. "밴드에 속해 있을 때 얼마나 즐거웠는지 기억이 나더라고요. 그냥 다시 그런 기분을 느끼고 싶었어요." 그가 대답했다.

많은 이들이 대학교에 다닐 때나 커리어 초기처럼 가장 활기찼던 시절에 느꼈던 생기 넘치는 기억을 가지고 있다. 하지만 피터와 마찬가지로 일상의 미세 스트레스가 조금씩 그런 기쁨과 즐거움을 우리에게서 앗아간다. 그러면 우리는 그것을 운명처럼 받아들이며 점점 더 커지는 미세 스트레스의 공격에 대응하기 바빠진다. 아니면 명상이나 감사하는 마음처럼 크고 작은 스트레스에 더욱 굳건히 맞설 수 있게 하는 데 중점을 두는 조언 같은 것으로 우리의 행복을 개선하려 애쓴다. 이런 접근법은 삶에서 더 많은 미세 스트레스를 견딜 수 있도록 더 나은 시각을 갖게 만드는 데 집중한다.

미세 스트레스를 참아내는 능력을 키우는 대신 일부를 아예 없앨 수 있다면 훨씬 좋지 않겠는가? 수십 년에 걸친 사회학 연구에 따르면 부정적인 상호작용은 긍정적인 것보다 최대 다섯 배나 많은 영향을 미친다. 우리 모두는 인식조차 하지 못하는 미세 스트레스를 매일 받고 있다. 그 중 한두 가지만 파악하고 고친다면 얼마나 큰 영향이 있을지 생각해보라. 아니, 더 좋은 게 있다. 삶에 목적의식과 성장을 더해줄 사람들과 새롭고 긍정적인 상호작용을 만들어냈을 때의 효과를 생각해보라.

이 책에서 당신은 삶에 보이지 않게 파고들어오는 미세 스트레스를 알아보기 위한 도구와 당신이 느끼는 것을 제대로 표현할 방법을 터득했다. 자신에게 문제가 있다는 것을 모르면 그 문제를 해결할 수 없지 않은가. 마찬가지로 이름을 붙일 수 없는 문제는 해결을 위한 노력도 할 수 없다.

다음으로 우리는 당신의 미세 스트레스가 어디에서 발생하는지 진단할 도구와 코칭 시간, 그리고 그것을 밀어낼 수 있는 방법을 제시했다. 의도치 않게 미세 스트레스의 악순환을 만들어내고 있는 지점이 어디인지 자신을 돌아보는 시간을 가지라고도 권했다.

행복한 사람들은 무엇을 다르게 하고 있는지도 알려주었다. 그들은 직장에서의 성과와 실적을 희생하는 일 없이 삶에서 닥쳐오는 미세 스트레스를 밀어내고 제거하는 데 뛰어났을 뿐 아니라, 풍요롭고 입체적인 삶을 구축하고 유지하고 있었다.

연구를 하는 동안 우리 두 사람에게도 변화가 일어났다. 삶에서 미세 스트레스를 찾고 밀어내는 것은 물론, 다른 사람들과 진정한 관계를 맺을 사소한 순간들을 찾는 데 있어 우리가 목격한 모범 사례들을 도입한 것이다.

롭은 테니스와 자전거를 포함해 과거에 즐겼던 몇몇 활동을 재개해 새로운 인간관계를 맺고, 거기에서 다양한 조언과 새로운 시각, 기쁨과 우정을 찾아 매일 즐겁게 누리고 있다. 캐런은 차로 한 시간도 안 걸리는 거리에 살면서도 대학교 시절 가장 가까운 친구들과 멀어졌다는 사실을 깨닫고 팬데믹 시기에도 가까운 하이킹 코스에서 만나 몇 킬로미터씩 나란히 걸었다. 그러는 동안 집에서 기다리고 있는 미세 스트레스를 잠시나마 잊을 수 있었다. 하이킹은 캐런과 친구들이 나누는 더 깊은 유대로 바뀌었고, 그들은 연로하신 부모님, 건강 문제, 빈 둥지 증후군 같은 어려움을 함께 이겨내며 서로에게 큰 힘이 되었다. 하이킹은 잦은 문자 메시지와 서로 집으로의 초대, 오래된 친구들끼리의 특별한 휴가, 무수히 많은 웃음의 시간으로 바뀌었다. 롭과 캐런 모두 우리가 아끼는 사람들과의 진정성 있는 연결이 미세 스트레스를 멀리하도록 도와준다는 사실을 스스로에게 상기시킬 수 있었다.

수십 년간 연구를 수행하며 세계에서 가장 존경받는 여러 조직, 그리고 수백 명의 고성과자들과 긴밀히 협력해왔지만 이번처럼 인터뷰한 사람들로부터 배운 교훈에 큰 감명을 받은 적은 처음이었다. 물론 오늘날에는 누구도 부인할 수 없는 행복의 위기가 존재한다. 하지만 동시에 강력한 해결책도 있다. 삶에서 미세 스트레스를 없애고, 삶에 새로운 차원을 더해줄 다른 사람들과의 진정성 있는 연결의 순간을 찾자. 지금 우리는 누구와 어떤 일을 할지 그 어느 때보다도 더 자유로이 결정하고 만들어나갈 수 있는 능력을 가졌다. 어렵게 생각하지 말고 시작하기만 하면 된다.

| 감사의 말 |

초연결 세상에서 인적 네트워크를 연구하고 적극적으로 활용할 방안을 찾기 위해 설립된 컨소시엄인 커넥티드커먼스Connected Commons에 관련된 모든 사람들과 조직으로부터 큰 도움을 받았다.

이 책을 쓰겠다는 아이디어를 얻은 건 수백 곳의 조직에서 근무 중인 고성과자들의 네트워크를 조사하기 위해 커넥티드커먼스에서 실시한 연구를 하던 중이었다. 우리는 운 좋게도 컨소시엄의 후원자들로부터 한 사람의 커리어 전체를 통틀어 전반적인 행복과 웰빙에 대해 연구하면 어떻겠냐는 제안을 받았다. 선견지명을 갖춘 이 사람들은 코로나 팬데믹으로 큰 화제가 되기 전에 이미 행복과 웰빙에 대해 생각하고 있었던 것이다.

각자가 속한 조직에 접근하여 300명이 넘는 임원들을 인터뷰하고 대규모 정량적 네트워크 분석을 수행할 수 있게 도움을 주신 것에 대해 큰 감사를 표한다. 또한 인터뷰에 참여하여 각자의 세상을 구성하고 있는 개인적, 일적 관계에서 오는 고통과 기쁨을 상세히 들려주신 모든 분들께도 똑같이 감사한다.

호명하기에는 너무도 많은 분들이 계시지만(부디 용서해주시기 바란다!) 이번 작업에 중대한 영향력을 미쳤던 몇몇 분들께는 개인적으로 감사하고 싶다. 먼저, 진 싱어는 이번 연구의 여러 측면에서 뛰어난 협업자이자 공동저자였다. 우리 연구의 깊은 심도와 다채로운 생각에서 그의 영향력이 잘 드러난다. 이 일에 시간과 재능, 유머를 아낌없이 투자해준 진에게 진심으로 감사한다. 그렉 프라이어는 이 책에 담긴 아이디어를 실용적으로 적용하는 데 끊임없는 지적 기여를 해주었다. 이 책이 여러 측면에서 훨씬 더 창의적이고 실용적일 수 있었던 것은 모두 그렉의 기여가 낳은 산물이다.

피터 아미던, 마이클 아레나, 마이크 벤슨, 잉가 카르보니, 비니 디살보, 크리스 언스트, 레베카 가로, 피터 그레이, 캐런 코처, 앤드루 파커, 뎁 제너 역시 수많은 상호작용을 통해 이 책이 더욱 발전하는 데 비슷하게 중요한 역할을 해주었다. 이 연구의 회복탄력성 부분에서 나의 파트너가 되어주고 처음부터 이 연구를 맡으라고 격려해준 뱁슨칼리지의 동료 대나 그린버그에게도 감사한다.

기관 측면에서 보면 철저한 응용 연구의 가치를 알아보고 이 일을 위한 공간과 지원을 아끼지 않은 뱁슨칼리지와 학교의 많은 동료들에게도 큰 빚을 졌다. 또한 기업생산성연구소Institute for Corporate Productivity, i4cp와 그곳의 팀 전체에도 매우 감사하다. 일일이 호명하기에는 너무 많은 분들이라 그 중에서도 연구를 적극적으로 지원해 주신 캐리 베비스, 매들라인 보킨, 케빈 마틴, 케빈 오크스, 케빈 오스본, 에릭 샘달, 마크 워커께 감사하고 싶다. 또한 HR 혁신 자원 센터Innovation Resource Center for Human Resources, IRC4HR에도 감사의 말씀을 드리며, 특히 초기에 믿고 많은 도움을 주신 조디 스타크먼과 할 벌링게임께 감사한다.

하버드 비즈니스 리뷰 출판사의 편집팀에도 감사를 전한다. 특히 이 책이 만들어지는 내내 지칠 줄 모르고 참여해주신 두 명의 뛰어난 편집자, 스콧 베리나토와 수전 프랜시스로부터 아주 큰 도움을 받았다. 두 사람은 이 책을 성공으로 만들기 위해 시간과 재능을 아낌없이 바치며 모든 측면에서 아주 큰 영향력을 발휘해주었다.

마지막으로 사랑하는 나의 아이들 코너와 레이첼에게 감사한다. 이 연구에서 배운 점들이 아이들의 삶에 그대로 반영되고 있는 것을 보았고, 아이들이 자신만의 방식으로 삶을 헤쳐 나가는 모습이 매일 너무나도 자랑스럽고 대견하다. 매일의 일상에 의도와 목적의식으로 참여하기 위해 노력하는 나에게 영감을 주고 인도해주는 나의 아이들에게 진심으로 감사한다!

롭 크로스

롭이 이 책을 함께 쓰자며 연락해왔을 때 나는 이미 너무나도 바빠 생각해보기조차 힘들었다. 얼마나 바빴는가 하면, 그가 우리 집에서 걸어갈 수 있는 거리의 커피숍까지 와야만 겨우 만날 수 있다고 말했었다. 그곳에서 만나면 차를 타고 나가며 낭비하는 시간을 조금이나마 줄여줄 수 있다고 말이다.(다행히 롭은 거기까지 시간을 들여 와달라고 한 나의 부탁에 크게 개의치 않았던 모양이다.)

그가 연구를 하며 얻은 통찰에 대해 이야기를 들려주었을 때 그것은 내게 정말로 크게 와 닿았다. 내 삶에 미세 스트레스가 터질 듯 채워져 있다는 사실을 깨달았다. 그리고 그것 때문에 롭과 함께 의미 있는 무언가를 공동 창조할 멋진 기회를 거의 놓칠 뻔했다. 그날 브루클린까지 날 찾아와준 롭에게 진심으로 감사한다! 팬데믹 기간 동안 이 책을 작업하면서 다차원적인 삶을 구축하고 유지하기 위해 우리 자신을 채찍질하는 것이 얼마나 중요한지 다시금 깨달았다.

이 프로젝트를 진행하는 동안 나는 이 책에서 제시한 방법 중 일부를 시도했고, 그중에서도 나의 우선순위 목록에서 의도치 않게 빠져버린 친구들과 더 많은 시간을 보내기 위해 노력했다. 다시는 그런 일이 일어나게 두지 않을 것이다. 내 친구들은 팬데믹이 주는 미세 스트레스에 대단히 중요한 해독제가 되었다. 그래서 이 자리를 빌려 그 중 몇 명에게 특히 감사하는 마음을 전하고 싶다.

로리 플라워스와 로라 오키프는 팬데믹 내내 몇 시간씩 함께 걷고 이야기를 나누었다. 영하의 기온이나 우리의 미소를 가리는 마스크도 이 친구들과 함께하는 기쁨을 앗아가지 못했다. 켈리 텐 헤

이건과 로리 커밍스, 이 두 사람과의 우정은 수십 년 동안 든든한 지원과 행복의 원천이었다. 우리들의 대화가 점점 줄어들지 않도록 언제나 신경써준 것에 진심으로 감사한다. 이블린 로스는 오랫동안 일상의 미세 스트레스를 견디도록 도와주었으며, 바다 건너 멀리 살면서도 지금까지 우리가 다져온 깊은 우정에 더할 수 없는 감사의 마음을 느낀다. 그리고 평생 이어온 우정을 항상 우선순위로 여겨준 도나 보위에게도 감사한다.

항상 나는 반얀글로벌의 특별한 동료들과 함께 일할 수 있는 것을 큰 행운으로 여겼으며, 그중에서도 매일 의미 있는 공동 창조를 즐기고 있는 메레디스 닐런을 언급하고 싶다. 나의 '본업'을 더욱 사랑할 수 있게 도와준 메레디스에게 감사한다.

인터마운틴 헬스케어 리더십 연구소Intermountain Healthcare Leadership Institute의 친구와 동료들, 그중에서도 실시간으로 함께 여러 아이디어를 살펴보고 발전시키도록 도와준 일라리아 코미노티, 트래비스 핸슨, 줄리 프램, 안젤라 에그너, 브루스 젠슨, 찰스 소렌슨에게 고마움을 전한다. 여러분과 함께 일하고 친구가 될 수 있어서 영광이라고 생각한다.

하버드 비즈니스 리뷰의 수전 프랜시스와 스콧 베리나토는 우리의 프로젝트를 믿어준 것은 물론 모든 일에 최선을 다해준 것에 대해 얼마나 큰 감사의 마음을 전하든 모자랄 것이다.

진 싱어와 피터 그레이도 이 여정에서 너무나도 관대하고 너그러운 협업자가 되어주어 감사한다. 빅토리아 데스몬드와 패트리샤 보이드는 매의 눈으로 이 책을 더욱 멋있게 만들어주었다. 그리고 우리의 대리인 짐 르빈은 처음부터 이 아이디어가 지닌 잠재력을 열정적으로 지지해 주었다.

그리고 마지막으로 내 삶에서 크나큰 행복의 원천인 동시에 새롭게 성장하고자 하는 나의 마음을 여전히 지지해주는 나의 가족 리처드와 레베카, 엠마에게 감사한다. 세상에서 자신만의 자리를 찾는 여정을 시작한 레베카와 엠마가 풍요롭고 다차원적인 삶을 꾸려나가는 모습이 자랑스럽기 그지없다. 그 과정에서 나의 삶까지 더욱 풍요롭게 만들어준 것도 진심으로 감사한다.

캐런 딜론

| 참고 문헌 |

여는 글

1. Gallup, State of the Global Workplace: 2022 Report (Washington, DC: Gallup, 2022)

1장 | 현대인의 삶을 무너뜨리는 새로운 질병

2 Identifying details of people mentioned in this book have been disguised

3 Lisa Feldman Barrett, 71/2 Lessons about the Brain (Boston: Mariner Books, 2020)

4 Janice K. Kiecolt-Glaser, Diane L. Habash, Christopher P. Fagundes, Rebecca Andridge, Juan Peng, William B. Malarkey, and Martha A. Belury, "Daily Stressors, Past Depression, and Metabolic Responses to High-Fat Meals: A Novel Path to Obesity," Biological Psychiatry 77, no. 7 (2015): 653 –660

3장 | 미세 스트레스가 우리의 감정을 고갈시킨다

5 University of Nottingham, "Yawning: Why Is It So Contagious and Why Should It Matter?," ScienceDaily, August 31, 2017, https://www.sciencedaily.com/releases/2017/08/170831123031.htm

6   Howard S. Friedman and Ronald E. Riggio, "Effect of Individual Differences in

7   Veronika Engert, Franziska Plessow, Robert Miller, Clemens Kirschbaum, and Tania Singer, "Cortisol Increase in Empathic Stress Is Modulated by Emotional Close- ness and Observation Modality," Psychoneuroendocrinology 45 (2014): 192–201, https://www.sciencedirect.com/science/article/abs/pii/S0306453014001243

5장 | 성과 내는 사람들은 어떻게 스트레스를 관리할까

8   Harvard Study of Adult Development, accessed October 20, 2022, https://www.adultdevelopmentstudy.org/

9   Liz Mineo, "Good genes are nice, but joy is better," Harvard Gazette, April 11, 2017, https://news.harvard.edu/gazette/story/2017/04/over-nearly-80-years -harvard-study-has-been-showing-how-to-live-a-healthy-and-happy-life/

10   Daniel A. Cox, "The State of American Friendship: Change, Challenges, and

11   rli, Dorene M. Rentz, Lisa F. Berkman, Alexa Beiser, and Sudha Seshadri, "Asso- ciation of Social Support with Brain Volume and Cognition," JAMA Network Open 4, no. 11 (August 2, 2021) https://pubmed.ncbi.nlm.nih.gov/34398201/

6장 | 미세 스트레스에 맞서는 무기 1. 회복탄력성

12   Ludmila Kašpárková, Martin Vaculík, Jakub Procházka, and Wilmar B. Schaufeli, "Why Resilient Workers Perform Better: The Roles of Job Satisfaction and Work En- gagement," Journal of Workplace Behavioral Health 33, no. 1 (2018): 43–62, doi:10.1080/15555240.2018.1441719 ; Al Siebert, The Resiliency Advantage: Master Change, Thrive under Pressure, and Bounce Back from Setbacks (San Francisco: Berrett- Koehler Publishers, 2005)

13   On demanding jobs, see Barbara L. Fredrickson, "The Role of Positive Emo- tions in Positive Psychology: The Broaden-and-Build Theory of Positive Emotions," American Psychologist 56, no. 3 (2001): 218–226, doi:10.1037//0003-066x.56.3.218. On economic hardships, see Robert

Brooks and Sam Goldstein, The Power of Resil- ience: Achieving Balance, Confidence, and Personal Strength in Your Life (New York: McGraw-Hill Education, 2004)

14 Deniz D. Polat and Murat 1 skender, "Exploring Teachers' Resilience in Relation to Job Satisfaction, Burnout, Organizational Commitment and Perception of Organiza- tional Climate," International Journal of Psychology and Education Studies 5, no. 3 (2018): 1-13, doi:10.17220/ijpes.2018.03.001; Andrew Shatté, Adam Perlman,

15 On physical or mental illness during challenging times, see Al Siebert, The Resiliency Advantage (Oaklander, CA: Berrett-Koehler Publishers, 2005); Polat et al., "Exploring Teachers' Resilience." On work satisfaction, see Robin Brown, Howard Wey, and Kay Foland, "The Relationship among Change Fatigue, Resilience, and Job Sat- isfaction of Hospital Staff Nurses," Journal of Nursing Scholarship 50, no. 3 (2018): 306-313, doi.org/10.1111/jnu.12373; and Zhimin Zheng, Poornima Gangaram,

16 Carol Gorelick, Kurt April, and Nick Milton, Performance through Learning: Knowledge Management in Practice (Boston: Elsevier Butterworth-Heinemann, 2004)

17 Janet M. Gibson, "Laughing Is Good for Your Mind and Your Body: Here's What the Research Shows," Conversation, November 23, 2020, https://theconversation.com /laughing-is-good-for-your-mind-and-your-body-heres-what-the-research-shows-145984

18 Don L. F. Nilsen and Alleen P. Nilsen, The Language of Humor: An Introduction (New York: Cambridge University Press, 2018)

19 Jan Packer, "Taking a Break: Exploring the Restorative Benefits of Short Breaks and Vacations," Annals of Tourism Research Empirical Insights 2, no. 1 (2021): 100006, doi:10.1016/j.annale.2020.100006

7장 | 미세 스트레스에 맞서는 무기 2. 건강

20 Shatté et al., "The Positive Effect of Resilience," Polat and 1 skender, "Exploring Teachers' Resilience."

21 Janet M. Torpy, Cassio Lynm, and Richard M. Glass, "Chronic Stress and the Heart," JAMA 298, no. 14 (2007): 1722-1722, doi:10.1001/jama.298.14

.1722; H. M. van Praag, "Can Stress Cause Depression?" Progress in Neuro-Psychopharmacology and Biological Psychiatry 28, no. 5 (2004): 891-907, doi:10.1016/j.pnpbp.2004.05.031

22   George A. Bonanno, Camille B. Wortman, Darrin R. Lehman, Roger G. Tweed, Michelle Haring, John Sonnega, Deborah Carr, and Randolph M. Nesse, "Resilience to Loss and Chronic Grief: A Prospective Study from Preloss to 18-Months Post-loss," Journal of Personality and Social Psychology 83, no. 5 (2002): 1150-1164, doi:10.1037/0022-3514.83.5.1150

23   Nicholas A. Christakis and James H. Fowler, "The Spread of Obesity in a Large Social Network over 32 Years," New England Journal of Medicine 357, no. 4 (2007): 370-379, doi:10.1056/NEJMsa066082

24   Sheldon Cohen, William J. Doyle, David P. Skoner, Bruce S. Rabin, and

25   Teresa E. Seeman, Burton H. Singer, Carol D. Ryff, Gayle Dienberg Love,

8장 | 미세 스트레스에 맞서는 무기 3. 목적의식

26   Andrew Steptoe and Daisy Fancourt, "Leading a Meaningful Life at Older Ages and Its Relationship with Social Engagement, Prosperity, Health, Biology, and Time Use," Proceedings of the National Academy of Sciences 116, no. 4 (2019): 1207-1212, https://www.pnas.org/doi/abs/10.1073/pnas.1814723116

27   Fei Li, Jieyu Chen, Lin Yu, Yuan Jing, Pingping Jiang, Xiuqiong Fu, Shengwei Wu, Xiaomin Sun, Ren Luo, Hiuyee Kwan, Xiaoshan Zhao, and Yanyan Liu, "The Role of Stress Management in the Relationship between Purpose in Life and Self-Rated Health in Teachers: A Mediation Analysis," International Journal of Environmental Research and Public Health 13, no. 7 (2016), doi:10.3390/ijerph13070719; Stacey M. Schaefer, Jen-nifer Morozink Boylan, Carien M. van Reekum, Regina C. Lapate, Catherine J. Norris, Carol D. Ryff, and Richard J. Davidson, "Purpose in Life Predicts Better Emotional Recovery from Negative Stimuli," PLOS ONE 8, no. 11 (2013): e80329, doi:10.1371 /journal.pone.0080329

28   Stuart Taylor, "Building Your Resilience and Understanding Your Purpose," SmartCompany, October 9, 2017, https://www.

smartcompany.com.au/people-human -resources/wellbeing/building-resilience-understanding-purpose

29 Eric S. Kim, Jennifer K. Sun, Nansook Park, and Christopher Peterson, "Purpose in Life and Reduced Incidence of Stroke in Older Adults: 'The Health and Retirement Study,'" Journal of Psychosomatic Research 74, no. 5 (2013): 427–432, doi:10.1016/j. jpsychores.2013.01.013; Randy Cohen, Chirag Bavishi, and Alan Rozanski, "Purpose in Life and Its Relationship to All-Cause Mortality and Cardiovascular Events: A Meta- Analysis," Psychosomatic Medicine 78, no. 2 (2016): 122–133, doi:10.1097/PSY.0000000000000274

30 On better sleep, see Eric S. Kim, Shelley D. Hershner, and Victor J. Strecher, "Pur- pose in Life and Incidence of Sleep Disturbances," Journal of Behavioral Medicine 38, no. 3 (2015): 590–597, doi:10.1007/s10865-015-9635-4; and Arlener D. Turner, Chris- tine E. Smith, and Jason C. Ong, "Is Purpose in Life Associated with Less Sleep Disturbance in Older Adults?" Sleep Science Practice 1, no. 1 (2017): 14, doi:10.1186 /s41606-017-0015-6. On greater resilience, see Li et al., "The Role of Stress Manage- ment"; and Kayla Isaacs, Natalie P. Mota, Jack Tsai, Ilan Harpaz-Rotem, Joan M. Cook,Paul D. Kirwin, John H. Krystal, Steven M. Southwick, and Robert H. Pietrzak, "Psychological Resilience in U.S. Military Veterans: A 2-Year, Nationally Representa- tive Prospective Cohort Study," Journal of Psychiatric Research 84 (2017): 301–309, doi:10.1016/j.jpsychires.2016.10.017

31 Patrick L. Hill and Nicholas A. Turiano, "Purpose in Life as a Predictor of Mortality across Adulthood," Psychological Science 25, no. 7 (2014): 1482–1486, doi:10.1177/0956797614531799

32 Carien M. van Reekum, Heather L. Urry, Tom Johnstone, Marchell E. Thurow, Corrina J. Frye, Cory A. Jackson, Hillary S. Schaefer, Andrew L. Alexander, and Richard J. Davidson, "Individual Differences in Amygdala and Ventromedial Prefrontal Cortex Activity Are Associated with Evaluation Speed and Psychological Well-Being," Journal of Cognitive Neuroscience 19, no. 2 (2007): 237–248, doi:10.1162/jocn .2007.19.2.237

33 Nathan A. Lewis, Nicholas A. Turiano, Brennan R. Payne, and Patrick L.

Hill, "Purpose in Life and Cognitive Functioning in Adulthood," Aging,
Neuropsychology, and Cognition 24, no. 6 (2017): 662–671, doi:10.1080
/13825585.2016.1251549

34 Li et al., "The Role of Stress Management"; Schaefer et al., "Purpose in
Life Predicts."

35 Taylor, "Building Your Resilience."

36 van Reekum et al., "Individual Differences in Amygdala."

37 Veronica Huta and Alan S. Waterman, "Eudaimonia and Its Distinction
from

38 Huta and Waterman, "Eudaimonia."

39 Eva H. Telzer, Andrew J. Fuligni, Matthew D. Lieberman, and Adriana
Galván, "Neural Sensitivity to Eudaimonic and Hedonic Rewards
Differentially Predict Ado- lescent Depressive Symptoms over Time,"
Proceedings of the National Academy of Sciences 111, no. 18 (2014):
6600–6605, doi:10.1073/pnas.1323014111

40 Telzer et al., "Neural Sensitivity to Eudaimonic and Hedonic Rewards.

41 Campbell Brickman, "Hedonic Relativism and Planning the Good
Society," in Adaptation Level Theory: A Symposium, ed. M. H. Apley,
287–302 (New York: Aca- demic Press, 1971)

42 Tony Schwartz, "New Research: How Employee Engagement Hits the
Bottom Line," hbr.org, November 8, 2012, https://hbr.org/2012/11/
creating-sustainable -employee

43 Rob Cross, Amy Edmondson, and Wendy Murphy, "A Noble Purpose
Alone Won't Transform Your Company," MITSloan, December 10, 2019,
https://sloanreview .mit.edu/article/a-noble-purpose-alone-wont-
transform-your-company

번역 구세희

한양대학교 관광학과, 호주 호텔경영대학교(ICHM)를 졸업하고 국내외 호텔과 외국계 기업에서 근무하며 운영 관리 및 인사 업무를 담당했다. 번역에 매력을 느껴 하던 일을 과감히 그만둔 후 현재는 바른번역 소속 번역가로 영어를 훌륭한 우리글로 옮기는 데 매진하고 있다.
옮긴 책으로 《습관의 재발견》,《원씽》,《어른은 어떻게 성장하는가》,《결정, 흔들리지 않고 마음먹은 대로》,《혁신은 어떻게 일어나는가》,《전략은 어디로 향하는가》,《소리로 팔아라》,《니얼 퍼거슨 위대한 퇴보》,《나는 내가 행복했으면 좋겠어》,《헤드헌터》 등이 있다.

KI신서 11747
미세 스트레스

1판 1쇄 인쇄 2024년 2월 5일
1판 1쇄 발행 2024년 2월 21일

지은이 롭 크로스, 캐런 딜론
옮긴이 구세희
감수 김경일
펴낸이 김영곤
펴낸곳 (주)북이십일 21세기북스

정보개발팀장 이리현
정보개발팀 강문형 박종수 이수정
교정 교열 박혜연 **디자인 표지** 장마 **본문** 이슬기
출판마케팅영업본부장 한충희
마케팅1팀 남정한 한경화 김신우 강효원
출판영업팀 최명열 김다운 김도연
제작팀 이영민 권경민

출판등록 2000년 5월 6일 제406-2003-061호
주소 (10881) 경기도 파주시 회동길 201(문발동)
대표전화 031-955-2100 **팩스** 031-955-2151 **이메일** book21@book21.co.kr

(주)북이십일 경계를 허무는 콘텐츠 리더

21세기북스 채널에서 도서 정보와 다양한 영상자료, 이벤트를 만나세요!
페이스북 facebook.com/jiinpill21 **포스트** post.naver.com/21c_editors
인스타그램 instagram.com/jiinpill21 **홈페이지** www.book21.com
유튜브 youtube.com/book21pub